Alireza Zarei

Die verletzte Pyramide

Wie Neugier Geschichte zerstört

Alireza Zarei

Die verletzte Pyramide

Wie Neugier Geschichte zerstört

„Die verletzte Pyramide"
1. Auflage März 2011

Ancient Mail Verlag Werner Betz
Europaring 57, D-64521 Groß-Gerau
Tel.: 0 61 52/5 43 75, Fax: 0 61 52/94 91 82
Email: wernerbetz@t-online.de

Umschlaggestaltung: Alireza Zarei
Foto Umschlagseite: Werner Betz
Druck: Digital Print Group O. Schimek GmbH

ISBN 978-3-935910-82-8

Inhalt

Dieses Buch ist meinem verstorbenen
Bruder gewidmet.

Danksagung

An erster Stelle danke ich Erich von Däniken für seine Unterstützung, sein Engagement und vor allem seiner Freundschaft. Ohne die Hilfe meiner Eltern, die mich stets finanziell und moralisch unterstützten, wäre dieses Werk sicherlich nicht zustande gekommen. Ihnen gilt mein ganz besonderer Dank! Ich danke auch meiner Lebensgefährtin Isabella, die mir stets mein Ziel vor Augen hielt und großes Verständnis für meine Projekte zeigte. Meinem Onkel Nouredin gilt ein ebenso großer Dank für die unzähligen Gespräche, die sicherlich großen Einfluss auf mein Bewusstsein hatten. Besonderer Dank geht auch an Tobias, Babette, Rudi, Fergany, Timo, Cendy und alle Anderen, die mir bei der Realisierung dieses Buch jeweils auf ihre Art und Weise geholfen haben.

Vorwort

Fast jeden Monat nehme ich die Neuveröffentlichungen zum Thema „Ägyptische Pyramiden“ resignierend zur Kenntnis und wundere mich über die Ignoranz und Leichtgläubigkeit, mit der die Autoren arbeiten. Aus diesem Grund gab es kein Werk, bei dem der anfängliche „Aha-Effekt“ nach umfangreichen Recherchen weiterhin Bestand hatte. Denn die herangezogenen Fakten der Autoren sind meist ebenso schnell widerlegt wie sie veröffentlicht wurden. Eben dies war Anlass zur Ausarbeitung des vorliegenden Buchs. Ob Ägyptologe, Atlantis-Autor oder Paläo-SETI-Befürworter – dieses Buch richtet sich an Vertreter all jener Strömungen mit Lob, Bestätigung, Kritik aber auch unangenehmen Gegenüberstellungen. Es soll helfen, die Spreu vom Weizen zu trennen.

Insbesondere Theorien der Paläo-SETI Hypothese, welche davon ausgeht, dass außerirdische Lebensformen in der Vergangenheit der Menschheitsgeschichte, maßgeblich Kultur, Religion und Technologie beeinflusst haben sollen, werden in dem vorliegendem Werk näher behandelt.

Um die Materie rund um die Cheops Pyramide zu verstehen und Hintergründe erkennen zu können, ist es unumgänglich, Sachgebiete aufzugreifen, die auf dem ersten Blick nichts mit der eigentlichen Thematik zu tun haben. Erst nachdem eine gewisse Basis an Fachwissen geschaffen wurde, ist der Leser imstande, Zusammenhänge zu verstehen und die nötigen Verbindungen herzustellen. Eben dieses Hintergrundwissen wird in den seltensten Fällen vermittelt, weshalb dem Leser gar nicht erst die Möglichkeit gegeben wird, sich eine eigene und unvoreingenommene Meinung zu bilden. Aus diesem Grund werden in den ersten Kapiteln relevante Grundkenntnisse weitergegeben, die spezielle Themen der Bereiche aus Völkerkunde, Religionswissenschaften und Archäologie umfassen. Besondere Aufmerksamkeit gilt dabei der Religionsentstehung, die mit der Entwicklung der „Cargo-Kulte“ ein empirisch belegtes Fundament besitzt, auf dessen Basis wir sehr gut arbeiten können.

Eine andere Frage, die seit längerem in Fachkreisen diskutiert wird und auch in diesem Buch Beachtung findet, ist das Rätsel rund um die „verbotene Ägyptologie“. Werden manche Projekte oder Funde wissentlich unter Verschluss gehalten, da diese unser gesamtes Bild von Evolution und Geschichte auf den Kopf stellen könnten? Da noch niemand konkrete Beweise liefern konnte, wird das Thema von den Fachgelehrten stets belächelt und zur Verschwörungstheorie degradiert.

Neben der fachlichen Aufklärung möchte dieses Buch einen Beitrag zur Aufdeckung der verbotenen Ägyptologie leisten, die nicht davor zurückschreckt, ein Weltkulturerbe der UNESCO massiv für „Forschungszwecke" zu beschädigen und die Ergebnisse vor der Weltöffentlichkeit geheim zu halten. Alle vorschnell als Verschwörungstheorie abgestempelten Vermutungen der unterschiedlichsten Forscher erscheinen angesichts der ausgearbeiteten Berichte dieses Buches in einem völlig neuen Licht. Um dies zu beweisen, werden Forschungen der letzten 40 Jahre herangezogen und teilweise detailliert behandelt. Erst nach der Vermittlung dieser und weiterer Grundkenntnisse wird es möglich sein, näher auf die komplexe Thematik der Pyramidenerrichtung einzugehen, die eines der Hauptthemen des vorliegenden Werkes darstellt. Dabei werden alle gängigen Theorien entsprechend ihrer Relevanz mehr oder minder genau vorgestellt und geprüft.

Das Hauptziel dieses Buches liegt darin, viele heute widerspruchslos akzeptierte Thesen zur Cheops-Pyramide mit allen vorliegenden Fakten zu vergleichen, um sie in den meisten Fällen eindeutig widerlegen zu können. Mit den vermittelten Informationen wird jeder Interessierte am Ende des Buchs imstande sein, zukünftige Theorien zur Cheops-Pyramide eigenständig und sachlich beurteilen zu können.

Einführung in die Thematik

„Cargo-Kulte“

Als gegen Ende des 19. Jahrhunderts die bislang weitgehend isoliert lebenden Ureinwohner Melanesiens beziehungsweise Papua-Neuguineas erstmals auf Europäer trafen, war dies der Beginn eines neuen religiösen Kults, des so genannten „Cargo-Kults". Diese geheimnisvollen, hellhäutigen Fremden trugen unbekannte, hoch entwickelte Technik und Ausrüstung bei sich und verfügten damit über Waren (engl. „Cargo"), mit denen die Ureinwohner nichts anzufangen wussten und die folglich göttlichen Ursprungs sein mussten. Durch das fehlende technische Verständnis der Ureinwohner erschienen die von den Europäern benutzten Gerätschaften geradezu „magisch". Doch auch ihre helle Hautfarbe sorgte für reichlich Verwirrung und Ratlosigkeit. Für die dunkelhäutigen Inselbewohner, die noch nie zuvor einen hellhäutigen Menschen gesehen hatten, wirkten die Fremden übernatürlich. Die stark auf ihre Ahnen fixierten Naturreligionen der Ureinwohner brachten diese dazu, eine Verbindung zwischen der bleichen Hautfarbe ihrer Verstorbenen und der hellen Haut der Fremden zu sehen. Sie glaubten, dass die Besucher im Kontakt mit ihren Ahnen stünden, die ihre Nachfahren auf diesem Weg mit übernatürlichen Mitteln versorgen wollten (vgl. Valentine 1955). Speziell in Südost-Asien wurde in den meisten Fällen ein direkter Bezug zu den Ahnen gezogen, da ihren Naturreligionen zufolge nur diese über eine solche Macht verfügten (vgl. Jebens 2007).

Der Begriff „Cargo-Kult“ behandelte anfänglich also das Verhältnis von kultureller Fremd- und Selbstwahrnehmung in Melanesien/Papua-Neuguinea. Lange wurde der Ausdruck als typisch melanesisches Phänomen betrachtet. Doch mittlerweile ist klar, dass es ähnliche Gegebenheiten zu viel früheren Zeiten auf allen Teilen der Erde gegeben hat. Heute bezieht sich die Bezeichnung „Cargo-Kult“ auf ein kulturelles Zusammentreffen mindestens zweier verschiedener Völker.

Doch zurück zu Papua-Neuguinea: Während des 2. Weltkriegs erfuhr der Cargo-Kult eine starke Verbreitung. Fotos aus dieser Zeit dokumentieren das Verhalten der Ureinwohner erstmals und ermöglichen uns heute einzigartige Einblicke in die Denkweise dieser Menschen. Dies soll im Folgenden erläutert werden:

Nach dem japanischem Angriff vom 13.12.1941 auf den amerikanischen Stützpunkt Pearl Harbor starteten die Vereinigten Staaten ihre Gegenoffensive in Richtung Südostasien und stießen, binnen kürzester Zeit, nach Melanesien vor. Dort angekommen, nutzten sie viele der strategisch günstig gelegenen Inseln als Stützpunkte. Sie bauten Landebahnen, provisorische Hafenanlagen, und schnell erfüllte reges Treiben die Inseln. Trägerflugzeuge warfen Tonnen an Militärausrüstung über den Landstrichen ab. Konservennahrung, Militärkleidung, Baumaterial – kein Wunsch blieb offen.

Was zur damaligen Zeit allerdings niemand ahnte: Jeder Schritt der Amerikaner wurde beobachtet. Nicht etwa vom Feind, sondern von ängstlichen Ureinwohnern, die ihren Augen nicht trauten: Riesige stählerne Vögel hoben vom Boden ab, aus ihrem Bauch sprangen oft unzählige Menschen, die all diese wundersamen und praktischen Sachen mit sich trugen. An den Küsten landeten riesige glänzende Fische, aus denen wiederum kleinere Gefährte herausfuhren, die unglaublich viel Lärm fabrizierten. Dessen ungeachtet sammelten die Einheimischen fleißig alle abgeworfenen Güter ein, die sie finden konnten.

Nach Ende des 2. Weltkriegs und dem Abzug der stationierten US-Truppen aus der Region wurden auch zeitgleich alle Versorgungslinien unterbrochen und keine, für die Einwohner göttliche, Waren erreichten mehr die Inseln. Völlig irritiert über diesen plötzlichen Abbruch aller Handlungen, begannen die Ureinwohner, die für sie heiligen Zeremonien der Fremden zu imitieren, um so mit ihren Ahnen in Kontakt zu treten. Sie stellten sich auf die Landebahnen und führten kreisende Bewegungen mit ihren Händen aus, um wieder stählerne Göttervögel heranzulocken. Einige schnitzen sich hölzerne Kopfhörer und besetzten die verlassenen Flugtürme, welche einst von Fluglotsen genutzt wurden, um die Flugzeuge sicher zum Landeplatz zu leiten. Es wurden Flugzeugmodelle, Panzer und andere Fahrzeuge aus Holz und Stroh nachgebaut und angebetet. Das alles nur in der Hoffnung, wieder etwas vom heiligen „Cargo“ zu erhalten.

Aus Holz und Kokosnüssen wurden Waffen und Helme geschnitzt, und auf derselben Art und Weise Patrouillen abgehalten, wie es einst die

Amerikaner taten. Alles, was sich die Einheimischen abgucken konnten, wurde bis ins kleinste Detail kopiert.

Abbildung 1: Selbst in unsere Zeit hinein werden dieselben Rituale abgehalten, die sich die Vorfahren der Insulaner bei den amerikanischen Marines abgeschaut haben. Foto: Zarei

Manche von Ihnen beschrifteten ihre Brust und ihren Rücken mit den Buchstaben „USA“ und marschierten vor einer amerikanischen Flagge auf und ab – selbstverständlich durfte dabei ihre hölzerne Ausrüstung nicht fehlen (vgl. Kracht/Neumann 2006a).

Teilweise wurde der Versuch unternommen, die Ureinwohner zum Christentum zu bekehren und ihnen eine westliche Lebensweise, samt regelmäßigem Kirchenbesuch und geregeltem Arbeitsalltag, näher zu bringen. Das Resultat war eine komplizierte und unübersichtliche Mischung aus Naturreligion und Christentum, die bis heute durch eine starke regionale Zersplitterung gekennzeichnet ist. Ein weiterer wichtiger Aspekt dieser Entwicklung barg für die Menschen auch konkrete Gefahren – insbesondere für die Möglichkeit, sich aus eigener Kraft mit Nahrungsmitteln zu versorgen. So forderte der geistige Führer der Batari-Bewegung, die in Papua-Neuguinea ansässig war, beispielsweise seine

Anhänger auf, sämtliche Obstplantagen zu zerstören und auf die Ankunft des Cargos zu vertrauen, dass sie alle versorgen würde.

Einer der wohl bekanntesten Cargo-Kulte ist der „John-Frum-Kult" auf Tanna. Die kleine Pazifikinsel gehört zum Inselstaat Vanuatu und macht durch eine kleine religiöse Bewegung auf sich aufmerksam, die „John Frum", welcher in den 30er Jahren die Insel besucht haben soll und als Sohn Gottes angesehen wurde, möglicherweise mit folgenden Worten begründet haben mag: „Behaltet Eure Bräuche. Hört nicht auf christliche Missionare und lebt von Euren Gärten und Tieren" (vgl. Lindstorm 1990).

Abbildung 2: Ein Flugzeug aus Stroh, das dazu dienen sollte, andere „Riesenvögel" bzw. Flugzeuge anzulocken. Foto: Zarei

Auf dem Vulkan Yasur lebend, beobachte er das Geschehen auf Erden und wolle zu einem passenden Zeitpunkt all das wunderbare Cargo zu den Anhängern bringen, um ihnen für alle Ewigkeit ein Leben in Luxus zu ermöglichen. Das behauptet zumindest die Mythologie des Kultes (vgl. Kracht/Neumann 2006b).

Nach heutiger Lehrmeinung hat in den 30er Jahren des 20. Jahrhunderts ein Reisender aus den USA diesen Kult gegründet, ohne sich dessen bewusst gewesen zu sein. Mit den Worten „John from USA" trug er vermutlich ungewollt zu seinem heiligen Namen bei. Der Glaube an diesen Kult geht so weit, dass jeweils nur ein Kind aus jeder Familie die Schule besuchen darf, der Rest ist für die Einhaltung der Bräuche verantwortlich. Auch hier ist die bunte Mischung von Naturreligion und Christentum nicht zu übersehen. So ist ein rotes Kreuz, das liebevoll „John-Frum-Kreuz" genannt wird, der Mittelpunkt täglicher Gebete.

Doch in der Menschheitsgeschichte kam es schon viel früher zu solchen kulturellen Zusammentreffen. Erich von Däniken berichtete in seinem Buch „Der Götterschock" ausführlich über die ersten aufgezeichneten Kontakte zwischen den Europäern und den Ureinwohnern Amerikas (vgl. von Däniken 1992). Bereits Christoph Kolumbus wurde als Kapitän der Santa Maria von den Maya als Gott empfangen und dementsprechend verehrt, denn die bunte Kleiderordnung und die glänzenden Rüstungen der Spanier erinnerten die Einheimischen stark an die heiligen Überlieferungen ihres Gottes Kukulkan.

Doch im Unterschied zu Papua-Neuguinea bestand der Kult eines überlegenen Gottes hier bereits, bevor die ersten Europäer den Kontinent erreichten. Die Entdecker erfüllten lediglich den Wiederkunftsgedanken und die religiösen Prophezeiungen der Maya. Kukulkan, die gefiederte Schlange, soll ursprünglich aus dem östlichen Ozean zu den Menschen Amerikas gestoßen sein, was einige Forscher als Hinweis eines Besuchs von Bewohnern aus dem umstrittenen Atlantis deuten. Der Glaube an diesen Gott war in ganz Amerika verbreitet und unterschied sich teilweise nur durch die Bezeichnungen des Gottes. So nannten beispielsweise die Azteken dasselbe Wesen „Quetzalcoatl", während ihn die Quiche-Maya als „Gukumatz" verehrten.

In allen Fällen dieser Zusammentreffen kam es stets zu nachhaltigen Effekten, die gewollt oder ungewollt, die Jahrhunderte oder gar Jahrtausende überdauerten. Gemeint sind die wilden Mischungen aus verschiedenen Religionen und Ritualen, die uns heute ins Staunen versetzten.

Wer sich jemals mit der altägyptischen Mythologie und den unzähligen Wandreliefs beschäftigt hat, weiß, was ich meine. Unzählige Götter, die unzählige Dinge repräsentieren und vollbracht haben, mussten in einer einheitlichen Religion „untergebracht werden" und wurden über die Jahrtausende hinweg angebetet. Man muss kein Experte sein, um erkennen zu können, dass uns in der ägyptischen Mythologie ähnliche Motive und Grundmuster begegnen wie in den Cargo-Kulten. Denn Dinge wie fliegende Barken aus dem Himmel, lebendige Götter, die den Menschen in der Medizin, der Baukunst oder der Astronomie unterwiesen haben, Intrigen, Verrat, Mord und Rache innerhalb der Göttergruppen finden genauso Erwähnung wie unglaubliche Liebesgeschichten (vgl. Gahlin 2001).

Allzu göttlich klingt das alles nicht. Es wäre also angebracht, davon auszugehen, dass die alte ägyptische Kultur während ihrer Entstehung durch eine weitere Macht beeinflusst wurde, die Ursache ihrer komplexen Mythologie ist. Doch von welcher? Zur damaligen Zeit (wir sprechen von ca. 3.000 vor Christus) gab es keine technisierten Zivilisationen. Im Gegenteil! Wie sollte hier also jemand mit „Barken" vom Himmel herabsteigen und sich als Gott ausgeben? Die einzige benachbarte Hochkultur Ägyptens in dieser Epoche war das Reich der Sumerer im heutigen Irak. Aktuell streitet man darüber, ob sich die Völkergruppen gegenseitig beeinflusst haben oder diese separat voneinander entstanden sind. So mancher Gelehrter sieht den Beweis eines gemeinsamen Kulturaustauschs in den monumentalen Bauwerken beider Zivilisationen. Denn die mächtigen Zikkurate der Sumerer weisen eine gewisse Ähnlichkeit zu den ersten Stufenpyramiden der Ägypter auf und könnten somit als Vorlage gedient haben, was jedoch der Lehrmeinung zur Pyramidenentwicklung widersprechen würde. An dieser Stelle sollte nicht unerwähnt bleiben, dass sich alle antiken Weltwunder in einem Radius von knapp 1.500 km befinden und man heute über den Ursprung dieser Kulturexplosion nur rätseln kann.

Ebenso gut können wir den Spieß aber einfach umdrehen und einen Blick in das alte Reich der Sumerer werfen, das nach heutigen Schätzungen um 4000 vor Christus entstanden ist. Auch hier wird von Göttern berichtet, die vom Himmel gestiegen sind und die Menschen in allerlei Dingen unterwiesen haben – allen voran der Gott Enki [1], dessen Name übersetzt „Herr der Erde" bedeutet. Ist es nicht erstaunlich, dass zwei Hochkulturen in der Antike ähnliche religiöse Überlieferungen hinterlassen haben wie die heute noch existenten Cargo-Kulte aus Südostasien?

---

1 Der Gott Enki wird auch als Ea bezeichnet.

Diese Tatsache durch einen Synkretismus[2] erklären zu wollen, birgt sehr viele Probleme in sich und kann anhand der vielen Übereinstimmungen der verschiedensten Religionen auf der Welt, die sich völlig unabhängig voneinander auf verschiedenen Kontinenten zu unterschiedlichen Epochen entwickelt haben, als widerlegt betrachtet werden.

Abbildung 3: Der sumerische Gott Enki.
Zeichnung: Zarei

Über den Kulturbringer Enki wurde bereits viel geschrieben und reichliche Vermutungen angestellt. In jüngster Zeit machte diese Figur auf sich aufmerksam, als eine polnische Masseurin namens Lucyna Lobos behauptete, auf mentalem Wege, in direktem Kontakt mit diesem Wesen zu stehen.

Obwohl ich für jeden neuen Gedanken offen bin, konnte ich mich zunächst ganz und gar nicht mit dieser These anfreunden. Doch wie es das Schicksal wollte, sollte mich der Verlauf der Recherchen, immer öfter auf diesen Sachverhalt aufmerksam machen und Unglaubliches zu Tage bringen.

Mentaler Kontakt zu lebenden Göttern?

Jemand, der davon zum ersten Mal hört und sich nicht näher mit Lucina Lobos beschäftigt hat, mag das Ganze als Spinnerei abtun. Ganz so leicht darf man es sich aber nicht machen, denn inzwischen arbeitet die Universität Kairo unter Führung von niemand Geringerem als ihrem Dekan und international anerkannten Größe, Professor Alaa Eldin Shaheen

---

[2] Die Vermischung von philosophischen Werten oder religiösen Idealen wird als Synkretismus bezeichnet.

und ihrem Vize-Dekan Professor Salach al Kholy mithilfe von Vertretern der Universität Wroclav unter der Leitung von Dr. Adam Szynkiewicz zusammen, um den Angaben von Frau Lobos nachzugehen. (vgl. Gritch 2009a). Doch wie kann es sein, dass sich solch angesehene Institute mit dieser Thematik überhaupt beschäftigen?

Aber der Reihe nach: Als im Jahr 2001 die Psychologin Lucja Szajda Frau Lobos mittels Hypnose in Trance versetzte, erzählte diese geradezu Unglaubliches: Die Erde werde im Jahr 2012 Opfer gewaltiger Sonneneruptionen werden, die alles Leben auf ihr vernichten würden. Der Vorgang habe bereits begonnen und würde in einigen Jahren seinen Höhepunkt erreichen. Der einzige Weg, das Leben auf der Erde zu schützen, sei es, die große Cheops-Pyramide in Ägypten zu aktivieren. Dieses Bauwerk sei eine Art Generator und durch verborgene technische Bauteile imstande, eine Art Schutzschild um den Planeten zu bilden, der die Katastrophe verhindern könne. Hierzu müsse lediglich die Mumie des Erbauers, Cheops, in die Hauptkammer (Königskammer) der großen Pyramide gebracht und in den dortigen Sarkophag gelegt werden. Allein so ließe sich der Schild aktivieren und die Erde retten.

So einfach ist es aber leider nicht. Die Durchführung der ganzen Aktion erweist sich als sehr schwierig, da man so gut wie nichts über den Erbauer der Pyramide, Cheops, weiß und aus diesem Grund auch nicht wissen kann, wo dessen richtiges Grab liegt. Zudem kommt: Den Übermittlungen von Enki zufolge, muss man eindeutig zwischen Cheops und dem Pharao Cheops unterscheiden. Weiterhin behauptet Frau Lobos, dass die Pyramide nicht erst um etwa 2.500 vor Christus erbaut wurde, sondern in diesem Zeitraum renoviert beziehungsweise restauriert wurde und damals bereits 2.000 Jahre bestand (vgl. Woicikiewicz 2006).

Unabhängig von den Äußerungen von Frau Lobos wurde diese Theorie schon oft aufgegriffen, aber nie offiziell anerkannt (vgl. Sitchin 2008). Die meisten Forscher, die eine frühere Erbauung des Bauwerks in Betracht ziehen, stützen ihre These ausschließlich auf die so genannte „Isis-Stele" und benutzen manipulierte Transkriptionen der Texte, die durch die klassische Ägyptologie nie bestätigt wurden (vgl. Haase 1996b). Die „Isis-Stele" war ursprünglich in einem Tempel zu finden, der sich östlich der Pyramide befindet und der heute durch eine dort befindliche einsame, runde Säule leicht zu finden ist. Von der „Isis-Stele" abgesehen, existieren dennoch einige Indizien, die auf eine spätere Renovierung der Pyramide schließen lassen könnten und im weiteren Verlauf dieses Buches behandelt werden.

Lobos zufolge gab es im Verlauf der Geschichte zwei Herrscher namens Cheops, einen Erbauer und einen Pharao Cheops, der die beschädigte Pyramide lediglich reparieren ließ. Wie zu erwarten, schenkte ihr die Wissenschaft keine Aufmerksamkeit und betrachtete die Frau vielmehr als „Störenfried". Als Lucyna Lobos ihre Lage erkannte, bat sie ihre geistige Kontaktperson, ihr einen Hinweis zu geben, der die Wissenschaft von ihrer Glaubwürdigkeit überzeugen würde. Ihre Bitte wurde erfüllt: 25 km südwestlich von Lobos Heimatstadt Wroclaw entfernt, liege der Berg Sleza. Auf diesem stehe eine kleine Kirche, Genau dort aber solle Lucyna suchen. Anzumerken ist hierbei, dass diese Kirche in den letzten 20 Jahren bereits mehrmals von verschiedenen europäischen Instituten untersucht wurde, da der gesamte Berg von heidnischen Symbolen und Statuetten übersät ist und man davon ausging, dass die kleine Kirche an der Spitze des Berges auf viel älteren Ruinen ruht. Trotz Bohrungen und modernsten Messungen waren die Forscher vor Lucina Lobos jedoch nicht imstande, etwas Interessantes ausfindig zu machen.

Zusammen mit dem Geologen Dr. Adam Szynkiewicz von der Universität Wroclaw und einem Archäologen-Team schritt Frau Lobos die Kirche ab und gab genau vor, wo die Männer graben müssten, um auf das viel ältere Mauerwerk der Vorbauten aus vorchristlicher Zeit zu stoßen. Das Ergebnis war eine örtliche archäologische Sensation – entdeckt innerhalb einer einzigen Woche! Einer Frau war auf mentalem Weg das geglückt, woran Wissenschaftler mehrmals scheiterten. Um es mit den Worten des Grabungsleiter auszudrücken, der ein Interview im polnischem Fernsehen gab: „Lucyna ist schneller, genauer, präziser, als jedes Gerät, das bisher irgendwo in der Geologie eingesetzt worden ist" (Gritch 2009b). Tatsächlich wurde die Wissenschaft durch die Funde auf dem Berg Sleza, auf Frau Lobos aufmerksam und jetzt, zumindest in Polen, empfänglicher für ihre Thesen.

Motiviert und inspiriert von Lucynas Geschichte und dem Erfolg in der Kirche nahm die Universität Wroclaw Kontakt zur Universität Kairo auf, um eine Grabungserlaubnis für die Cheops-Pyramide zu beantragen.

Die so genannte „Spezielle Kommission des Höchsten Antiken Rates in Ägypten“, die darüber entscheidet, wer in ihrem Land graben darf und wer nicht, beziehungsweise wer in der Ägyptologie ernst zu nehmen ist und wer nicht, gab im März 2008 grünes Licht für Untersuchungen und Grabungen der polnischen Gruppe. Manch ein Archäologe kämpft sein Leben lang, um solch eine Genehmigung zu erhalten, umso erstaunlicher ist es, wie zügig und problemlos die Vergabe der Grabungslizenz in diesem Fall verlief. Wer sich in der Fachliteratur und der Geschichte der ägyptischen Altertumsverwaltung auskennt, weiß, dass die Ägypter gerne Funde verschweigen und im Verborgenen graben, damit unerwünschte Funde nicht den Weg zur Öffentlichkeit finden und somit viele Theorien vermieden werden, die zwar der Wahrheit sehr nahe kommen, aber den jeweiligen ägyptischen Behörden nicht ins Weltbild passen. Ausgehend von diesem Wissensstand möchte ich nochmals darauf hinweisen, dass die enge Kooperation der Ägypter mit Frau Lobos schon eine Sensation für sich ist.

Schnellstmöglich erstellte das polnische Team einen Grabungsplan und leitete alles Organisatorische ein, damit die Arbeiten, so rasch wie nur irgendwie möglich beginnen konnten.

Auf dem Pyramiden-Plateau angekommen lief Lucyna geradewegs zum Causeway, dem Aufweg zu der 2. Großen Pyramide auf dem Gizeh-Plateau, der Chefren Pyramide, die bis hinunter zum Sphinx verläuft. Kaum angekommen machte sie sich an die Arbeit, um mittels Radiästhesie[3] das Grab des Pharaos aufzuspüren. Nachdem sie fündig wurde, machten sich die Universitätsvertreter ans Werk, um mithilfe von Bodenradarmessungen das Ergebnis von Frau Lobos zu bestätigen. Zum Erstaunen aller Anwesenden fanden die Forscher genau an den von Frau Lobos markierten Stellen starke Anomalien, die auf große, künstlich angelegte Hohlräume, mehrere Meter unter der Erde, hindeuteten. Und das, obwohl die ganze Region bereits mehrmals vollständig und ergebnislos untersucht wurde. Leider können Bodenradarmessungen keine absolut genauen Messwerte liefern, da das massive Gestein den größten Teil der Strahlung absorbierte und das Gerät nur sehr schwache Signale zum

---

[3] Strahleneinwirkungen auf Organismen, die es dem Nutzer ermöglichen sollen, Anomalien aufzuspüren.

Auswerten erhielt. Eine 100%ige Bestätigung wird es somit erst geben, wenn an den betroffenen Stellen tatsächlich gegraben wird.

Nach dieser sensationellen Entdeckung, organisierte man 2006 ein zweites internationales Symposium in Wroclaw, an dem Wissenschaftler aus allen Teilen der Welt teilnahmen, um das zu prüfen, was Lucina Lobos zu sagen hatte. Alle Anwesenden kamen zum Schluss, dass die Hinweise, die Frau Lobos bis dato an die Wissenschaftler weitergab, sachlich bestätigt wurden und ernst zu nehmen seien. Ein Ergebnis, mit dem niemand gerechnet hatte.

Der zweite Schritt

Es wäre zu schön gewesen wenn sich die Rettung der Erde als so einfach erwiesen hätte. Bevor das „Projekt Cheops"[4] das zuvor ermittelte Grab des Pharaos ausgraben durfte, verlangten die Ägypter, ähnlich wie in Polen, erst einen handfesten „Ausgrabungsbeweis" von der Gruppe. Also machte sich das Team erneut ans Werk.

Rund 90 Kilometer südlich von Gizeh liegt die kleine Stadt Medinet el-Fajum am Rande des Fayyum-Beckens. Ganz in der Nähe, befindet sich die Lehmziegelpyramide von Hawara und deren Tempelbezirk. Bereits der griechische Geograf Strabon (vgl. Radt 2004) pries den Tempelbezirk mit seinen Räumen und Bauten ausdrücklich als Weltwunder, während Herodot ein unter- und oberirdisches Labyrinth beschreibt, das angeblich selbst die Pyramiden von Gizeh in den Schatten stellt. In seinem zweiten Buch der Historien ist zu lesen:

„Auch ein gemeinsames Denkmal wollten sie hinterlassen und erbauten das Labyrinth, das etwas oberhalb des Moirissees liegt, etwa in der Nähe der so genannten Stadt der Krokodile. Ich habe es noch gesehen; es übersteigt alle Worte. Wenn man in Griechenland die ähnlichen Mauerbauten und andere Bauwerke zusammennähme, so steckt in ihnen noch nicht so viel Arbeit und so viel Geld wie in diesem Labyrinth. Dabei ist doch der Tempel in Ephesos und der auf Samos recht ansehnlich. Gewiss übertrafen schon die Pyramiden jede Beschreibung, und jede von Ihnen wog viele große Werke der Griechen auf; das Labyrinth aber

---

[4] eigens für das Projekt gegründete Organisation

überbietet sogar die Pyramiden. Es hat zwölf überdachte Höfe, deren Tore einander gegenüber liegen, sechs im Norden, sechs im Süden, alle dicht nebeneinander. Rings um alle läuft eine einzige Mauer. Zwei Arten von Kammern sind in diesem Gebäude, unterirdische und darüber oberirdische, zusammen 3000, je 1500 von beiden Arten. Durch die Oberirdischen Räume, bin ich betrachtend selbst gegangen und spreche aus eigener Erfahrung; von den Kammern unterhalb der Erde, habe ich mir nur erzählen lassen. Denn die ägyptischen Aufseher, wollten sie auf keinen Fall zeigen; sie erklärten, dort befinden sich die Särge der Könige, die dieses Labyrinth von Anfang an gebaut hatten, und die Särge der heiligen Krokodile. So kann ich von den unteren Kammern also nur sagen, was ich gehört habe; die oberen, die ich mit eigenen Augen sehen konnte, sind ein geradezu übermenschliches Werk. Die Ausgänge durch die Säle und Kreuz und Quergänge durch die Höfe mit ihren bunten Farben boten Wunder über Wunder. Da kommt man aus dem Hof in die Säle, aus den Sälen in die Säulenhalle, aus den Hallen wieder in andere Kammern und aus ihnen wieder in andere Höfe. Überall ist die Decke aus Stein, ebenso wie die Wände; die Wände sind voller Reliefs, jeder Hof von sorgfältig gefügten weißen Marmorsäulen umgeben. An die Ecke am Ende des Labyrinths stößt eine vierzig Klafter große Pyramide an, in die riesige Figuren eingehauen sind. Ein unterirdischer Gang führt in das Innere der Pyramide. So gewaltig ist also dieses Labyrinth" (zit. nach Feix 2004: 168-169).

Leider musste dieser Tempelbezirk beziehungsweise dieses Labyrinth seit der Römerzeit als Steinbruch herhalten, wodurch der oberirdische Bau fast vollständig zerstört wurde. Dennoch zeugen zahlreiche Fragmente verschiedener Statuen von der einstigen Pracht dieser Gegend.

Flinders Petrie, von dem wir später mehr hören werden, erforschte die Gegend und die Pyramide von 1888 bis 1898. Glücklicherweise war die Pyramide damals zugänglich und Petrie konnte dessen innere Struktur fast vollständig dokumentieren (vgl. Petrie 1890). Interessanterweise war einer der Schächte bis zum Rand mit Wasser und Schlamm gefüllt, was eine weitere Erforschung des Inneren unmöglich machte. Heute ist sogar bereits der Eingang der Pyramide mit Schlamm verschüttet und kann seit einer sehr langen Zeit nicht mehr betreten werden, da aus einem unterirdischen Zulauf immer wieder Wasser nachströmt.

Auch hier machte sich Lobos wieder ans Werk und lief das Gelände ab, während sie immer wieder ihre Markierungen in den Boden setzte. Die nachträglichen Bodenradarmessungen der Fachleute versetzte das Team wieder ins Staunen, denn erneut wurden eindeutige Anomalien gemessen, die ausschließlich unter den zuvor markierten Stellen auffindbar waren.

Abbildung 4: Die Hawara Pyramide und Umgebung. Kaum zu glauben, dass dieser Schutthaufen einst eine perfekte Pyramide bildete. Foto: Zarei

Bis zum November 2008 bestanden die Grabungen hauptsächlich aus Räumungsarbeiten, welche das Plateau rund um die Hawara-Pyramide von den schier endlosen Sandmassen befreien sollten. Zwei Tage bevor die Gruppe wieder nach Hause fliegen sollte, kündigte Lucyna Lobos einen sensationellen Fund an, noch bevor sie die Heimreise antreten würden.

Tatsächlich fand man daraufhin, nur ca.30 cm unter der Oberfläche, einen Friedhof aus römisch-griechischer Zeit. Aus der Geschichte ist bekannt, dass fremde Eroberer gerne die Heiligtümer der unterworfenen Länder weiterbenutzten und oftmals sogar umbauten, um den Beginn eine neue Ära zu markieren. Das Alte wurde regelecht unter dem Neuen vergraben. Daher lag es nahe, anzunehmen, dass sich unter dem neuen Friedhof, ein viel ältere aus ägyptischer Zeit befinden musste. Und so war es auch diesmal: Am letzten Tag vor der Abreise machten die Arbeiter eine sensationelle Entdeckung: Neben einigen versteinerten Krokodilen fand man auch eine Mumie, die mit schwarzem Wachs präpariert war. Diese Art der Bestattung ist auch in Ägypten eine große Seltenheit und wird sicherlich helfen, die Mumifizierungstechniken dieser alten Kultur besser zu verstehen. Die eigentliche Sensation, die diese Funde noch verblassen lassen sollte, entdeckte Dr. Reda Abdel Haleem. Es war eine goldene Maske, die den Kopf eines Sarkophags markierte und all die Jahre nur knapp 50 cm unter der Erde verborgen gelegen hatte. Diese goldene Maske sorgte für viel Aufsehen in Ägypten und war Anlass genug, im April 2009 Thema einer Konferenz in Kairo zu sein.

Abbildung 5: Das sympathische Lächeln, die großen Augen und die ganze Maske an sich sind Teil eines gut erhaltenen Sarkophags. Foto: Gritch

Lange Zeit vermutete man auf der Ostseite der Pyramide große Wasservorkommen direkt unterhalb der Erde und wollte aus diesem Grund dort keine Grabungen durchführen. Trotz vieler Einwände beharrte Frau Lobos auf den dortigen Ausgrabungen und versicherte, dass sie auf kein Wasser stoßen würden. Tatsächlich war selbst drei Meter unter der Oberfläche, die Erde noch trocken und keinerlei Anzeichen für Feuchtigkeit vorhanden.

So seltsam sich die ganze Geschichte auch anhören mag, so wurde Frau Lobos immer mehr Vertrauen geschenkt, da ihre Trefferquote bei nahezu 100% lag und ihre Angaben stets von der Wissenschaft bestätigt werden konnten.

Der weitere Werdegang dieser Frau wird uns in Zukunft sicherlich noch öfter ins Staunen versetzen. Aber wie hängt das Ganze mit der Cheops-Pyramide zusammen, und was wissen wir über dessen angeblichen Erbauer? Bevor wir diesen Fragen nachgehen, benötigen wir zunächst Hintergrundwissen, das die nächsten Kapitel vermitteln wollen.

Die Chronologie der Pharaonen

Jeder hat schon von ihnen gehört, den ägyptischen Pharaonen. Denn die Herrscher im Land am Nil sind seit jeher Objekt von Mythen und Geheimnissen. Die zeitliche Zuordnung dieser Könige erweist sich jedoch oft als äußerst schwierig - genauso wie die Angaben zu ihren Bauten. Woher wissen wir heute überhaupt, wann diese Pharaonen gelebt haben?

Seit der Geburtsstunde der Ägyptologie war man stets auf der Suche nach einer korrekten Chronologie der Herrscher. Hierzu wurden so genannte Königslisten herangezogen, von denen mit der Zeit immer mehr entdeckt wurden. Heute sind sieben Listen bekannt, die ich im Folgen kurz skizzieren möchte.

Zunächst sollte erwähnt werden, dass man stets von Dynastien spricht, wenn es um die ägyptischen Pharaonen geht. Der Zeitraum, in dem eine Dynastie herrschte, beschränkte sich auf die Zeit, in der sich eine Königfamilie an der Spitze der Herrschaft behaupten konnte, bis diese von der nächsten Königsfamilie, durch Eheschließungen oder Auseinandersetzungen, abgelöst wurde. Der erste der diese Unterteilungen vornahm war der Priester Manetho gegen 250 vor Christus. Er sortierte die Pharaonen nach Familien und die Familien nach Epochen.

Auch die so genannten Königskartuschen bedürfen einer näheren Erläuterung, da dieser Begriff ein zentraler Punkt im weiteren Verlauf des Buches ist.

Die Königskartuschen

Laut heutiger Lehrmeinung entstanden die Königskartuschen aus dem „Schen-Ring". Dieses Symbol steht für Ewigkeit und Schutz und passt sich der Größe des Pharaonennamen an. Einige ältere Darstellungen haben die heutige Annahme bestätigt, dass die Abbildung eine Schnur zeigt, die sich mithilfe eines Knoten vereinigt und eine Schleife bildet, in deren Mitte ein Pharaonenname, sichtlich abgegrenzt von der Außenwelt, genügend Ruhm und Schutz entgegengebracht wird (vgl. von Beckerath 1999).

Abbildung 6: Der Schen-Ring links und eine Königskartusche[5] rechts. Zeichnung: Zarei

[5] Die Königskartusche gehört Pharao Amenhotep II aus der 18. Dynastie (etwa 1.400 vor Christus).

Die Königsliste von Abydos (Sethos I.)

Die wohl schönste Königsliste stammt aus dem Tempel von Sethos I, einem Herrscher der 19. Dynastie, der laut Ägyptologie von 1290 bis 1279 v. Chr. herrschte. Es sind 76 Königskartuschen abgebildet, welche die Namen der Pharaonen von der 1. bis zur 18 Dynastie auflisten. Die beiden Menschen stellen Sethos I und seinen Sohn Ramses dar, der, angeleitet durch seinen Vater, die Chronologie der vorherigen Herrscher studiert und ihnen huldigt. Derselbe Ramses wird später unter dem Namen Ramses II beziehungsweise Ramses der Große berühmt werden.

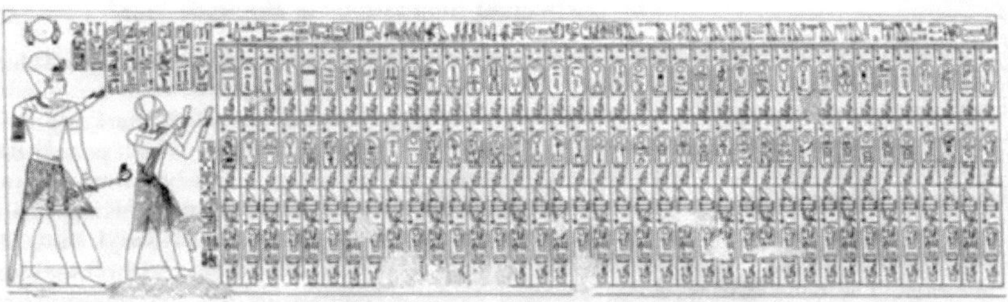

Abbildung 7: Die Königsliste von Pharao Sethos I in Abydos zeigt, wie er seinem Sohn Ramses II in Ahnenkunde unterweist. Zeichnung: von Beckerath

Die Königsliste von Abydos (Ramses II.)

Es wirkt fast ironisch, dass eben dieser Ramses eine weitere Liste anfertigen ließ, die er in seinem eigenen Tempel in Abydos abbildete. Interessant ist, dass diese in einigen Punkten Abweichungen aufweist, wenn man sie mit der Liste seines Vaters vergleicht. Leider ist die Darstellung heute größtenteils zerstört und nur noch fragmenthaft erhalten, was eine genauere Untersuchung unmöglich macht.

Das Turiner Königspapyrus

Es war Bernardino Drovetti, der gegen 1820 diesen Papyrus in Luxor fand und einige Jahre später nach Turin brachte, weil es das dort ansässige Museum erworben hatte, das übrigens auch heute noch das zweitgrößte „Ägypten-Museum" der Welt ist. Nur das Museum in Kairo kann auf ein größeres Inventar zurückgreifen, was kaum überrascht.

Als die Kiste mit dem Papyrus von Jean-François Champollion, dem Entzifferer der Hieroglyphenschrift, von dem wir noch später hören werden, persönlich geöffnet wurde, fand er nur noch kleine Fetzen vor. Anscheinend hatte der Transport dem alten Material stark zugesetzt und Teile unwiederbringlich zerstört. Heute ist der Papyrus bestmöglich rekonstruiert worden und gilt als eine der ausführlichsten Listen überhaupt. Das Schriftstück war einst sehr detailliert und übersichtlich, denn neben den Regierungsjahren der Könige beschreibt es auch die Taten der Pharaonen sowie die jeweiligen Geburts- und Sterbedaten.

Während andere Auflistungen Pharao Menes als ersten Herrscher Ägyptens nennen, der Ober- und Unterägypten vereinigte, gehen die Datierungen dieses Papyrus weiter zurück und erzählen von Göttern denen Halbgötter folgten, die in grauer Vorzeit das Land regierten. Leider ist genau dieser Teil des Papyrus schwer beschädigt und lässt keine weiteren Nachforschungen zu. Dennoch beginnt der Papyrus seltsamerweise mit einigen leeren Königskartuschen in roter Farbe.

Bemerkenswert an dieser Liste ist auch, dass sie ausländische Herrscher erwähnt, die in anderen Chronologien nicht genannt werden. Um explizit darauf hinzuweisen, dass es sich hierbei um keine ägyptischen Pharaonen handelte, deren Namen in der oben erwähnten Königskartusche genügend Ehre und Respekt entgegengebracht wurde, war es ihnen vergönnt, ihre Titel in diesen Kartuschen vorzufinden und so wurden sie nur in gewöhnlicher Schrift dargestellt – eines Pharaos nicht würdig. All dies zeugt von der Echtheit und Glaubwürdigkeit des Turiner Königspapyrus, das ca. 300 Könige auflistet und die ägyptische Geschichte weit in die Vergangenheit zurück datiert. Eines der wohl größten Probleme ist das korrekte Zusammensetzten der Fragmente, die teilweise sehr klein sind und somit noch reichlich Raum für Spekulationen lassen (Rossi 1876; Gardiner 1987).

Abbildung 8: Fragmente der stark beschädigten Königsliste von Ramses II. Foto: Zarei

Abbildung 9: Das Bild verdeutlicht, wie schwer das Dokument beschädigt wurde. Die Abbildung zeigt nur einen Teil der Fragmente. Foto: Zarei

Der Annalenstein (Palermostein)

Diese Dioritplatte, deren größtes Bruchstück sich seit 1877 im Archäologischen Regionalmuseum von Palermo befindet, stammt vermutlich aus dem Sonnenheiligtum des Pharao Niuserre in Abusir. Aus ungeklärten Gründen ist sie in mehrere Fragmente zerbrochen, die auf verschiedene Museen weltweit verteilt sind. Die Platte listet Pharaonen aus der prädynastischen Zeit bis zur 5. Dynastie auf, in welcher der bereits erwähnte Pharao Niuserre geherrscht haben soll. Ein weiteres größeres Stück der Platte befindet sich in Ägypten und ist unter den Namen „Kairostein" bekannt. Aufgrund der Vielzahl von Fragmenten und dem Fehlen vieler Stücke wird die Platte heute noch erforscht und nur selten für Recherchen zur Chronologie herangezogen. Eine weitere Besonderheit eines Fragmentes aus Kairo ist, dass neben den Königsnamen der Herrscher, völlig untypisch, die Namen deren Mütter mit angegeben wurden. Leider ist nicht eine dieser Frauen aus anderen Quellen bekannt, was die Sachlage zusätzlich verkompliziert und keine Nachprüfung zulässt (vgl. Wilkinson 2000; Schäfer 1902).

Abbildung 10: Der Palermostein. Selbst der harte Granit konnte die Inschriften nicht vor der Zerstörung bewahren. Foto: Zarei

Königsliste von Sakkara

Circa 20 Kilometer südlich von Kairo liegt die große Nekropole von Sakkara. Neben vielen Pyramiden finden sich dort auch kleinere Gräber. So auch das Grab des Königsschreibers und obersten Vorlesepriesters „Tjuneroy". An einer Wand des Grabs ist Ramses II. abgebildet, der den Herrschern früheren Zeiten huldigt. Es werden 58 Königskartuschen gezeigt, die von der 1. Dynastie bis zur 19. reichen und erneut König Ramses II als letzten Pharao auflisten (vgl. von Beckerath 1997).

Abbildung 11: Ein kleiner Abschnitt der Königliste aus Sakkara. Zeichnung: Meyer

Keiner der bisher erwähnten Königslisten deckt sich vollkommen mit einer anderen. So auch in diesem Fall. Alle heute bekannten Listen stehen teilweise in Diskrepanz zueinander, während sie sich an manchen Stellen gegenseitig bestätigen. Ein wahres Chaos!

Königsliste in Karnak

Streng genommen handelt es sich hierbei nicht direkt um eine Königsliste, sondern vielmehr um nicht chronologisch geordnete Abbildungen von Pharaonen samt Königskartuschen. Einst stand dieses Relief im Tempel von Thutmosis III, bis es nach Europa verfrachtet wurde und zunächst in der Bibliothèque Nationale in Paris lagerte. Heute lässt sich die Abbildung, die aus drei etwa vier Meter hohen Wänden besteht im Louvre bewundern. Sie ist nur von Bedeutung, da sie als Einzige die Könige aus der I. Zwischenzeit erwähnt. Bei den so genannten „Zwischenzeiten" handelt es sich um Abschnitte der Geschichte, in denen Ägypten zerfiel und sich das Land teilte. Die Macht war regional verteilt, und es herrschten mehrere Könige gleichzeitig.

Abbildung 12: Der Großteil der Originalliste befindet sich heute im Louvre in Paris. Zeichnung: Lepsius

Manetho

Ca. 300 vor Christus lebte der Priester Manetho in Unterägypten, wo er unter Ptolemaios II beauftragt wurde, die Geschichte Ägyptens vom Anfang bis zur makedonischen Eroberung durch Alexander den Großen niederzuschreiben. Manetho standen zu der Zeit Quellen zur Verfügung, von denen unsere heutigen Archäologen nicht einmal zu träumen wagen. So schrieb er drei ganze Bücher, die unter dem Namen „Aegyptiaca" bekannt wurden. Leider ist keines von Manethos Werken bis heute erhalten geblieben.

Woher weiß man dann, was dieser Priester geschrieben hat? Die beiden Geschichtsschreiber Flavius Josephus (vgl. Labow 2005) und Eusebius von Caesarea (vgl. Karst 1911) übernahmen, neben Sextus Julius Africanus, große Passagen aus den Werken Manethos in ihren Niederschriften, die uns heute glücklicherweise zur Verfügung stehen. Alle lebten einige Jahrhunderte nach Manetho und ihnen ist es zu verdanken, dass wir überhaupt von der Existenz seiner Texte wissen.

Sehr oft berufen sich Ägyptologen auf die Königsliste des Manetho, da Funde verschiedener Pharaonen und Bauwerke sie stets bestätigt haben. Doch es gibt einige Probleme, die den Forschern regelrecht Kopfschmerzen bereiten. So ist es bei Manetho nicht unüblich, dass Pharaonen der ersten Dynastien, über die so gut wie nichts bekannt ist, gut und gerne 400 Jahre geherrscht haben sollen.

Doch der Priester macht nicht allein deshalb von sich reden. Vielmehr berichtet auch er von Göttern, die vor mehr als 30.000 Jahren unter den Menschen weilten und ca. 13.900 Jahre regiert haben sollen (vgl. Unger 1876). Obwohl Manethos Angaben immer wieder bestätigt werden konnten, beharren Ägyptologen nach wie vor darauf, dass die Geschichte dieser Hochkultur bis etwa 3.000 v. Chr. zurückreiche und auf keinen Fall weiter in die Vergangenheit zu rücken sei.

Glücklicherweise sind sogar Passagen erhalten geblieben, in denen Manetho schildert, was diese ominösen Götter trieben. Als wäre es das Normalste der Welt, beschreibt Manetho, wie diese Götter so genannte „Mischwesen" schufen und mit ihnen regelrecht experimentierten. Im 5. Band der Chronik von Eusebius ist zu lesen:

„[...] gezeugt haben die Götter auch Menschen, doppelbeflügelte, dazu auch andere mit vier Flügeln und zwei Gesichtern und einem Leib und zwei Köpfen, Frauen und Männer und zwei Naturen, nämlich weiblichen und männlichen; weiter noch andere, pferdefüßige und andere von Pferdegestalt an der Hinterseite und Menschengestalt an der Vorderseite [...]gemacht haben sie auch Stiere, menschenköpfige und Hunde, vierleibige, deren Schweif nach Art der Fischschwänze rückwärts aus der Hinterteilen hervorliefen; auch Pferde mit Hundeköpfen [...] sowie noch andere Ungeheuer, pferdeköpfige und menschenleibige und nach Art der Fische beschwänzte; dazu auch allerlei drachenförmige Unwesen [...] und eine Menge von Wunderwesen, mannigfaltig geartete und untereinander verschieden geformt, deren Bilder sie im Tempel des Belos eins neben dem anderen dargestellt aufbewahrten" (zit. nach Karst 1911).

Diese Beschreibung erstreckt sich noch über viele Seiten. 1982 veröffentlichte der Mediziner Dr. Ange-Pierre Leca sein Buch „Die Mumien". Dort geht es in einem Kapitel um mumifizierte Stiere, die in Abusir gefunden wurden. Nach der Untersuchung einiger Funde, kam er zu einer verwirrenden Schlussfolgerung:

„[...] wieder schien es sich um ein einzigen Stier zu handeln, doch wurden abermals die Knochen von sieben Tieren gefunden [...] darunter die von einem riesigen alten Bullen. Ein dritter muss zwei Schädel gehabt haben. [...] Wunderwesen, mannigfaltig geartet und untereinander verschieden [...] und einem Leib mit zwei Köpfen" (Leca 1987: 197).

Erich von Däniken war wohl der Erste, der darauf hinwies, dass diese Wesen tatsächlich existiert haben müssen. In seinem neusten Buch greift er erneut die Thematik auf und lieferte eine sehr gute Zusammenfassung und Übersicht des Phänomens (vgl. von Däniken 2009).[6]

Wie bereits erwähnt, sind Manethos Originale bereits lange verschollen. Jedoch gibt es ein Dokument, das „Papyrus Baden", das die persischen Könige in Ägypten während der 27. Dynastie aufzählt und direkt auf Manethos Überlieferungen zurückzuführen ist. Obwohl kein Autor erwähnt wird, geht man heute davon aus, dass es sich dabei um eine Abschrift der echten Werke des Priesters handeln könnte (vgl. Waddel 2005:

---

[6] Die Thematik um Sakkara ist sehr komplex und wird in diesem Buch leider nicht näher untersucht werden. Es existieren sowohl pro als auch kontra Argumente.

75-174). Da der Papyrus nur wenige Herrscher, in einer für uns uninteressanten Zeit beinhaltet, sei es hier nur kurz angesprochen.

Abbildung 13: Der Text des Papyrus Baden 4.59 wurde in griechischer Schrift verfasst. Foto: Zarei

Abbildung 14: Mehr als deutlich sind die Beschädigungen durch die grobe Zweckentfremdung sichtbar. Foto: Zarei

Weitere Quellen

Neben den üblichen Königslisten gibt es noch weitere Quellen, die man für eine korrekte Chronologie heranziehen kann. Oftmals finden sich Geschichten auf Papyrus oder an den Wänden diverser Gräber, die von den Taten der Vorfahren und den damaligen Herrschern erzählen. Kombiniert man nun diese Angaben mit den Königslisten und anderen Überlieferungen, so ist es durchaus möglich, weitere Indizien zu finden, die einen bestimmten Abschnitt der Königsfolge bestätigen. Aber nicht selten kommt es vor, dass sich die Angaben erneut widersprechen und für noch mehr Verwirrung sorgen. Einer dieser Quellen ist der Schabaka-Stein (vgl. Beinlich 1991: 15-20). Den Inschriften nach ließ Pharao Schabak, der 3. König der 25. Dynastie, gegen 700 v. Chr. den Stein errichten. Er berichtet, wie der Pharao während eines Besuchs des Ptah-Tempels in Memphis einen alten und stark beschädigten Papyrus fand, der bereits von Würmern zerfressen war. Sofort ordnete er an, den Inhalt des Papyrus in eine Granitplatte zu meißeln, um sie für die Nachwelt zu erhalten. Leider wurde ausgerechnet dieser Stein zu späteren Zeiten als Mühlstein verwendet und stark beschädigt. Auch hier wird die ägyptische Geschichte sehr weit in die Vergangenheit datiert und bestätigt die Äußerungen Manethos. Darüber hinaus ist der Stein die wichtigste Quelle des memphitischen Schöpfungsmythos. Demnach erschuf Gott Ptah den Sonnengott durch sein Wort. Eine Vorstellung, die sich auch im Alten Testament wieder findet: „Und Gott sprach: Es werde Licht! Und es ward Licht" (1. Mose 1,3) oder „Im Anfang war das Wort [...] und Gott war das Wort" (Joh. 1,1-3). Der Stein befindet sich heute im British Museum in London.

Die 4. Dynastie

Es wird also deutlich, dass die Ägyptologie mit einem schier unlösbaren Problem konfrontiert ist. Es stehen zwar viele Quellen zur Verfügung, um eine Chronologie erstellen zu können, diese sind aber entweder unvollständig oder widersprechen sich gegenseitig. Es beginnt eine regelrechte Puzzelarbeit, die Bauwerke, Schriftstücke, Legenden und andere Quellen mit einbeziehen muss. Für unsere Recherchen ist die 4. Dynastie von besonderer Bedeutung, da davon ausgegangen wird, dass die Pharaonen aus dieser Königsfamilie, die großen Pyramiden in Gizeh und einige in der Umgebung von Sakkara erbaut haben sollen. Dieses ägyptische Königsgeschlecht soll laut dem Werk des Forschers Jürgen von Beckerath der „Chronologie des pharaonischen Ägypten", das heute ein Standardwerk der Ägyptologie darstellt, von 2.707 bis 2.639 v. Chr. geherrscht haben. Da es Cheops gewesen sein soll, der Sohn des Snofru und somit das zweite Glied in der Pharaonenkette der 4. Dynastie, der die größte Pyramide in Gizeh erbauen ließ, werden wir uns näher mit ihm beschäftigen müssen. Die folgenden Kapitel werden verdeutlichen, welch ein Durcheinander vorzufinden ist, sobald der Name Cheops fällt. Doch zunächst werfen wir einen Blick auf ein Buch arabischer Herkunft, das für die Forschung eine wichtige Rolle spielt.

Al Makritzi

Der im Jahr 1364 in Kairo geborene Schriftsteller und Historiker arabischer Abstammung Taqi al-Din Ahmad ibn 'Ali ibn 'Abd al-Qadir ibn Muhammad al-Makrizi verfasste während seiner Lebenszeit nicht weniger als 200 Werke. Unter ihnen befand sich das „Hitat". Dieses Buch behandelt Kairo und seine Geschichte, aber auch die Geschichte des alten Ägypten von der Pharaonenzeit bis hin zu al-Makritzis Lebzeiten. Für uns ist nur ein bestimmtes Kapitel von Interesse, das in der Fachliteratur oft zitiert wird und für viele Diskussionen verantwortlich ist: das so genannte „Pyramidenkapitel" (vgl. Graefe 1911).

Al-Makritzi nahm alle ihm zur Verfügung stehende Quellen, die etwas über die Pyramiden zu berichteten wussten, und trug sie in diesem Kapitel zusammen. Übersetzt wurde das Kapitel im Jahr 1911 von Dr. Erich Graefe und war lange Zeit vergriffen. Erst 2003 erschien eine Neuauflage, die heute für jedermann zugänglich ist.

Zur Berühmtheit gelangte das Kapitel durch Autoren der Paläo-SETI, welche die Berichte immer wieder aufführen und Aussagen einiger alter arabischen Autoren aufgriffen, die behaupteten, dass die Pyramiden vor der Sintflut erbaut wurden und somit viel älter seien als angenommen. Leider erwähnt keiner der Paläo-SETI-Verfechter, der sich auf das Hitat und eine vorsintflutliche Errichtung der Bauwerke bezieht, die Diskrepanzen, die über das gesamte Pyramidenkapitel vorzufinden sind. Man muss während des Lesens nur eine kleine Strichliste führen, um zu erkennen, dass ein Großteil der 32 zitierten Autoren im Hitat einer Sintflut widerspricht. Allerdings bleibt kritische anzumerken, dass die arabischen Autoren dutzenden Persönlichkeiten nennen, die für den Bau der Pyramide verantwortlich sein sollen. Teilweise muss man sogar davon ausgehen, dass einige der alten arabischen Autoren die Pyramiden nie persönlich besucht haben, da sie stellenweise geradezu absurde Beschreibungen liefern. Zu diesen Absurditäten zählt die Ägyptologie auch einige Berichte, die von unterirdischen Räumen und Gängen sprechen, die der heutigen Wissenschaft nicht bekannt sind. Ob hier wohlmöglich doch mehr dahinter steckt, werden wir noch erfahren.

Viele Kritiker führen zudem die ungenauen Maßeinheiten auf, die die arabischen Autoren zu den großen Pyramiden angeben und wollen damit die Unglaubwürdigkeit dieser Aussagen untermauern – teilweise mit Erfolg. So schreibt Abu Abdallah Muhammed bin Abd ar-Rahim al Kaisi, dass die Pyramide mit jeweils 500 Ellen genauso hoch wie breit sei, was in Wirklichkeit natürlich nicht stimmt. An dieser Stelle begehen die Kritiker allerdings denselben Fehler, den sie Autoren alternativer Sichtweisen vorwerfen: Sie erwähnen mit keinem Wort andere arabische Gelehrte, die bessere Maßeinheiten liefern können. Beispielsweise berichtet der Lehrer, Ibrahim b. Wasif Sah al-Kitab, dass die Pyramide bei einer Seitenlänge von 500 Ellen, eine Höhe von 300 Ellen aufweisen würde. Anhand einer kleinen Rechnung können wir sehen, dass seine Angaben ziemlich genau zutreffen:

Ursprüngliche Höhe der Pyramide: 146,59 Meter
Ursprüngliche Basislänge der Pyramide: 230,33 Meter
230,33 Meter : 146,59 Meter = 1,5
Höhenangabe von al-Kitab: 300 Ellen
Basislängenangabe von al-Kitab: 500 Ellen
500 Ellen : 300 Ellen = 1,6

Heutige Wissenschaftler halten sich buchstäblich an Strohhalmen fest, wenn sie sich an solchen Aussagen klammern. Selbstverständlich konnten die Araber keine genauen Maßeinheiten liefern. Wie den auch? Sie besaßen keine Laser–Messgeräte, anständige Zollstöcke oder Ähnliches. Ihr

Augenmaß war das einzige Instrument, das sie mit sich führten. Dementsprechend ungenau fallen ihre Zahlen aus.

Erstaunlich ist auch die Behauptung der alten arabischen Autoren, dass ein Teil der verwendeten Steine der großen Pyramide, aus dem 900 Kilometer entferntem Assuan stammt. Woher wussten sie das? Heute können uns Geologen dies bestätigen, da ihnen weit mehr Mitteln und Möglichkeiten zur Verfügung stehen als den damaligen Autoren. Vielleicht wussten die Leute aus dem Orient tatsächlich mehr als ihnen zugetraut wird.

Dennoch sollte man sehr vorsichtig mit diesem Kapitel in al-Makritzis Werk umgehen. Jeder kann sich heute ein Exemplar besorgen und sich sein eigenes Bild über das Werk machen. Fakt ist, dass die meisten Behauptungen im krassen Widerspruch zur gängigen Lehrmeinung stehen und an vielen Stellen mehr Fragen aufwerfen als Antworten liefern.

Das Schriftsystem

Es war der altägyptische Gott „Thot", der Gott der Weisheit, der laut Überlieferung die Menschen das Hieroglyphen-System lehrte nachdem er es erfunden hatte (vgl. Boylan 1922). Genau aus diesem Grund nannten die Ägypter die Hieroglyphen, „Zeichen der Gottesworte". Während man noch vor einiger Zeit davon ausging, dass die Keilschriften der sumerischen Kultur Mesopotamiens als Vorlage der Hieroglyphen-Schrift dienten, haben neue Funde aus Abydos in einem prädynastischen Fürstengrab bewiesen, dass beide Schriftsysteme gleichzeitig entstanden sein müssen (vgl. Dreyer 1998). Die Frage, welche Schrift nun zuerst da war, wird derzeit kontrovers unter Fachgelehrte diskutiert. Diese lassen dabei völlig außer Acht, dass zur selben Zeit, die Industal-Kultur in Indien und Umgebung Sanskrit benutzte. Es wird also deutlich, dass weltweit zeitgleich Hochkulturen „aus dem Boden schossen", die sich noch kurz zuvor in der Steinzeit befanden.

Neben der üblichen Hieroglyphen-Schrift existierte parallel dazu die hieratische Schrift (vgl. Möller 1909). Hierbei handelt es sich um eine vereinfachte, kursive Schreibform, deren Zeichen von den Hieroglyphen abgeleitet wurden. Mit Pinseln, beziehungsweise Binsen, wurde sie auf

Papyrus geschrieben und galt als übliche Schreibform der damaligen Menschen. Da es nur den heiligen Hieroglyphen bestimmt war, die Wände der Tempel und Gräber zu zieren, existieren sehr wenige steinerne Orte, die das hieratische Schriftsystem in Form von Gravuren aufweisen.

Gegen 650 v. Chr. tauchte eine weitere, noch stärker abstrahierende Schreibform auf: das demotische Schreibsystem. Weil sie noch einfacher zu schreiben war, da die Zeichen immer mehr ineinander verflossen, wurde sie sehr schnell zur Standardschrift der breiten Masse. Aus diesem Grund wird sie heute auch Volksschrift genannt. Sie verdrängte die hieratische Schrift immer mehr, bis sich diese nur noch auf religiöse Texte beschränkte. Das hieratische Schreibsystem blieb bis zum 4./5 Jahrhundert n. Chr. die Gebrauchsschrift in Ägypten und kann aufgrund größerer Abweichungen kaum noch als mit den Hieroglyphen verwandt bezeichnet werden. Durch den asiatischen Einfluss entstand im dritten Jahrhundert n. Chr. die koptische Sprache, die ihre Wurzeln aber auch in der alten ägyptischen Sprache hatte. Jedoch wich sie bereits in ihrer Entstehungszeit stark von ihrer Quelle ab und wurde durch den arabischen Einfluss immer mehr entfremdet bis sie im 17 Jahrhundert fast vollständig verdrängt wurde. Heute ist sie hauptsächlich als Sakralsprache im Gebrauch und wird während der Gottesdienste der koptischen Christen benutzt (vgl. Vycichl 1936: 169-175).

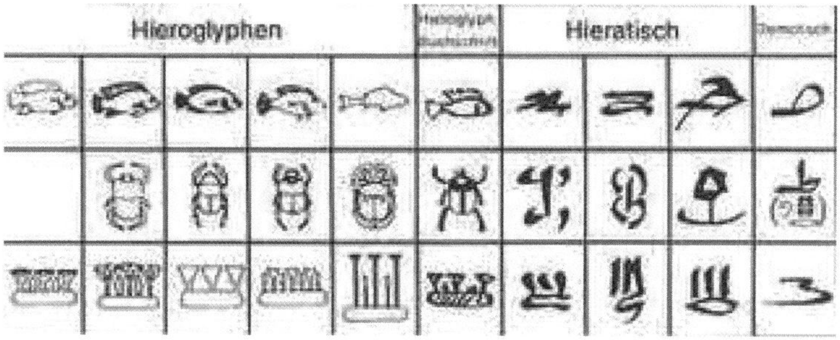

Abbildung 15: Die Entwicklung der ägyptischen Schrift. Zeichnung: Zarei

Jahrhundertelang wurde Ägypten von Reisenden besucht, die nicht aufhören konnten zu staunen, was die Menschen von einst hier geleistet hatten. Sie sahen die Monumente und die Abertausenden von Zeichen, die sie zierten. Doch niemand war imstande, das Gesehene zu verstehen.

Lange versuchte man, die Hieroglyphen zu entschlüsseln und suchte vergeblich nach Material, das eine korrekte Übersetzung möglich machen konnte. Was fehlte war eine Bilingue[7].

Eine Bilingue ist ein Schriftdokument, das Texte in verschiedenen Sprachen beinhaltet. Idealerweise ist der Inhalt identisch und mindestens eine der verwendeten Sprachen bereits bekannt und lesbar. Für die Sprachforschung sind sie von unschätzbarem Wert, da man anhand dieser Quellen unbekannte Schriftsysteme und Sprachen entschlüsseln kann.

Napoleon und die große Reise

Im Jahr 1798 organisierte der große Herrscher Frankreichs, Napoleon Bonaparte, seinen Feldzug Richtung Ägypten. Nach Durchquerung des Mittelmeers und der Landung seiner Flotte an der ägyptischen Küste in Abukir besetzte der Eroberer sogleich Alexandria. Etwas südlich von Gizeh kam es zur berühmten „Schlacht bei den Pyramiden", als sich ein türkisch-ägyptisches Heer zusammen mit einer Mamelucken-Eliteeinheit verbündete, um die Franzosen zu vertreiben. Doch unter der Führung des brillanten Strategen Napoleon, wurde die feindliche Armee verheerend geschlagen, und die Franzosen konnten über Ägypten herrschen (vgl. Laporte 2007).

Neben seinen bewaffneten Truppen, die rund 35.000 Mann umfassten, führte Napoleon auch knapp 500 Zivilisten nach Ägypten. Unter ihnen waren 21 Mathematiker, 3 Astronomen, 17 Ingenieure, 13 Naturforscher und Bergbauingenieure, 4 Architekten, 8 Zeichner, 10 Geisteswissenschaftler, ferner 22 Schriftsetzer, die der lateinischen, griechischen und arabischen Schrift mächtig waren. Während das französische Heer das Land durchquerte, ließen die Wissenschaftler keine Gelegenheit aus, alles an Informationen und Daten, was sie den Bauwerken und der Natur entreißen konnten, akribisch zu dokumentieren. Es entstanden Tausende von Zeichnungen und Schriftdokumenten, die im eigens erbauten ägyptologischen Institut in Kairo gelagert wurden. Auch zahlreiche Artefakte wurden dorthin gebracht, die zu späterer Zeit in den Pariser Louvre verschifft

---

[7] aus dem lateinischem übersetzt: „zweisprachig"

werden sollten. Nachdem die Engländer Ägypten eroberten und die Franzosen aus dem Land vertrieben, erlaubten sie den Franzosen lediglich, ihre eigenen Schriftdokumente mitzunehmen. Alle noch verbliebenen Artefakte wurden in das British Museum nach London gebracht, um näher untersucht zu werden. Von Trotz und Wut getrieben, veranlasste daraufhin Napoleon persönlich im Jahr 1802, die wissenschaftlichen Ergebnisse seiner Forscher zu veröffentlichen. Das Resultat war ein Werk namens, „Description de l'Égypte", das eine vollständige Beschreibung des Landes, zum Zeitpunkt des Feldzugs darstellte (vgl. Neret 2007). Unter den beschlagnahmten Artefakten, die sich nun in den Händen der Engländer befanden, war auch ein ganz besonderer Stein – der Stein von Rosetta.

Abbildung 16: Der siegreiche Napoleon in Kairo „Die Schlacht bei den Pyramiden". Gemälde von Francois-Louis-Josep Watteau. 1798-1799. Foto: Zarei

Der Stein von Rosetta

Der 114,4cm hohe und 72,3cm breite Stein aus dunkelgrauem Granodiorit wiegt 762 Kilogramm und ist eines der wichtigsten jemals gefundene Artefakte aus Ägypten. Obwohl anfänglich viele Forscher der damaligen Zeit nichts mit ihm anzufangen wussten, ist er geradezu ein Paradebeispiel eines Bilinguals. Ein und derselbe Text, geschrieben in drei Schriften: Hieroglyphen-Schrift, demotischer Schrift und altgriechischer Schrift.

Abbildung 17: Der wertvollste Stein der Ägyptologie: Der Stein von Rosetta. Foto: Zarei

Ein Offizier namens Pierre François Xavier Bouchard entdeckte den Stein während der französischen Expedition am 15 Juli 1799 im Niltal in der Nähe der Stadt „Rashid", die von den Europäern „Rosetta" genannt wurde und erkannte sofort die Bedeutsamkeit seines Fundes (vgl. Budge 1922). Während eine Quelle besagt, dass man das Artefakt auf dem Boden liegend fand, behauptet eine andere, die Platte in einer alten Mauer eingebaut vorgefunden zu haben, die man abreißen ließ, da man Baumaterial für die Errichtung des Forts „St. Julian" benötigte. Man meldete den Fund dem verantwortlichen General, der es sofort nach Alexandria orderte. So lagerte es zunächst einige Zeit lang im Privathaus des französischen Heerführers Menou. Zwei Jahre später erfuhr auch Napoleon von dem Fund und befahl den sofortigen Abtransport nach Kairo, wo es seine Gelehrten im eigens errichteten Institut untersuchen sollten. Tatsächlich erkannten die Forscher sofort die Bedeutung des Steines, da eindeutig drei verschieden Schriftarten erkennbar waren. Leider blieb den Franzosen nicht viel Zeit, um das Artefakt eingehend zu untersuchen, da im Jahr 1801 die Engländer in den Besitz des Steines gelangten, nachdem sie Kairo zurückerobert hatten. Die Briten ließen den Stein im Folgejahr nach London verschiffen, um ihn direkt in das British Museum einlagern zu können. Glücklicherweise besaßen die Franzosen zahlreiche Skizzen der Platte und ermöglichten es somit vielen Forschern, auch außerhalb von England mit dem Studium der abgebildeten Schriften fortzufahren.

Insgesamt trugen zehn Gelehrte im Laufe der Jahrhunderte zur Übersetzung der ägyptischen Hieroglyphen bei, die aber größtenteils nur kleinere Erfolge verzeichnen konnten. Unter ihnen befand sich auch ein junger französischer Forscher namens Jean-François Champollion. Dem jungen Mann hatte bereits mit 19 Jahren den Lehrstuhl „Alte Geschichte" an der Universität Grenoble inne. Nach mehrjähriger Arbeit war es ihm gelungen, anhand des Steins von Rosetta und anderer Quellen die ägyptischen Hieroglyphen und das demotische Schriftsystem zu entziffern. Durch die Vorarbeit anderer Forscher wie Abbé Barthélemy, Silvestre de Sacy oder Johan David Akerblad konnte Champollion den abgebildeten Königsnamen entziffern, der sehr oft im Text vorkam und in der Hieroglyphenschrift stets von einer Kartusche umrundet war – genauso wie im vorliegenden Buch bereits beschrieben. Der Text beinhaltet hauptsächlich Lobpreisungen der damaligen Priester gegenüber Pharao Ptolemaios V., der ihnen zahlreiche Erlasse gewährte und Besitze zusprach. Es wurde auch das genaue Datum festgehalten, an dem die Inschrift angebracht wurde. Auf unseren Kalender umgerechnet war es der 23. März 196 v. Chr.

Aber es gibt ein entscheidendes Problem, dessen sich die Ägyptologen nicht bewusst sind oder absichtlich vernachlässigen. Sicherlich kann man alle Hieroglyphen, die auf dem Stein vorzufinden sind, mit großer Genauigkeit übersetzten und somit den korrekten Inhalt des Textes wiedergeben. Aber man muss bedenken, dass auf der Platte lediglich knapp 100 verschiedene Glyphen eingraviert sind. Doch durch viele neue Entdeckungen und Expeditionen sind heute nicht weniger als 7.000 verschiedene Hieroglyphen bekannt. Sich hier anmaßen zu wollen, anhand dieser schlichten Informationsquelle, alle Zeichen korrekt übersetzen zu können, grenzt fast an Größenwahn. Natürlich ist es möglich, Zeichen von einander abzuleiten und sie einander logisch zuzuordnen. Aber wir sind nicht imstande, diese Zuordnungen überprüfen zu können. Um es mit den Worten der Archäologin Alice Kober zu sagen *„Eine unbekannte Sprache in einer unbekannten Schrift kann nicht entziffert werden“* (zit. nach Landmann 1993: 57).

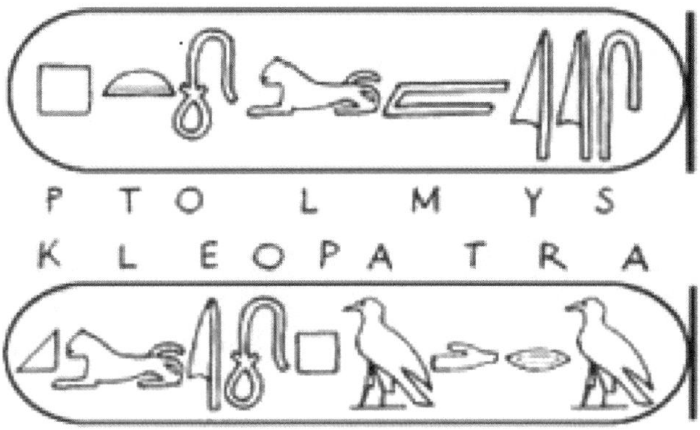

Abbildung 18: Diese Königsnamen lieferten den lang ersehnten Schlüssel zur Entzifferung der ägyptischen Hieroglyphen. Zeichnung: British Museum

Niemand hat je einen alten Ägypter reden hören, und genau aus diesem Grund kann man keinerlei Aussagen über die Satzstellung, die Aussprache oder die Grammatik dieser Sprache machen. Wir halten uns vor Augen: Bereits gegen 3.500 v. Chr. wurden die Hieroglyphen benutzt, was eindeutig beweist, dass die Menschen damals auch ägyptisch gesprochen haben. Fast 3.500 Jahre später, 196 v. Chr., wird ein kurzer Text in drei verschiedenen Sprachen verfasst. Weitere 1.800 Jahre später wird dieser Stein, halb zerstört, von fremden Forschern entdeckt. Diese Wissenschaftler glauben nun anhand einer alten ägyptischen Sprache, dem Koptischen, das damals nur noch sehr selten gesprochen und immer mehr vom Arabischem ersetzt wurde, die gesamte Sprache des Landes über alle Epochen hinweg entziffert zu haben.

Die koptische Sprache ist zwar mit dem Altägyptischen verwandt, dennoch ist man nicht imstande mit deren Hilfe die Ursprungsprache rekonstruieren zu können. Daran könnten selbst hundert Steine von Rosetta nichts ändern, sofern sie alle aus derselben Zeit stammen. Ägypten ist heute ein arabisches Land, was man zweifelsohne an der Umgangssprache erkennen kann, die rein gar nichts mehr mit der Pharaonensprache zu tun hat. Selbstverständlich hatte das Arabische auch großen Einfluss auf die wenigen Menschen, die in der Vergangenheit noch der koptischen Sprache mächtig waren, was eine Übersetzung zusätzlich erschwert. Wörter wurden ersetzt, verdreht und verändert. Obwohl es geradezu unmöglich ist, allein die alte koptische Umgangssprache wiederherzustellen, gehen unsere Archäologen, die keine Sprachwissenschaftler sind, noch einen Schritt weiter und behaupten, die um Jahrtausende ältere Sprache der alten Ägypter zu verstehen. Mit wissenschaftlicher Arbeitsweise hat das nicht mehr viel zu tun. Um das Dilemma zu verdeutlichen, werde ich einige Wörter aus dem Althochdeutschen aufzeigen, die ein Normalsterblicher Deutscher unter keinen Umständen verstehen kann. Als Quelle dient das Wörterbuch von Rudolph Schützeichel (Schützeichel 2006):

afterchomo – Nachkomme, Nachfolger
chaufo – Erlöser
elibenzo – Abkömmling, Fremder
koren, koran – prüfen, versuchen
libleita – Nahrung
mihhal – groß, bedeutend
nazi – Feuchtigkeit, Nässe
fason – suchen
siehhelheit – Krankheit
ubarhuht – Hochmut

Haben Sie die Wörter erkannt? Obwohl die Spracheinwirkung anderer Völkergruppen in Deutschland nicht so stark ausgeprägt war wie jene in Ägypten, die regelrecht von den Arabern assimiliert wurden und davor jahrhundertelang unter persischer, griechischer und römischer Herrschaft standen, könnten wir die gesprochenen Wörter und Sätze unserer Vorfahren vor gerade einmal 1.000 beziehungsweise 1.500 Jahren nicht verstehen. Wie will man dann heute die 7.000 fremden Zeichen und Hieroglyphen korrekt wiedergeben können, die in einer Zeitspanne von mindestens 4.000 Jahren entwickelt wurden? Es gab sicherlich Dialekte und zahlreiche Veränderungen, die heute unmöglich nachvollziehbar sind. Das könnte bedeuten, dass der Großteil der vermeintlichen Übersetzungen schlichtweg falsch ist. Lediglich Schriftstücke, die zeitnah zum Stein von Rosetta entstanden sind, könnte man halbwegs anständig übersetzten, vorausgesetzt sie beinhalten keine fremden Glyphen, die nicht auf dem Stein aufzufinden sind. Aus diesem Durcheinander heraus entwickelten die Ägyptologen in ihrer Verzweiflung Regeln und Gesetzte die es höchstwahrscheinlich nie gegeben hat, wie beispielsweise den Determinativ. Manche Glyphen können angeblich sogar als Phonogramm oder Ideogramm Verwendung finden und werden von jedem Gelehrten anders gedeutet (vgl. Gardiner 1957). Alles im allen liegt die korrekte Übersetzung beim Übersetzer selbst, der großen Freiraum bei der Transkription der Wörter hat. (Noch schlechter sieht es mit den Maya-Glyphen auf der anderen Seite der Erde aus, auf die an dieser Stelle nicht näher eingegangen wird.) Die derzeitige Forscher-Generation wird diesen Tatbestand allerdings niemals akzeptieren, da es beweisen würde, dass ihre gesamte Fakultät seit geraumer Zeit mangelhafte Übersetzungen anfertigt. Es bleibt den kommenden Wissenschaftlern überlassen, hier neue Wege zu beschreiten und den Glauben, man könne 100%ig korrekte Übersetzungen erarbeiten einer kritischen Prüfung zu unterziehen.

Übrigens: Falls es Ihnen nicht aufgefallen ist, die Tatsache, dass „chaufo“ auf Althochdeutsch „Erlöser“ heißt, hat mir beim ersten Erblicken regelrecht Gänsehaut verursacht. Denn immerhin soll der Erbauer der Pyramiden Pharao Chufu gewesen sein. Erneut eine Bestätigung für Lucina Lobos, die ebenso Pharao „Chufu“ als Erlöser nennt, dessen Körper eine Art Schutzmechanismus in der Pyramide aktiviert, die uns vor der nahenden Gefahr in Form eines weiteren Himmelskörpers schützen soll? An diesem Punkt möchte ich mir nicht selbst widersprechen, da man den Namen des Pharaos immerhin auch aus den Hieroglyphen herauslesen kann. Diese sind jedoch alle vollständig auf dem Stein von Rosetta vorhanden und könnten somit direkt übersetzt werden, sofern sie keiner sprachlichen Veränderung unterlagen. Des Weiteren zeugen zahlreiche andere Überlieferungen davon, dass ein gewisser „Chufu“ beziehungsweise „Cheops“ das Bauwerk errichten ließ[8].

Weiterhin ist kritisch anzumerken, dass die Ägyptologie keine regionalen Dialekte der ägyptischen Sprache in Betracht zieht. Wenn man bedenkt, dass allein in Deutschland zahlreiche Sprachvarietäten existieren, die sich alle 200 Kilometer ändern, bleibt die Vorgehensweise der Fachgelehrten nicht nachvollziehbar. Zusammen mit der Tatsache, dass die alten Ägypter sicherlich keine einheitliche Rechtschreibung besaßen, kann man nur eine zwingende Schlussfolgerung ziehen:

Der Stein von Rosetta kann ausschließlich für Übersetzungen herangezogen werden, wenn die zu übersetzende Quelle, zeitlich gesehen, nicht weit von dieser entfernt liegt und alle verwendeten Glyphen, in beiden Quellen vorhanden sind. Bei 6.900 Hierglyphen, die nicht auf dem Stein von Rosetta aufgelistet sind und einer Geschichte von über 3.500 Jahren, sehen die Chancen für eine korrekte Transkription sehr schlecht aus. Der berühmte englische Ägyptologe, Orientalist und Philologe Sir Ernest Alfred Wallis Budge ist einer der wenigen Forscher, die die Schwächen der Ägyptologie eingestehen.

Budge war von 1894 bis 1924 der Verwalter ägyptischer und assyrischer Altertümer am British Museum in London. Neben seiner Tätigkeit war er Gastprofessor am Christ`s College, Professor an der Universität Cambridge und Dozent für Hebräisch. Obwohl er viel Zeit auf Fachübersetzungen alter Schriften verwand, schaffte er es, eine ansehnliche Sammlung koptischer, griechischer, arabischer, syrischer, äthiopischer und ägyptischer Manuskripte auf Papyrus zusammenzustellen. Er beteiligte sich außerdem an zahlreichen Ausgrabungen in Ägypten, Mesopotamien und dem Sudan. Insgesamt veröffentlichte er 32 Bücher, die fast alle dem Thema Ägypten gewidmet sind. Nichts desto trotz ist der Ruf von Budge angekratzt, da als fundamentalistischer Christ galt, der seine religiösen Überzeugungen gelegentlich in seine Übersetzungen mit einfließen ließ.

Auch der Theologe Alexander Böhling lässt seinen Unmut über die ägyptische Sprache erkennen und fragt, woher die späteren Ägypter noch die Traditionen ihrer längst vergangenen Ahnen kannten:

---

8 Siehe Herodot

„Eine Sprache wie das Ägyptisch-Koptische weist einen Bestand von über viertausend Jahre auf; der entscheidende Bruch liegt hier in der Abspaltung des koptischen, das in eine ganz neue Umwelt, die des Christentums, eintritt. Dennoch lebt das Ägyptische der hieroglyphischen Schrift bis ins 5. Jahrhundert n. Chr. fort. Man sollte annehmen, dass die ägyptischen Priester der Spätzeit und der griechisch-römischen Epoche, die alten Dokumente nicht mehr lesen konnten, waren doch in der Zeit nach dem alten Reich und mit der Entstehung des Neuägyptischen am Ende des Neuen Reiches bedeutenden grammatische Veränderungen vor sich gegangen" (Böhling 1993: 1).

Böhling fügt zwar hinzu, dass die Menschen ihre Traditionen fortführten und dies darauf hinweisen könnte, dass sie die Überlieferungen ihrer Vorfahren noch verstanden, aber er schreibt auch, dass es zu manchen Gegenständen der Vorzeit bereits viele verschiedene Deutungen gab. Das würde bedeuten, dass nicht einmal die alten Ägypter genau wussten, was ihre Vorfahren niedergeschrieben haben.

Nicht umsonst warnte Labib Habachi, der damalige Altertumsverwalter der ägyptischen Regierung, im Jahr 1984 die Fachwissenschaftler mit der Aussage, dass bereits eine einzige Zufällige Entdeckung, die gesamte bisherige Ägyptologie widerlegen könnte.

Das erste Weltwunder

Die Pyramiden von Gizeh

Wer kennt sie nicht, die Pyramiden von Gizeh? Seit jeher faszinieren sie die Menschen und sind der Mittelpunkt zahlloser Theorien verschiedenster Fachbereiche.

Glauben Sie, über diese Pyramiden sei bereits alles bekannt? Es gebe keine Geheimnisse mehr auf dem Gizeh-Plateau? Genau das versuchen uns selbsternannte Kritiker beziehungsweise seriöse Forscher weis zu machen, die geschickt vielen Fakten aus dem Weg gehen. Die Lücken und Zweifel an diesem Fachwissen reichen aber vom Erbauer, über die Pyramidenräume bis hin zum Unterbau dieser monumentalen Bauwerke. Die Zahl der „Wunder", die diese Region unseres Erdballs beherbergt, ist so unfassbar groß, dass man sich fragen muss, ob nicht mehr dahinter steckt, als bisher angenommen.

Abbildung 19: Ein Anblick, den man nicht so schnell vergisst: Die Pyramiden von Gizeh. Foto: Zarei

Archäologen beharren darauf, dass es keine weiteren unentdeckten Räume in den Pyramiden gibt und ignorieren völlig Wissenschaftler anderer Fakultäten, die mit modernsten Geräten den Pyramiden „zu Leibe rücken", um ihnen ihre Geheimnisse zu entlocken. Denn das Wort einiger „Pyramidengurus", so nenne ich die Archäologen, deren Aussagen in Fachkreisen als unanfechtbar gelten, hat mittlerweile mehr Gewicht als die Ergebnisse modernster Untersuchungen. Somit ist es auch nicht weiter verwunderlich, dass im Jahr 2002 die gesamte Weltöffentlichkeit bei einer vermeintlichen Liveübertragung an der Nase herum geführt wurde, als einer der Blockiersteine im so genannten Gantenbrink-Schacht angebohrt und eine Kamera hindurch geschoben wurde, um ein für allemal zu beweisen, dass die Pyramide keine Geheimnisse mehr birgt. Doch die groß vermarktete „Enthüllungsaktion" verlief anders als von den Zuschauern erwartet. Denn was die neugierigen Zuschauer zu Gesicht bekamen, war lediglich ein Stein, indem ein Loch vorgebort war. Genauso gut hätte man die Zuschauer einen vor Monaten in einem Studio gedrehten Film ansehen lassen können.

Um es mit den Worten von Professor Dietrich Wildung, dem Direktor des Ägyptischen Museums in Berlin, wiederzugeben, der genau diese Vorgehensweise wie folgt scharf kritisierte:

65...] Im Grunde genommen, sind wir alle verarscht worden." (Spiegel 2001; Ercivan 2004)

Die „Geheimschächte", wie ich sie zunächst nennen will und die sonst als Gantenbrinkschächte bekannt sind, werden weiter unten detailliert behandelt. Doch zuvor sollten wir etwas über den eigentlichen Erbauer der Pyramide in Erfahrung bringen, der uns mit einer eigenartigen Architektur und diesen seltsamen Schächten in Erklärungsnot treibt.

Herodot und Cheops

Es ist erstaunlich, wie wenig über Cheops bekannt ist, obwohl sein Name in fast jedem ägyptischen Buch der Moderne Erwähnung findet. Diese Persönlichkeit, die ein Bauwerk errichten ließ, das alle Zeiten zu überdauern scheint, hinterließ mehr Fragen als Antworten. In einem alten Sprichwort aus dem arabischen Raum heißt es: „Die Menschen haben Angst vor der Zeit – die Zeit hat Angst vor den Pyramiden". Und tatsächlich! Immer noch ragen sie stolz empor und lassen alle Geschehnisse um sie herum seit Jahrtausenden unbedeutend erscheinen. Zeit, Wind, Sturm und die Menschen waren nicht in der Lage, diese Meisterwerke der Architektur zu zerstören. Die größte bekannte Pyramide der Welt, die Cheops-Pyramide, war im Laufe der Jahrtausende vielem ausgesetzt und begeistert heute hauptsächlich nur noch durch ihre gewaltige Größe. Es war der Mensch, der die Verkleidung zerhämmerte und die perfekt aufeinander zugeschnittenen Blöcke für den eigenen Hausbau verwendete. Dieser unglaubliche Cheops, der in diesem Buch noch oft zur Sprache kommen wird, soll dieses Gebäude innerhalb von nur 20 Jahren errichtet haben. Doch woher möchte man das so genau wissen?

Wir alle kennen den Griechen Herodot, den Vater der Geschichtsschreibung. Vor ca. 2.500 Jahren, um 500 vor Chr., besuchte Herodot Ägypten und ließ sich von den Priestern über die Geschichte des Landes und vor allem über die unzähligen Bauten aufklären. Laut Herodots Überlieferungen, die in den so genannten, neun Bänden umfassenden Werk „Historien" zusammengefasst wurden, ist die große Pyramide vom Pharao Chufu (Cheops), dem Sohn des Rhampsinitos, erbaut worden. Genau hier taucht das erste Problem auf. Während die moderne Ägyptologie Cheops als Sohn des Snofru ansieht, welcher die 4. Dynastie gegen 2.700 bzw. 2.600 v. Chr. gründete, beschreibt Herodot Cheops als Sohn des Rhampsinitos. Dass die Griechen viele ägyptische Namen hellenisierten und den Wortlaut somit veränderten, ist bekannt. Aus dem ägyptischen „Khufu" wurde „Cheops", aus „Chafre wurde „Chefren". Jedoch ist im Fall „Rhampsinitos" keinerlei Ähnlichkeit gegenüber dem „anderen" Vater „Snofru" zu erkennen. Es ist auszuschließen, dass die Priester, die Herodot aufklärten, nicht den Namen von Cheops Vater kannten, denn zu dieser Zeit war das Wissen um die Hieroglyphenschrift noch nicht gänzlich vergessen und man konnte sicherlich viele Königslisten lesen und korrekt wiedergeben. Aber es muss auch nicht zwingend bedeuten, dass dies der wahre Name ist – dennoch scheint es angebracht, diesen Widerspruch aufzuzeigen und zur Kenntnis zu nehmen, dass hier etwas nicht stimmen kann. Des Weiteren dürften die Erinnerungen an die vergangenen Herrscher noch relativ „frisch" gewesen sein und dem alten Herodot und seinen Priestern weit mehr Quellen zur Verfügung gestanden haben, als es heute der Fall ist.

Leider hat sich in der Moderne herausgestellt, dass sich die korrekte Einordnung dieses Königsgeschlechts als weit schwieriger erweist als erhofft.

Abbildung 20: Diese 7,5cm hohe Staute aus Elfenbein soll die einzige bekannte Abbildung von Pharao Cheops sein. Foto: Zarei

So geben beispielsweise sieben antike Quellen, die zur die richtige Chronologie der 4. Dynastie herangezogen werden können, sieben völlig verschiedene Herrscherreihenfolgen wieder. Oft entfallen sogar einige Könige oder werden durch andere ersetzt. Weitaus schlimmer ist es mit der Regierungsdauer dieser Dynastie bestellt. So schwanken die Daten um 79 Jahre im Turiner Papyrus bis hin zu 264 Jahren in den Werken von Africanus, der wiederrum Manetho zitiert. Ähnlich verhält es sich bei Cheops selbst. Aus den unterschiedlichsten Quellen wird eine Vielzahl an Namen mit dieser Person in Verbindung gebracht:

Anoiphis, Anoisis, Apappus, Apathus, Bikui-nebu, Chembis, Chembres, Chemististes, Chemmis, Chemnis, Cheop, Chnoubos, Chnum-Chufu, Chufu, Comates, Hnmu-huj.f-uj, Huj.f-uj, Khembes, Khemmes, Kheops, Kheuf, Khufu, Khufwey, Khnem-Kheuf, khnum-Khufwey, Khuf, Khufui, Kufwey, Koufou, Meddu, Medjed, Medjed-er-Nebti, Medschdu, medschdu-Nebti, Metheru, Nem-Shufu, No-Suphis, Phiops, Saoph, Saophis, Schufu, Sen-Suphis, Shaaru, Shofo, Shufu, Shure, Soiphis, Soris, Souphis ,Sufis, Suph, Suphis, Surid, Saurid, Syphaos, Syphuris, Xufu (vgl. Jlli 1993).

Allein ausgehend von diesem Sachverhalt kann man unschwer erkennen, wie schnell es hier zu Verwechselungen oder Fehlinterpretationen kommen kann. Böse Zungen könnten auch behaupten, dass diese riesige Anzahl an Namen schlichtweg von der Unwissenheit unserer Gelehrten herrühren könnte. Darüber hinaus wird nur selten erwähnt, dass auch zahlreiche Priester und adelige denselben Namen trugen, was die Angelegenheit zusätzlich erschwert.

Herodot berichtet in seinem Werk weiterhin davon, dass Cheops ein großer Tyrann war, der seine eigene Tochter zur Prostitution zwang, um die Staatskassen aufzufüllen. Denn wer die große Pyramide von Gizeh baut, muss natürlich das Ziel haben, sich für alle Zeiten verewigen zu wollen – koste es, was es wolle. Leider ist wenig bis nichts über diese Tochter bekannt, was eine Untersuchung dieser Aussage erneut unmöglich macht. Allerdings erscheint sie in zweierlei Hinsicht eher unwahrscheinlich: Zum einen ist bekannt, dass die Ägypter schon immer reichlich Rohstoffe besaßen und auch Gold keine Mangelware war. Zum anderen hätte ein solches Verhalten die Autorität des Herrschers erschüttert. So erscheint es wenig glaubhaft, dass diese Geschichte stimmt und man kann nur darüber spekulieren, woher Herodot diese Informationen hat.

11.340 Jahre

Nur einige Seiten später schreibt Herodot, wie die Priesterschaft ihm berichtete, dass die ägyptische Geschichte 11.340 Jahre zurück in die Vergangenheit reiche, zu einer Zeit, als die Götter noch unter den Menschen weilten. Dies untermauerten sie, indem sie ihm aus alten Schriften 330 Könige samt Regierungsjahren der vergangenen Jahrtausende nannten. Könnte es sich hier um dieselbe Quelle handeln, die auch Manetho nur 200 Jahre später benutzte? Auszuschließen wäre das nicht.

Darüber hinaus, so schildert Herodot, führten ihn die ägyptischen Priester in einen „riesigen Tempel", in welchem 345 hölzernen Kolossalfiguren beherbergt wurden. Jede einzelne dieser Statuen, so wurde ihm geschildert, stehe für eine einzelne Priestergeneration. Auch bezeugt Herodot, als ob er wusste, welche Probleme uns seine Angaben in der Zukunft bereiten würden, die Genauigkeit und Seriosität der Ägypter, wenn es um das Festhalten von Regierungsjahren geht, mit folgendem Satz:

„Das wollen die Ägypter ganz bestimmt wissen, weil Sie beständig die Jahre der Könige und Oberpriester berechneten und aufschrieben" (Heredot 2004: 167).

Herodot datiert die ägyptische Geschichte also viel weiter zurück als die moderne Ägyptologie. Kann man nach einer solchen Fülle von Indizien die 11.340 Jahre also wirklich weiterhin ignorieren? Dass Cheops, nach Herodots Werken, die Pyramiden erbaute, nimmt unsere Archäologie mit offenen Armen auf, die 11.340 Jahre werden jedoch nicht akzeptiert und, so gut es geht, ignoriert. Um es mit den Worten Erich von Dänikens wiederzugeben: *„Es darf nicht sein, was nicht sein soll"*. Erstaunlich ist auch, wie sich die „Götter"-Angaben Herodots mit denen der erwähnten Königsliste des Priesters Manetho decken. Falls sich diese Daten bestätigen lassen sollten, würde das bedeuten, dass unsere Ägyptologen seit Jahrzehnten das Falsche lehren würden und so manche Promotion nur noch als ein schöner und dicker Briefbeschwerer zu gebrauchen wäre. Doch das Debakel geht weiter, es würde unsere gesamten Evolutionstheorien auf den Kopf stellen, denn nach gängiger Lehrmeinung waren die Menschen dieser Zeit nichts weiter als primitive Jäger und Sammler. Von Heiligtümern, organisierten Zivilisationen oder gar Pyramiden gab es weit und breit keine Spur. Sollten sich diese Behauptungen tatsächlich als wahr herausstellen, hätte dies zur Folge, dass alle unsere Theorien über Kultur, Religion und Technologieentwicklung schlichtweg falsch sind.

Um eine objektive Betrachtung der Angelegenheit zu ermöglichen, müssen jedoch weiter Fakten herangezogen werden. In der Tat wurde gegen 3.000 vor Chr. das Königs- beziehungsweise Pharaonensystem eingeführt, und die erste Dynastie trat unter Pharao Menes die Herrschaft an. Pharao Menes Leben ist mythologisch überliefert und bezeugt die Abstammung der Pharaonen von den Göttern. Er schaffte es als Erster, das geteilte Ägypten zu vereinen und schuf somit den Grundstein der kommenden Hochkultur. Von diesem Standpunkt aus scheint die gängige Lehrmeinung vorerst bestätigt. Bemerkenswert ist, dass dieser Pharao Menes wie aus dem Nichts auftaucht und wie aus dem Nichts eine Hochkultur schafft, die sofort anfängt prächtige Tempelanlagen zu bauen und auch in allen anderen Bereichen bereits als Hochkultur zu werten ist. Wo bleibt aber die Entwicklungsgeschichte? Es dauert für gewöhnlich Hunderte von Jahren, bis ein Volk die technologischen und organisatorischen Voraussetzungen entwickelt, um solche Bauten zu fertigen und ein solch komplexes Sozialsystem zu etablieren, dass Priester, Schriftgelehrte, Soldaten, Bildhauer und viele weitere Schichten beinhaltet. Anders in Ägypten. Hier taucht ein Volk aus dem Nichts auf und ist sofort auf dem Stand einer Hochkultur – und dieses Unwahrscheinliche interessiert niemanden. Seltsamerweise lässt sich Ähnliches zur selben Zeit auf der gesamten Erde beobachten. Einfach davon auszugehen, dass diese Völker vor der besagten Zeit primitiv waren und sich plötzlich entwickelten, erscheint äußerst fragwürdig.

Somit stellt sich automatisch die Frage: Was war vor Menes? Die wenigen Königslisten, die Angaben zu der Zeit vor dem ersten Pharaos liefern, sagen alle das Gleiche aus: Zuerst waren die Götter da, erst darauf folgten die Pharaonen. Allein das war der Grund, weshalb die ägyptischen Könige als gottgleiche Wesen angebetet wurden.

Aber kann das wirklich sein? Was suchen so genannte „Götter" auf der Erde? Lässt sich ihre einstige Anwesenheit bestätigen? Wie wir bereits erfuhren, gibt es tatsächlich Hinweise darauf, dass diese ominösen Götter auf der Erde tätig waren. Wer sonst würde es schaffen, Mischwesen zu „basteln", die unseren heutigen Forschern Rätsel aufgeben. Oder wie will man sich sonst die explosionsartige Entwicklung der ägyptischen Kultur erklären? Meiner Meinung nach lässt sich hier eine eindeutige Parallele zu den bereits behandelten Cargo-Kulten ziehen.

Nun stehen die Zahlen in Diskrepanz zueinander. Entstand die ägyptische Kultur gegen 3.000 v. Chr. oder 11.340 v. Chr.? Die Frage ist hier: Wer kann auf eine fundiertere Informationsquelle zurückgreifen? Herodot, der vor Jahrtausenden unter den Priestern weilte und alles aus erster Hand erfuhr oder unsere Archäologen, die heute im Staub der Wüsten graben und oft nur anhand fragmenthaft erhaltenen Hieroglyphen, ganze Epochen rekonstruieren wollen?

Welch ein aussichtsloses Unterfangen! Was den heutigen Ägyptologen an den antiken Historikern nicht passt, wird einfach als unwahr tituliert und bedarf keiner genaueren Untersuchung, wie beispielsweise das Alter der ägyptischen Kultur und die Anzahl der vergangenen Könige. Man „pickt" sich heraus, was einem gerade gefällt und alles, was gegen die eigene Vorstellung spricht, wird einfach und ohne Gegenbeweis als Lüge beziehungsweise Irrtum bezeichnet. Das ganze Vorgehen wirkt nicht gerade seriös, denn wenn man einem Autor nicht Glauben schenken kann beziehungsweise möchte, wird sein ganzes Werk nicht ernst genommen und nicht nur die Passagen, die man nicht hören möchte. An dieser Stelle will ich darauf hinweisen, dass einige Gelehrte davon ausgehen, dass Herodot nie selbst die Pyramiden besucht habe. Da der alte Historiker mit keinem Wort den Sphinx erwähnt, sehen sich die Forscher darin bestätigt. Aber ist das wirklich so einfach? Immerhin wurde die Statue erst 1818 vom Italiener Giovanni Battista Caviglia freigelegt. Es ist sehr wahrscheinlich, dass der Sphinx zeitweise komplett unter Sand begraben war und Herodot ihn nicht erkennen konnte. Dennoch kann man die Behauptung der Gelehrten nicht widerlegen, da zumindest die ansässigen Priester Herodot hätten aufklären können. Somit kann das Geheimnis rund um den Griechen nicht zufriedenstellend gelöst werden.

Abbildung 21: Die berühmte und ebenso mysteriöse Narmer-Platte. Laut ägyptologischer Lehrmeinung ist hier Pharao Narmer alias Menes zu sehen, der seinen Rivalen König Skorpion besiegt und als erster Herrscher Ober- und Unterägypten vereint. Foto: Zarei

Steine aus Arabien

Nach Herodot berichteten weitere Geschichtsschreiber über das Land am Nil, um sich dem Mysterium der Pyramiden anzunehmen. Zwei davon waren, Gajus Plinius Secundus und Diodor von Sizilien.

In seiner 40bändigen Bibliothek der Historien schreibt Diodor:

„Der achte König war Chemmis aus Memphis. Dieser regierte 50 Jahre und erbaute die größte der drei Pyramiden, welche zu den sieben Weltwundern der Welt gerechnet werden... Sie besteht ganz und gar aus hartem Stein, welcher zwar sehr schwer zu bearbeiten, aber auch von ewiger Dauer ist [...]. Es wird erzählt, der Stein sei aus Arabien aus weiter Entfernung herbeigeführt worden, und der Bau vermittels Dämonen geschehen, weil um jene Zeiten Maschinen noch nicht erfunden waren. Und das Wunderbarste ist: Obgleich hier Werke von solcher Größe erbaut wurden und die umliegende Gegend nur aus Sand besteht, ist doch weder eine Spur von einem Damme noch vom Behauen der Steine übrig geblieben, so dass es den Eindruck macht, als sei das Werk nicht durch Menschenhände entstanden, sondern auf einmal wie von einem Gotte fertig in die Sandwüste hineingestellt worden" (zit. nach Wahrmund 1866).

Selbst Diodor von Sizilien hat schon geahnt, dass etwas mit dem Bau dieser kolossalen Bauwerke nicht stimmen kann. Der Bau sei laut Überlieferungen mittels Dämonen geschehen.

Haben die Menschen der damaligen Zeit etwas besonderes gesehen oder sollte man das Ganze getrost als Hirngespinst abtun?

Der römische Ritter und Vertrauter von Kaiser Vespasian selbst, Gajus Plinius Secundus, ein Zeitgenosse Jesu, verfasste neben zahlreichen anderen Werken eine 37 Bände umfassende Enzyklopädie der Naturgeschichten[9]. Diese von ihm erstellte Enzyklopädie stellt für heutige Wissenschaftler eine unschätzbare Quelle des antiken Wissens dar.

Was schreibt Plinius, auch Plinius der Ältere genannt, über die Pyramiden?

„Das Material zu der größten Pyramide haben die Steinbrüche Arabiens geliefert, und 360000 Menschen haben 20 Jahre lang daran gearbeitet [...]. Folgende

[9] Naturalis Historia

Autoren haben die Pyramiden beschrieben: Herodotus, Euhemerus, Duris von Samos, Aristagoras, Dionysius, Artemidorus, Alexander Polyhistor, Butoridas, Antisthenes, Demetrius, Demoteles, Apion. Keiner von ihnen weiß aber die eigentlichen Erbauer derselben anzugeben, und so sind denn die Schöpfer dieser Eitelkeit mit Fug und Recht der Vergessenheit anheim gefallen" (Plinius 1881).

Laut Ägyptologie gilt heute als gesichert, dass ein Großteil der verwendeten Steinblöcke zum Bau der Pyramiden aus Steinbrüchen auf dem Gizeh-Plateau stammt. Das würde natürlich Sinn machen, denn schließlich mussten die tonnenschweren Blöcke somit nicht längere Wege zurücklegen und konnten nach einem kurzen Transport direkt in die Pyramide eingefügt werden. Diodors und Plinius Äußerungen werden heute nicht anerkannt und verlieren nur an Gewicht, da sie einige Jahrhunderte nach Herodot lebten und ihnen nicht wirklich mehr Quellen zur Verfügung standen. Seltsam erscheint an dieser Stelle nur, dass beide Geschichtsschreiber, wie auch Herodot, überliefern, dass auch in Arabien Baumaterial beschafft wurde. Können wir diese Aussagen einfach ignorieren?

Nein! Bereits im Jahr 1997 wies Dieter Vogel einwandfrei nach, dass der Kalkstein auf dem Plateau viel zu anfällig für jede Art von Verwitterung wäre (vgl. Vogel 1997). Seine diesbezüglichen Recherchen begann er, nachdem der selbsternannte Pyramidenkenner Michael Haase seine geologischen Untersuchungen zum Plateau publiziere und bewies, dass die Gesteinsschichten in Gizeh von dünnen Ablagerungen aus Mergel durchzogen sind. Vogel wörtlich:

„[...] denn wenn es wirklich zutrifft, dass das Gizeh-Plateau tatsächlich aus harten Kalkstein besteht, der durchsetzt ist von dünnen Ablagerungen aus weichem Mergel, dann haben wir vor uns ein Gestein, dass im Grunde genommen zum Bau einer Pyramide vollkommen wertlos ist, weil es besonders anfällig ist für jede Art von Verwitterung" (vgl. Vogel 1997).

Archäologen beharren seit jeher darauf, dass diese Steinbrüche aus der unmittelbaren Umgebung auf jeden Fall für den Pyramidenbau benutzt wurden. Damit entgehen sie nämlich lästigen Fragen im Hinblick auf den Transport. Doch wie wir gesehen haben, kommen diese Steinbrüche als Baumaterial nicht in Frage. Vielmehr wurden die Blöcke aus dem gesamten Land herangeschafft und legten dabei unglaubliche Distanzen zurück. Arabien könnte durchaus ein möglicher Lieferant gewesen sein.

15 km entfernt von Gizeh liegt die Stadt Maasara. Auch hier prägen antike Steinbrüche die Landschaft und zeugen von den gigantischen Bauvorhaben der Ägypter, die regelrecht ganze Berge abtrugen. Doch was macht Maasara so interessant?

Geologische Untersuchungen bestätigten, dass Teile der Chefren-Pyramide aus Blöcken eben dieser Steinbrüche stammen. 15 Kilometer Transportweg für einen tonnenschweren Block können schon ein großes Hindernis darstellen. Wenn wir jedoch davon ausgehen, dass die größten und schwersten Blöcke der großen Pyramide, die Granitriegel über der Königskammer mit einem Gewicht von 40 bis 60[10] Tonnen, aus dem 900 Kilometer südlich gelegenem Assuan stammen, so dürfte uns das noch weit mehr in Staunen versetzen.

Die Behauptung, dass sogar aus Steinbrüchen Arabiens Material für den Bau der Pyramiden herangeschafft wurde, wird von Archäologen vehement abgestritten, jedoch haben wir soeben gesehen, dass den Erbauern der Pyramiden anscheinend Mittel zur Verfügung standen, die uns heute fremd sind, denn selbst in der Moderne wäre ein Transportvorhaben solchen Ausmaßes nahezu unmöglich. Der Frage, ob wir die Pyramide heute erbauen könnten, werden wir später nachgehen.

Selbst zu Zeiten Gajus Plinius Secundus gab es anscheinend Unstimmigkeiten im Hinblick auf die Erbauer der Pyramiden. So hält er mit Weitsicht fest, dass keiner der alten Besucher Ägyptens, unter anderem Herodot, den genauen Erbauer kennen könne.

Was machen die Archäologen mit den Geschichtsüberlieferungen von Diodor und Plinius? Leider nichts, denn sie gehen davon aus, dass zumindest Diodor nie in Ägypten war und seine übrigen Angaben aus unzuverlässigen Quellen erhielt oder einfach abschrieb. Auch die Vermutung, dass Blöcke aus Arabien stammen, wird vehement negiert, obschon das Werk von Secundus, wie bereits erwähnt, als unschätzbare Quelle des antiken Wissens gilt.

---

[10] Oft wird im Internet darüber diskutiert, wie groß die Gewichtspanne der Blöcke wirklich ist. Neue ägyptologische Manuskripte geben ein Gewicht von 40-60 Tonnen an.

Herodot ist seinen „Historien“ sehr penibel. Er unterscheidet genau, ob ihm die Priesterschaft die Informationen aus alten Schriftstücken vorlas oder sie es ihm einfach nur mündlich überlieferten. In seinem Werk schreib Herodot, man habe ihm erzählt, dass Cheops die Pyramiden erbaute. Damit ist er übrigens der einzige antike Geschichtsschreiber, der den Namen Cheops erwähnt. Andere Autoren nennen andere Namen oder schreiben sogar, dass Herodot sich irre. Weshalb beharren Ägyptologen dann auf Cheops als Bauherrn? Die Frage wird selbst heute noch in Paläo-SETI-Kreisen kontrovers diskutiert, obwohl die Beweise der Ägyptologen im Grunde genommen nicht anfechtbar scheinen. Aber im weiteren Verlauf des Buches werde ich aufzeigen, welche Fakten die Wissenschaftler ignorieren und dass noch lange nicht alle Fragen geklärt sind.

Um klären zu können, wer nun die große Pyramide errichten ließ, müssen wir uns zunächst den Pyramidenaufbau näher betrachten.

Der Pyramidenaufbau

Die unten aufgeführten Daten sollen helfen, einen Überblick über die wichtigsten architektonischen Merkmale des Bauwerks zu gewinnen. Da die Verkleidung auf allen vier Seiten fast vollständig abgetragen wurde, ist eine exakte Messung ausgeschlossen. (Geringe) Abweichungen sind somit die Folge. Dennoch sollten die Werte weitgehend repräsentativ sein (vgl. Lehner 1997).

Pyramidenhöhe (ursprünglich):	~146,59 m
Pyramidenhöhe (heute)	~138,75 m
Pyramidenneigung	~51°50`
Seitenlänge (ursprünglich)	~230,33 m
Seitenlänge (heute)	~225 m
Mantelfläche: (ursprünglich)	~85.500 m^2
Gesamtgewicht (geschätzt)	~6,25 Millionen Tonnen
Volumen (ohne Hohlräume)	~2.583.283 m^3

(Alle Angaben nach Lehner)

Der ursprüngliche Haupteingang der Pyramide (1), ist heute für Touristen nicht mehr passierbar und im Normalfall nur von weitem zu betrachten. Man nutzt lieber den weiter unten gelegenen Schacht (2), der arabischen Überlieferungen zufolge von einem Kalifen namens Al Mamun angelegt wurde. Da dieser Gang keine Neigung aufweist und leichter zu passieren ist, wurde er zum Haupteingang erkoren, um die anstürmenden Menschenmassen schneller bewältigen zu können. Diesem Gang folgend, erreicht man die ursprüngliche Abzweigung (3), deren untere Verbindung in die so genannte „Unvollendete Kammer" (5) führt, die sich ca. 30 Meter unter der Plateauebene befindet. Die dazugehörige Verbindung (4) verläuft in einem Winkel von 26° 30', 28 Meter durch das Pyramidengestein selbst, um daraufhin seinen Weg knapp 70 Meter durch das Naturgestein fortzusetzten.

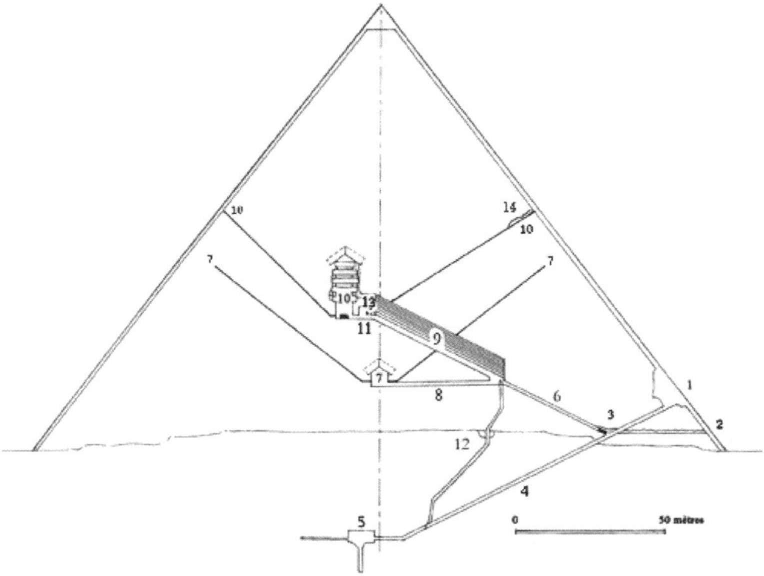

Abbildung 22: Ein Querschnitt der Cheops-Pyramide; Zeichnung: Zarei (Anmerkung: Wenn im weiteren Verlauf des Kapitels Positionsangaben mit Nummern versehen sind, so beziehen sich diese auf die obige Abbildung.)

Ziemlich am Ende dieses absteigenden Ganges (4) fällt eine weitere Öffnung in der Wand auf. Hier liegt der untere Zugang zum so genannten „Grabräuberschacht" beziehungsweise „Serviceschacht" (12). Man ist sich heute nicht ganz im Klaren, welchem Zweck dieser Zugang gedient haben soll und kann daher nur Mutmaßungen anstellen. Während ihn Manche als „Räuberschacht" klassifiziert haben wollen, beschreiben ihn wieder andere als „Luftschacht". Dass Grabräuber einen ca. 65 Meter langen Schacht fast senkrecht in den nackten Fels hauen, ist in diesem Fall sehr unwahrscheinlich, da an der dazugehörigen Abzweigung (3) bereits ein Zugang vorhanden war. Selbst wenn dieser durch Blockiersteine oder Schutt unpassierbar gemacht worden war, wäre ein Freiräumen des absteigenden Ganges (4) wesentlich einfacher und effektiver gewesen, als das Anlegen einer weiteren Verbindung, die zudem exakt ausgerichtet sein müsste, um die Kammer beziehungsweise den Gang zu schneiden, was mit den damaligen Mitteln der Grabräuber sehr unwahrscheinlich erscheint.

Vom ersten Schnittpunkt (3) ausgehend, verläuft ein weiterer, knapp einen Meter breiter und hoher, Gang (6) nach oben. Der aufsteigende Gang, endet am Eingang zur „Großen Galerie" (9), wo auch der obere Zugang zum „Grabräuberschacht" (12) vorzufinden ist.

In der „Großen Galerie" (9) angekommen, staunt man über den Freiraum, der plötzlich vor einem liegt. Der 8,74 Meter hohe tunnelartige Durchgang wirkt geradezu majestätisch und man hat den Eindruck, dass dieser Hohlraum den Menschen auf etwas Besonderes vorbereiten möchte. Riesige, parallel verlaufende Granitriegel bilden die Wand. Spitz zulaufend verteilen sie seit Jahrtausenden die Lasten, die von oben drücken und zerren, zur Seite. Es ist wahrlich eine architektonische Meisterleistung, dass dieser 46,71 Meter lange Gang, mit seinem Neigungswinkel von 26°, die Zeiten überstanden hat.

Die „Große Galerie" schließt an die Vorkammer (11) der „Königskammer" (10) an und endet abrupt. Bevor man in die Vorkammer gelangt (11), muss man erneut einen knapp zwei Meter langen Tunnel passieren. Genau hier findet sich an der östlichen Wand eine ca. einen Meter hohe und breite Öffnung (13), die mit einem Metallgitter nachträglich verschlossen wurde. Es ist deutlich erkennbar, dass der treppenförmige Gang mit einer Rechtskurve nach oben verläuft. Der italienische Forscher und Mystiker Giovanni Battista Caviglia ließ diesen Stollen anlegen, der ein langes Stück der Passage des Nordschachtes (14) der Königskammer zerstört hat. Vermutlich erhoffte er sich dort eine geheime Kammer, angehäuft mit Schätzen und mehr.

Die oberste Kammer (10), die Königskammer, die als einzige einen wunderschönen Sarkophag aus Rosengranit beherbergt, ist heute als einziger Raum der Öffentlichkeit zugänglich. Ihre nahtlos aneinander gereihten Granitblöcke verblüffen durch ihre Schönheit, trotz der simplen Bauweise. Sie besitzt zwei Schächte (13+14), die beide an den Außenwänden münden. Der nördliche Schacht wurde vermutlich durch Grabräuber zerstört, die sich von der Fassade der Pyramide aus einen Zugang zum Schacht verschaffen wollten, nachdem sie einen Stollen in das Gestein meißelten (14). Der so entstandene Hohlraum ist heute als „Mankiller"-Passage bekannt und findet in der Fachliteratur kaum Erwähnung.

Am unteren Ende der „Großen Galerie" (9) findet sich ein knapp 40 Meter langer, waagerechter Tunnel (8), der zur „Königinnenkammer" (7) führt. In diesem Tunnel findet man an der Westwand Spuren von Kernbohrungen, die das Resultat endoskopischer Forschungsarbeiten der beiden Franzosen Gilles Dormion und Jean Patrice Goidon sind. In die „Königinnenkammer" (7) mündend, wirkt der Durchgang eher uninteressant und anspruchslos. Doch wie wir im weiteren Verlauf erkennen werden, wird dieser Gang eine entscheidende Rolle in der zukünftigen Pyramidenforschung spielen.

Der mittlere bekannte Raum, die bereits erwähnte „Königinnenkammer" (7), wird gestützt von einem darüber liegenden Giebeldach und enthält an der Ostseite eine kleine, jedoch in der Pyramide einzigartige, Nische, die den Zugang zu einer „Grotte" freigibt.

In derselben Kammer finden sich die so genannten „Gantenbrink-Schächte", die bereits das Ziel zahlreicher Untersuchungen und Bohrungen waren. Wie wir noch erkennen werden, sind sie ein wesentlicher Bestandteil der geheimen Pyramidenforschung. Dementsprechend gering ist die Informationsmenge, die der Öffentlichkeit zur Verfügung gestellt wird.

Die „unvollendete" Kammer

Kein bekannter Raum innerhalb der Pyramide ist wohl schwerer zu erreichen als die „unvollendete Kammer". Verständlicherweise wurde er für den Tourismus gesperrt, da der dazugehörige Schacht mit seinem nicht zu unterschätzendem Neigungswinkel sehr viel Ausdauer und eine Portion Mut abverlangt. Auf den ersten Blick wirkt die Kammer tatsächlich unvollendet und aufgegeben. Erst beim näheren Hinsehen fallen dem Betrachter Details auf, die das Gegenteil besagen.

Während knapp die Hälfte des Hohlraums einen relativ ebenen Boden aufweist, ist die westliche Hälfte noch durchdrungen vom Naturfelsen. Bei der genaueren Betrachtung der Umgebung erkennt man noch die Spuren der Bauarbeiten oder besserer gesagt der Meißel.

Doch erstaunlicherweise passen sich die Arbeitsspuren den Rundungen der „Landschaft" an. Man muss davon ausgehen, dass ein Bautrupp beim Aushöhlen eines Raumes so schnell und effektiv wie möglich vorgehen wollte. Hierzu schlug man grobe Stücke aus der Wand, die anschließend zertrümmert werden mussten, um dann den etwa 100 Meter langen Schacht mühsam hoch geschleppt zu werden. Wäre das der Fall gewesen, so gliche die unterirdische Kammer mehr einem Steinbruch mit vielen Ecken und Kanten und hätte nicht ihre heutige runde und harmonische Form. Zwei markante Eigenschaften dieses Raumes sind ihre zwei Erhebungen an den Seiten der „Felslandschaft". Diese Erhebungen bilden kleinere Nischen an den Wänden, die problemlos Platz für eine liegende Person bieten. Zudem verläuft eine dünne, treppenartige Vertiefung durch die Mitte der Felsen und verleiht dem bizarren Anblick eine gewisse Symmetrie. Die Vorgehensweise der Bauarbeiter erscheint an dieser Stelle sehr uneffektiv, sofern sie einen simplen quadratischen Raum aus dem Naturgestein heraushauen wollten. Weshalb sollten zuerst zwei Nischen herausgearbeitet werden, und wofür diente die kleine „Treppe", die sich sogar waagerecht fortsetzt? Es verstärkt sich der Eindruck, dass dieser Raum gewollt seine heutige Form bekommen hat.

In der Südostecke verläuft ein Tunnel geradewegs Richtung Süden und endet blind nach 15 Metern im Gestein. Zwei ca. 17 cm lange Bohrungen wurden in der Vergangenheit durchgeführt, um weitere Hohlräume hinter dem Endpunkt ausfindig zu machen. Leider ohne Erfolg.

Wer diesen knapp 50 Zentimeter hohen und breiten Korridor anfertigen ließ, bleibt genauso ungeklärt wie dessen Nutzen.

Abbildung 23: Diese seltsame Treppe zieht sich über mehrere Meter durch das Gestein und teilt die „Felslandschaft" in zwei Hälften. Foto: Zarei

Abbildung 24: Der Brunnenschacht in der unvollendeten Kammer. Rechts ist der Eingang zum Tunnel zu sehen, der blind endet. Foto: Zarei

Nur einen Katzensprung vom Eingang entfernt, klafft ein großes Loch im Boden. In der heute umzäunten Vertiefung sind zwei Ebenen zu erkennen. Durch eine neu angelegte Ziegeltreppe erreicht man die erste, knapp zwei Meter tiefer gelegene Aushöhlung. Von dort aus führt der ca. 4 m² große Zentralschacht in die Tiefe und bildet somit die zweite Ebene. Sehr viel wurde über diesen Schacht spekuliert. Er wird teilweise als Verbindungsschacht angesehen, der in die unterirdischen Anlagen, tief unter der Oberfläche, führen soll. Weiterhin könnte er auch einen Geheimgang zur Sphinx oder zur benachbarten Chefren-Pyramide beherbergen. Andreas von Retyi meint festgestellt zu haben, dass die Höhe des Schachtes zwischen seinen Besuchen variierte (vgl. von Retyi 2008). Er schlussfolgerte, dass dort und in der Pyramide allgemein geheime Arbeiten stattfinden müssten, die der Weltöffentlichkeit vorenthalten wurden. Und tatsächlich! Mir ist es gelungenen, unglaubliche Bilder zu liefern, die geheime Grabungen und Arbeiten innerhalb der Pyramide endgültig beweisen.

Während meines letzten Besuches galt mein Hauptaugenmerk der knapp 1,5 Meter hohen Metallstange, die aus dem Boden des Schachtes ragte. Am oberen Ende, war sie verbogen und bildete somit einen Haken.

Zusammen mit Michael Fritzel, einem Forscherkollegen aus Frankfurt am Main, befestigte ich ein Seil samt Schlaufe an dem besagten Haken. Die Vermutungen gingen dahin, dass der Schacht durch eine Metallplatte abgedeckt worden war und lediglich unter einer relativ dünnen Sandschicht begraben lag. Eine ähnliche Vermutung hatte bereits Retyi.

Da sich das Hochziehen dieser Platte als nicht realisierbar erwies, da zwei Menschen nicht die nötige Kraft aufbringen konnten und zudem keine geeigneten Halterungsmöglichkeiten vorhanden waren, entschieden wir uns für „ruckartige“ Bewegungen. Bereits beim ersten Rucken erfüllte ein dumpfes Geräusch die unterirdische Kammer, die wie ein umher schwingendes Metallblech klang. Es folgten weitere Versuche mit demselben Resultat. Nach mehreren „Durchläufen“ begann sich der Boden eindeutig zu bewegen. Völlig irritiert und überrascht, mit welch einfachen Mitteln Ägyptologen hier vorgegangen sind, um den weiteren Verlauf des Schachtes zu vertuschen, wurden weitere Versuche eingestellt, da die Gefahr bestand, dass die Platte bei wiederholten Aktionen Schaden nehmen könnte und unsere zukünftige Forschungen in der Pyramide gefährdet wären. Da das Bodenniveau des Schachtes beziehungsweise der Metallplatte knapp vier Meter tief lag, war die Gefahr eines Betretens zu groß. Wie sich deutlich gezeigt hatte, legte man hier keinen Wert auf Stabilität, und so vermied ich es vorerst an dieser Stelle weitere Untersuchungen vorzunehmen. Doch sicherlich wird es in naher Zukunft viel Interessantes aus der „unvollendeten Kammer“ beziehungsweise über dessen Schacht zu berichten geben.

Betrachtet man die Wände des Raums näher, fällt dem Besucher schnell auf, dass diese von Salzkristallen regelrecht überzogen sind. Teilweise ragen die komplexen Kristalle bis zu einem Zentimeter aus der Wand heraus.

Auch Stefan Erdmann und Jan van Helsing ist dieser Sachverhalt aufgefallen. In ihrem Buch „Die Jahrtausend-Lüge“ (van Helsing 2008) veröffentlichten sie die dazugehörigen Forschungsergebnisse. Anhand entnommener Gesteinsproben konnte vom Institut Fresenius unter der Leitung von Dr. Bernd Mehlich unwiderlegbar nachgewiesen werden, dass über einen großen Zeitraum hinweg durch die unterirdische Kammer enorme Wassermassen geflossen sein müssen.

Abbildung 25: Die auffällige Metallstange bietet reichlich Anlass für Spekulationen. Kann man mit ihrer Hilfe eine Platte bewegen, die einen Zugang versperrt? Foto: Zarei

Nach Helsing und Erdmann diente der Zentralschacht als „Wasserzufuhrleitung“. Eben jene Zufuhrleitung, die auch bereits Herodot erwähnte. Kombiniert mit meinen Ergebnissen würden sich die Arbeiten gegenseitig ergänzen und die geheim gehaltene Verbindung des Schachtes bestätigen. Doch zu welchem Zweck floss Wasser durch die Kammer?

Die Waldhauser Theorie

Erdmann und van Helsing verfolgen die so genannte „Waldhauser-Theorie“. Hermann Waldhauser suchte in den 70er Jahren, während der damaligen Ölkrise, nach Möglichkeiten, Wasser effektiv durch Sonnenstrahlen erwärmen zu lassen (vgl. Waldhauser 1976). Durch Experimente mit geometrischen Formen und Figuren erkannte er schnell, dass eine vierseitige Pyramide mit einem Flankenwinkel von 52° die ideale Verdunstungsfläche bildet. Durch Zufall erfuhr er, dass auch die Cheops-

Pyramide in Gizeh diesen Neigungswinkel aufwies, woraufhin er mit seinen eigentlichen Recherchen begann[11].

Es wurde ein maßstabsgetreues Modell (1:100) gebaut und wenige bewegliche Teile in den Schächten hinzugefügt. Waldhausers Verfahren geht davon aus, dass durch die Schächte der Königskammer große Wassermengen auf die Außenwand gepumpt wurden und die zuvor von der Sonne erhitzten Steinblöcke, eine schnelle und effektive Verdunstung verursachten. Die entstandene Feuchtigkeit soll daraufhin die oberen Luftschichten zu diversen Reaktionen bewegt haben, wodurch der lokale Wasserkreislauf angeregt wurde. Dieser Aussage folgend, hätten die Ägypter die Pyramiden benutzt, um regional Regen zu erzwingen. Da sein Pumpkraftwerk auf Anhieb funktionierte, reichte er eine Patenschrift mit der Nummer 339547 im Österreichischen Patentamt ein.

Beim Nachprüfen seiner These wurde Waldhauser bewusst, dass in den diversen Kammern somit Wasserstandlinien zu finden sein müssten, was ihn zu einer Reise nach Ägypten veranlasste. Und tatsächlich! In allen Räumen der Pyramide waren die besagten Wasserstandlinien an den Wänden zu finden.

Doch die Theorie hat einige Schwächen. Für Waldhauser, Stefan Erdmann und Jan van Helsing sind die Entlastungskammern über der Königskammer nicht weg zu denken. Ohne sie könnte das ganze Wunder einer gewaltigen Wasserpumpe schlichtweg nicht funktionieren. Erdman und Helsing zufolge war bis vor kurzem noch Nilschlamm im Inneren der Kammern zu finden. Doch ist das wirklich möglich? Die Entlastungskammern können gar nicht zur „Pumpwerk"-Konstruktion gehört haben, da der heutige Zugang gewaltsam aufgebrochen wurde und dort niemals ein Mensch einen Fuß hinsetzten sollte. Aber es gibt noch weitere Beweise, die die „Pumpmodell"-These zusammenbrechen lassen. In den Entlastungskammern findet man nämlich auch sehr viele Hieroglyphen und Markierungen an den Wänden, die noch aus der Zeit der Erbauung beziehungsweise Restaurierung stammen. Diese hoch sensiblen Schriftzüge und Linien sind teilweise noch sehr gut erhalten. Wie ist es möglich, dass sie noch erkennbar sind, wenn sie doch über längeren Zeiträumen hin-

---

[11] Der exakte Neigungswinkel der Cheops-Pyramide betrug vermutlich 51° 50`` 40` (nach Lehner)

weg, in direktem Kontakt mit dem Nilwasser standen? Bereits nach kürzester Zeit wären alle Spuren an den Wänden unwiderruflich zerstört worden. Doch man kann die Zeichnungen heute noch teilweise sehr deutlich erkennen. Es mag sein, dass in Waldhausers Theorie einige Wahrheiten stecken, doch das gegenwärtige Modell hält der aktuellen Beweislage nicht stand.

Die Königinnenkammer

Der mittlere Raum der Pyramide, die Königinnenkammer, beherbergt viele markante Besonderheiten. Den irreführenden Namen erhielt der Raum in den Anfängen der Ägyptologie, als man vermutete, dass die Kammer für die Gemahlin des Cheops errichtet wurde. Der Vollständigkeit halber wird der waagerechte Gang, der zum besagten Raum führt, hier mit einbezogen, denn wie wir bereits erfahren haben, wurden dort bedeutende Kernbohrungen durchgeführt. Aber wie kam es dazu?

Als die beiden Franzosen Gilles Dormion (Architekt) und Jean Patrice Goidin (Makler), die nichts mit der Ägyptologie zu tun hatten, 1985 Ägypten bereisten und dabei auch Gizeh besuchten, verfielen sie dem Pyramidenfieber. Allein durch in Augenscheinnahme der inneren Strukturen stellten sie fest, dass dort geheime Kammern und Gänge vorhanden sein müssten. Während sie sich anfangs auf die Umgebung der Entlastungskammern konzentrierten, fiel ihre Aufmerksamkeit letzten Endes auf den waagerechten Gang, der in die Königinnenkammer führt. Dort bemerkten sie eine ungewöhnliche Steinsetzung, die in den anderen Gängen nicht vorhanden ist. Nach ihrer Rückkehr nach Frankreich bemühten sie sich, eine Genehmigung für instrumentelle Analysen von der ägyptischen Altertumsverwaltung zu erhalten.

Nur ein Jahr später und mit den Genehmigungen in der Tasche, kehrten sie nach Kairo zurück, um mittels mikrogravimetrischen Messungen der Anomalie auf die Schliche zu kommen. Die sensible Elektronik war imstande, Dichteunterschiede im Gestein ausfindig zu machen und bestätigte tatsächlich ihre zuvor geäußerten Vermutungen.

Nachdem sie die letzten organisatorischen Vorbereitungen für drei Bohrungen an der besagten Westwand abgeschlossen hatten, machte man sich sogleich ans Werk. Man durchbohrte die Wand an drei verschiedenen Stellen jeweils 2,5 Metern schräg nach unten. Dabei stieß das französische Team, wie erwartet, auf einen Hohlraum. Doch anstatt Goldschätze und Mumien zu erblicken, fanden die Forscher Sand! Sie haben richtig gelesen, der Raum quoll förmlich von Sand über und überraschte alle Teilnehmer des Projekts, die mit allem, aber nur nicht mit Sand gerechnet hatten. Die Breite des gefundenen Hohlraumes variierte von 12,5 bis 83 Zentimeter. Aus diesem Grund ist es eher unwahrscheinlich davon auszugehen, dass es sich hier um begehbare Kammern handelt. In der Fachliteratur wird heute angenommen, dass die Hohlräume neben ihrem rein statischen Zweck, einfach den Platz zwischen Kernmauerwerk und Korridorwand ausfüllen sollten und eine willkommene Zeitersparnis ermöglichten. Die statischen Eigenschaften der mit Sand gefüllten Hohlräume könnte auch als möglicher „Puffer“ bei Erdbeben gedient und einen Teil der entstandenen Kräfte absorbiert haben.

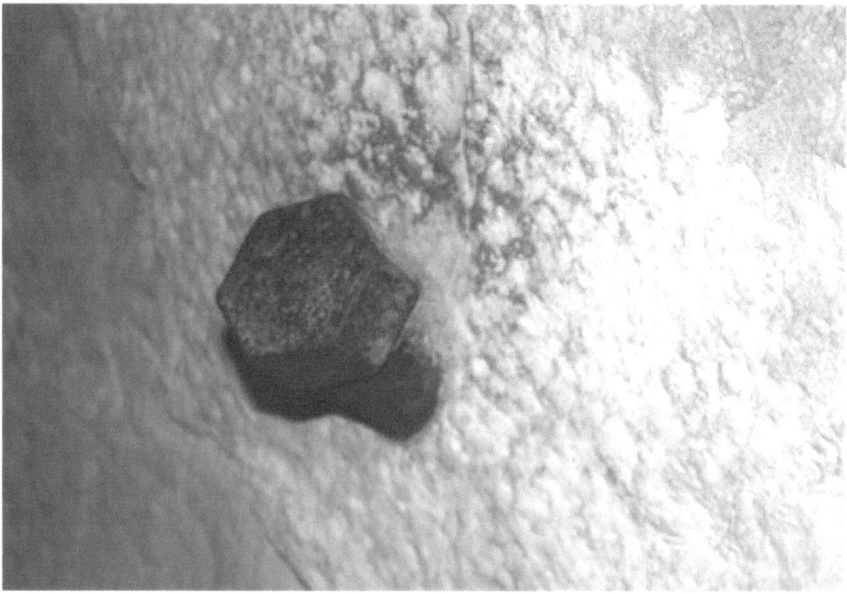

Abbildung 26: Drei solcher Bohrungen finden sich an der Westwand zur Königinnenkammer. Foto: Zarei

Das Wissenschaftler-Team der Waseda-Universität nahm Proben des Sandes aus den Kernbohrungen und analysierte diese. Ihre Ergebnisse hätten die Pyramidenforschung in eine völlig neue Richtung lenken müssen:

„Wir sind zur wichtigen Erkenntnis gelangt, dass der vom französischen Team untersuchte Sand aus dem Inneren der Großen Pyramide sich völlig von jenem auf dem Gizeh-Plateau oder Sakkara unterscheidet. […] Der von den Franzosen gefundene Sand aus dem Inneren der Großen Pyramide besteht fast vollständig aus Quarz und Spuren von Feldspat. […] Der Sand weist Linien auf der Oberfläche der Quarzkörner auf, die durch den Wind entstanden sind. Es ist sehr wichtig zu wissen, weshalb gerade dieser besondere Sand in der Pyramide existiert. Es wird in Erwägung gezogen, dass der Sand zur Konstruktion oder Instandhaltung der Pyramide Verwendung fand. Die Frage ist nun, ob diese Sorte von Sand noch in anderen Gebieten der Erde vorkommt. Aus der Literatur entnehmend, fand ich es verteilt an einigen Orten der Welt. Es gibt auch einige Orte in Japan, wo es als ‚weinender Sand' bezeichnet wird, da es beim Wehen des Windes oder beim Laufen Töne erzeugt. Als Ursache der Töne wird die Reibung der einzelnen Sandkörner vermutet, welche in anderen Teilen der Welt auch ‚Musik Sand' genannt wird“. (Yoshimura 1987: 86)

Sakusi Yoshimura, Professor an der Waseda-Universität, behauptet also, zusammen mit Dr. Takeshi Nakagawa (Architekt) und Dr. Shogi Tonouchi (Geophysiker), dass sich innerhalb der Cheops-Pyramide „Musik Sand“ befindet. Die Reputation der Wissenschaftler sollte ihre Seriosität außer Frage stellen. Sie sind keine Verschwörungstheoretiker und verlassen sich auch nicht auf wilde Behauptungen – sie liefern unwiderlegbare und reproduzierbare empirische Belege. Weshalb füllten die alten Ägypter die Pyramide mit einem speziellen Sand aus einem nicht lokalisiertem Gebiet der Erde, während die Bauten schon im eigenen Wüstensand ersticken? Yoshimura erklärt weiter, dass die nächstgelegene Quelle dieses Sandes auf der Sinai-Halbinsel bei Abswella, in der Nähe von Tur, liegt. Doch um den genauen Ursprung des Sandes zu lokalisieren, müssten weitere Untersuchungen durchgeführt werden.

In der Ägyptologie stießen die Entdeckungen auf keine Resonanz. Weshalb dieser Sand herangeschafft wurde, können sich die Ägyptologen nicht ansatzweise erklären und ignorieren das Ganze einfach. Frei nach dem Motto: Was ich nicht weiß, macht mich nicht heiß! Teilweise wurde das Ganze sogar als ein „Werbegag“ der französischen Elektrizitätsgesellschaft, Electricité de France, heruntergespielt. Kaum zu glauben, dass dieser Sachverhalt bis heute einfach ignoriert wird, obwohl er durch eine Universität und ein Wissenschaftler-Team eindeutig belegt wurde. Was tatsächlich hinter diesem „Musik Sand" steckt, wird man wohl nie erklären können, jedoch könnte man theoretisch die gefüllten Hohlräume leeren und mittels Endoskopkameras untersuchen. Es gab auch einige Experten, die sich mit dem Gedanken an eine unentdeckte und geheime Kammer durchaus anfreunden konnten. Bestsellerautor Andreas von Retyi schreibt dazu folgendes:

„Nach all diesen unterwarteten Entdeckungen gehen Dormion und sein Mitstreiter Jean-Yves Verd`hurt nunmehr aufs Ganze und behaupten, direkt unter der Königinnenkammer befinde sich die tatsächliche Grabstätte von Cheops. 1998 setzten die beiden Amateur-Archäologen ihre Mikrogravimetrie-Messungen hier fort und stießen schon wieder auf eine Anomalie. Ihrer Ansicht nach waren sogar die Bodenplatten an einer bestimmten Stelle bewegt worden. Kann es ein, dass hier bereits jemand gesucht hat?

[...] Ihr Landsmann, der renommierte Ägyptologe Jean Pierre Cortegiani vom French Institute of Oriental Archeology in Kairo, war von Anfang an von ihrer Arbeit überzeugt. Das allein schon deshalb, weil ein Spezialist der Firma Safege die Messungen interpretierte. Safege ermittelt unter anderem den sichersten Verlauf für Route des französischen TGV-Schnellzuges zwischen Paris und Strasbourg. Wer hier keine unterirdischen Höhlungen erkennt, spielt mit dem Leben der Fahrgäste! Doch auch die Lage der vermuteten Kammern fasziniert Corteggiani, denn dort würde sie sich im absoluten Herzen der Pyramide befinden. Logischerweise ein symbolischer Ruheort für Khufu!" (von Retyi 2008: 120).

Glücklicherweise setzte das japanische Team seine Nachforschungen fort und war somit in der Lage, weitere Anomalien zu lokalisieren. Sie konnten das Ergebnis der Franzosen noch „toppen", als sie behaupteten, mittels eines „Ground Penetrating Radar" (GPR) einen parallel verlaufenden Korridor zum waagerechten Eingangsschacht der Königinnenkammer aufgespürt zu haben. Doch es kam noch besser! Die Bodenradarmessungen zeigten eine weitere Unregelmäßigkeit, die auf einen zweiten mit Sand gefüllten Raum schließen ließ. Sie befindet sich etwa 1,5 Meter unter dem Erdboden und erstreckt sich über eine Tiefe von 3 Metern. Weshalb führten die Franzosen keine weiteren Bohrungen durch, um die Daten der Japaner zu überprüfen?

Die Altertumsverwaltung in Kairo wollte urplötzlich keine weiteren Kernbohrungen zulassen, um das Gebäude nicht zusätzlich zu beschädigen, woraufhin das Projekt beendet werden musste. Man warf dem Team tatsächlich vor, mit den Bohrungen die gesamte Stabilität des Bauwerks gefährdet zu haben. Wie absurd diese Begründung ist, wird sich noch herausstellen.

2004 veröffentlichte der bereits erwähnte Franzose Gilles Dormion sein Werk, „La Chambre de Chéops" und präsentierte der Öffentlichkeit erstmals eine detaillierte Ausarbeitung seiner Beobachtungen und Messungen aus den vergangenen Jahrzehnten (vgl. Dormion 2004). Er ist sich mittlerweile sehr sicher, dass unter der Königinnenkammer ein Korridor in Süd-West-Richtung verläuft und mit einem Fallstein verschlossen ist. Der ursprüngliche Zugang soll sich ganz in der Nähe der seltsamen Nische befinden und heute unter dem Boden verborgen liegen. Das Buch von Dormion ist einzigartig, da keine andere Quelle existiert, welche die Anomalien innerhalb der Pyramidenstruktur so detailliert wiedergibt.

Das wohl auffälligste Merkmal dieses Raums, ist die fünfstufige Nische an der Ostwand. Sie läuft spitz zu und war möglicherweise Grund genug für Grabräuber, durch ihre Mitte einen Gang in das Gestein zu schlagen, der in einer kleinen Grotte endet. Laut Informationen von Mittelsmännern, wird dort aktuell fleißig gegraben und gebohrt. Wer diese Behauptung von vorneherein als Verschwörung abtut, wie es leider häufig geschieht, wird im weiteren Verlauf dieses Buchs mit Erkenntnissen konfrontiert, die ihn werden staunen lassen. Ob dieser Gang von Grabräubern herausgeschlagen wurde oder von Anfang an Teil der Planung war, lässt sich im Nachhinein nur schwer beantworten. Da die dazugehörige Öffnung, aus einem präzise herausgearbeitetem Quadrat besteht und die ersten Meter der Passage sauber ausgemeißelt wurden, kann man aber davon ausgehen, dass diese Anomalie von Anfang an Teil der Kammerplanung war. Leider wird viel zu selten über diese Nische und ihrem Korridor gesprochen, da nichts über ihre Funktion bekannt ist und die meisten anderen Autoren lieber kein Wort darüber verlieren möchten. Es ist sehr unwahrscheinlich, dass die Nische nur angelegt wurde, um eine Statue zu beherbergen wie oft behauptet wird. Ein solch architektonischer Stil passt einfach nicht zur 4. Dynastie und zu den Pyramidenbauten allgemein. Diese Vermutung wird durch die Tatsache, dass am Boden dieser Stelle keine Spuren einer Skulptur gefunden wurden, gestärkt.

Was macht die Grotte beziehungsweise den dazugehörigen Gang überhaupt so interessant? Es sind die Wände, die Decke und der Boden – das gesamte Gestein im Inneren. Hierbei handelt es sich um Kernmauerwerk, das tief in der Pyramide liegt. Aber erstaunlicherweise ist eben dieses gut geschützte Gestein sehr stark erodiert. Mehr noch: Man könnte fast meinen, dass der Raum Jahrhunderte lang unter Wasser stand und dadurch die seltsamen Spuren am Mauerwerk entstanden sind. Ist vielleicht doch mehr an der Waldhauser-Theorie dran als gedacht? Über den ursprünglichen Zweck der Grotte kann abermals nur spekuliert werden. Selbst die These von Lucina Lobos könnte an dieser Stelle wohlmöglich eine Bestätigung finden, wenn man davon ausgeht, dass die stark verwitterten Gesteinsmassen aus dem ursprünglichen Bauwerk stammten bevor dieses restauriert wurde. Möglicherweise wollte man dadurch zumindest einen kleinen Teil des ursprünglichen Gesteins für die Nachwelt sichtbar erhalten und veranlasste den Bau beziehungsweise die Integrierung der besagten Grotte in der Königinnenkammer.

Obwohl die „Königinnenkammer“ unter der „Königskammer“ liegt und somit mehr Gewicht auf ihr lastet, ist es doch erstaunlich festzustellen, dass sie ein Giebeldach hat, während die Königskammer, mit den so genannten „Entlastungskammern“ ausgestattet wurde, die der Lehrmeinung nach das nach unten drückende Gewicht der darüber liegenden Gesteinsschichten zur Seite weiterleiten sollen.

Zwei Schächte, jeweils einer auf der Nord und Südseite, runden das Bild der Kammer ab. Viele Vermutungen wurden in den vergangenen zwei Jahrzehnten über diese Schächte angestellt. Warum sich die ägyptische Altertumsverwaltung scheut, mit all ihren Daten an die Öffentlichkeit zu gehen, ist unbekannt, denn seit Jahren drangen keine Informationen mehr nach außen, obwohl fast jährlich neue Untersuchungen stattfinden. Da es zu diesem Thema viel zu sagen gibt, ist den Schächten im weiteren Verlauf meiner Ausführungen ein eigenes Kapitel gewidmet.

Abbildung 27: Der sauber herausgearbeitete Eingang zur Grotte in der Königinnenkammer. Foto: Zarei

Abbildung 28:Seltsame Verwitterungsspuren sind am Kernmauerwerk zu erkennen. Foto: von Retyi

Die Königskammer

Die „Königskammer“ ist das „Prunkstück“ der Pyramide und die angeblich letzte Ruhestätte von Pharao Cheops. Man spürt förmlich wie besonders dieser Raum ist – dass er eine gewisse Energie ausstrahlt.

Sobald man den Raum betritt, ist man umgeben von Granit. Egal ob an Wand, Decke oder Boden. Vermutlich waren die gigantischen Platten einst so sauber poliert und aneinander gefügt, dass man nur sehr schwer die Fugen erkennen konnte. Dem Betrachter bot sich ein unglaublicher Anblick. Überall wo er hinblickte, sah er nur eine schwarze bis dunkelrote Fläche, die ihn geradezu verschlang. Besonderes Merkmal der Kammer ist der Sarkophag, der alleine und geheimnisvoll darin steht. Die Nordwest-Ecke des Bodens ist beschädigt und wird heute von Metallplatten verdeckt. Vermutlich war es der frustrierte Kalif Al-Mamun, der hier seine Arbeiter vorantrieb, um unentdeckte Schätze zu finden.

Der knapp 2 Meter lange Sarkophag, besteht aus Rosengranit und wurde aus einem Stück gehauen. Da er zu groß für die Gänge der Pyramide ist, wurde er vermutlich bereits während der Bauarbeiten an die für ihn vorgesehene Stelle befördert. Laut Lehrmeinung ist der Sarkophag mit der Technik der Kupferbohrung hergestellt worden, die wir uns später näher ansehen werden. An dieser Stelle sollte erwähnt werden, dass Franz Löhner nach einschlägigen Experimenten eine Bearbeitungszeit von mindestens 18 Jahren berechnete – allein für den Sarkophag. Dabei musste ununterbrochen gearbeitet und permanent neues Werkzeug herangeschafft beziehungsweise repariert werden. Entgegen dieser Angaben zieht der Ägyptologe Denys Stocks eine Bearbeitungszeit von lediglich sechs bis zwölf Monaten in Betracht (vgl. Stocks 1999: 918ff). Wie die präzisen Ecken jedoch entstanden sind, die mit kreisrunden Bohrköpfen nicht herzustellen sind, können uns die Ägyptologen nicht sagen. Manche vermuten Meißel und Schaber aus Stein, die extra angefertigt wurden. Auf seiner aktuellen Homepage weist Franz Löhner auf eigene Experimente und Berechnungen hin, die für eine Herstellung des Granitsarkophages, unter Verwendung von Kupferwerkzeugen einen Kupferverbrauch von 5,6 Tonne vorsehen. (vgl. Löhner, 2006b). Wer nun Recht hat, bleibt wie so oft offen.

Abbildung 29: Stand der Sarkophag einst an einer anderen Stelle?
Foto: Zarei

Bei genauerem Hinsehen stößt man auf weitere Besonderheiten, die für noch mehr Verwirrung sorgen. Auf beiden Längsseiten des Sarkophags erkennt man drei, wenige Millimeter große, Bohrungen im gleichen Abstand zueinander. Spätestens hier müssten die Wissenschaftler einsehen, dass die von ihnen postulierte Arbeitsweise an dieser Stelle nicht funktionieren kann. Der Durchmesser der kleinen Bohrung wäre viel zu gering für einen stabilen Bohrkopf aus Kupfer. Auch die allgemein vermiedene Hitzeentwicklung, welche die benutzten Werkzeuge schnell abstumpfen lässt, einen hohen Verschleiß verursacht und die Hilfsmittel somit unbrauchbar macht, wäre hier viel stärker und würde zu noch größeren Schwierigkeiten führen. Zudem müssten solch feine Werkzeuge erst mal hergestellt werden, was allein schon ein Hindernis wäre.

Die Vermutung liegt nahe, dass dort ein Deckel mit entsprechenden Gegenstücken einrasten konnte. Doch es wurde nie ein Deckel für den

Sarkophag gefunden. Außerdem mussten auch die entsprechenden Stifte aus dem Deckel herausgearbeitet worden sein, falls es denn ein solches Gegenstück aus Granit jemals gegeben haben sollte. Betrachtet man die Gesamtstruktur des Raums, kann man eher ausschließen, dass der Oberteil des Sarkophags aus einem anderen Material bestand. Der Vollständigkeitshalber, werden dennoch die zwei angenommen Möglichkeiten näher erläutert:

Der Deckel des Sarkophags war vielleicht mit Gold überzogen und möglicherweise doch aus leichterem Material gefertigt, woraufhin Grabräuber gleich das ganze Stück abtransportierten oder aber es gab eben doch nie ein Gegenstück zum Unterteil.

Betrachtet man das Objekt von einigen Metern Entfernung aus und bleibt dabei auf Bodenhöhe, gewinnt man den Eindruck, dass das Element locker auf dem Boden ruht. Lehner geht sogar davon aus, dass der Sarkophag einst genau auf der Nord-/Südachse des Raumes stand und erst im Nachhinein verschoben wurde (vgl. Lehner 1997: 111). Dann müsste man heute jedoch transportbedingte Schleifspuren am Boden der Kammer vorfinden, was ich nicht bestätigen kann.

Die Decke des Raums ist flach und besteht, wie bereits erwähnt, aus großen Granitplatten – die größten und schwersten Steine in der Pyramide[12].

Auch in diesem Raum findet man in der Nord- und Südwand zwei Schächte. Diese verlaufen, anders als diese in der darunter liegenden Königinnenkammer, direkt an die Außenwand der Pyramide.

Nicht Wenige Forscher behaupten, dass alle Strukturen, die vorzufinden sind, absichtlich so von den Erbauern hinterlassen wurden, um den Anschein zu erwecken, dass hier bereits Grabräuber am Werk waren und alle Schätze schon entwendet wurden. So habe man zukünftige Plünderer ablenkenden und an Entdeckung des eigentlichen, wahren Gangsystems hindern wollen. Diese These könnte durch die Entdeckungen der japanischen und französischen Forscher, von denen wir im Folgenden mehr erfahren werden, tatsächlich an Bedeutung gewinnen.

---

[12] Nur die Giebeldachkonstruktionen aus Kalkstein besitzen ähnliche Ausmaße und Massen.

Mysteriöse Schächte

Die Geheimschächte

Aktuell sind vier Schächte in der Cheops-Pyramide bekannt. Zwei in der „Königskammer“ und zwei in der „Königinnenkammer“, die alle in Nord-Süd-Richtung angelegt wurden.

1992 wurde der deutsche Ingenieur und Roboter-Spezialist Rudolph Gantenbrink von der ägyptischen Altertumsverwaltung engagiert. Er sollte ein Ventilationssystem im Südschacht der Königskammer installieren, um die Frischluftzufuhr zu sichern und die Luftfeuchtigkeit zu senken. Gantenbrink machte sich sogleich an die Arbeit und unterlag sofort dem Pyramidenfieber. Mit Bravour absolvierte er seine Arbeiten binnen kürzester Zeit und konnte sein Projekt somit beenden. Bereits wenige Stunden nach der Installation des Ventilationssystems sank die Luftfeuchtigkeit um ein Vielfaches und jeder hitzegeplagte Tourist konnte innerhalb der Pyramide wieder sauerstoffreiche Luft atmen.

Gantenbrink wusste aber auch von den zwei Schächten in der weiter unten gelegenen „Königinnenkammer“. Diese Schächte, die zunächst einige Meter horizontal verlaufen, um daraufhin in einem steilen Winkel nach oben weiter zu verlaufen, wurden von der Fachwelt seit jeher vernachlässigt und ignoriert. Obwohl mehrere Theorien vorgeschlagen wurden, um das Phänomen zu erklären, setzte sich die Vermutung durch, dass die Schächte einen symbolische Charakter haben und den Weg für den Geist des Pharao (oder nach altägyptischem Glauben für sein Ka und Ba) freigeben sollten. Ich spreche hier gerne von Geheimschächten – auch wenn ich die Ägyptologen bereits müde abwinken sehe. Doch weshalb sollte man die Schächte als Geheimschächte bezeichnen?

Noch vor 150 Jahren waren die beiden unteren Öffnungen der Schächte gar nicht zu sehen. Es war der Brite Waynman Dixon der zusammen mit seinem Team die Pyramide erforschte und in der Königinnenkammer weitere Schächte vermutete, nachdem er die zwei bekannten Schächte in der Königskammer untersucht hatte. An dieser Stelle muss ich korrigierend eingreifen, da manch andere Schriftsteller behaupten, dass alle Schächte in der großen Pyramide von Dixon und Co. entdeckt wurden.

Der bereits zitierte Bestsellerautor Andreas von Retyi schreibt dazu in seinem Buch, „Die Stargate Verschwörung“:

„In der großen Pyramide gibt es ein einzigartiges System von Schächten, die der Forscher Waynman Dixon mehr oder minder zufällig im Jahr 1872 aufspürte. Er klopfte die Wände in den beiden Hauptkammern ab – der Königs – beziehungsweise der Königinnenkammer –, um etwaige Hohlräume durch Klang-Unterschiede festzustellen. Dabei fand er in jeder Kammer zwei versiegelte Schächte, die sich gegenüber liegen und quadratische Öffnungen von nur etwa fünfzehn bis zwanzig Zentimeter besitzen“ (von Retyi 2007: 198).

Die Schächte in der Königskammer waren schon immer bekannt und wurden **nicht** von Dixon entdeckt. Lediglich die Königinnenkammer war das Ziel seiner Untersuchungen, wo er auch fündig wurde. Die genauen Maße der Öffnungen der Schächte betragen heute:

Königskammer – Südschacht:	Breite: 18 cm / Höhe: 14 cm
Königskammer – Nordschacht:	Breite: 21 cm / Höhe: 14 cm
Königinnenkammer – Südschacht:	Breite: 21 cm / Höhe 21 cm
Königinnenkammer – Nordschacht:	Breite: 21 cm / Höhe 21 cm

(vgl. Gantenbrink 1999)

Diverse Beschädigungen der Schachtöffnungen in der Königskammer lassen vermuten, dass auch diese einst verschlossen war und erst durch den Einsatz von Gewalt geöffnet werden konnten.

Wie wir bereits gesehen haben, fielen Dixon zwei hohl klingende Stellen an den Wänden der Nord und Südseite der Königinnenkammer auf, die er daraufhin aufbrechen ließ. So wurden die Geheimschächte entdeckt, die nie ein Mensch zu Gesicht bekommen sollte. Sie waren versteckt und versiegelt – sie waren geheim! Dixons Entdeckung hat uns eindeutig den geheimen Hintergrund der Schächte offenbart, auch wenn das von der Fachwissenschaft nicht akzeptiert wird. Von diesem Fund ausgehend, könnte sich hinter jedem Quadratzentimeter der Wände in allen Räumen und der „großen Galerie“ ein weiterer geheimer Raum oder ein neuer geheimer Schacht befinden. Falls man auf diesem Bereich weiter nachforschen sollte, wird es nicht lange dauern, bis neue, spektakuläre

Funde unsere Aufmerksamkeit auf sich ziehen werden, da der Großteil der Hohlräume in den Pyramiden noch nicht „abgeklopft“ wurde.

Abbildung 30: Bei näherer Betrachtung der Ränder wird der Eindruck verstärkt, dass auch die Schächte in der Königskammer gewaltsam geöffnet wurden. Foto: Zarei

Durch die gute Zusammenarbeit zwischen Gantenbrink und der ägyptischen Altertumsverwaltung erhielt er zügig seine Genehmigungen und konnte somit mit der Entwicklung seines neuen Roboters „Upuaut 2“ beginnen, der, ausgerüstet mit einer Kamera und einem Laser-Pointer, zum ersten Mal in der Geschichte, Bilder aus den Geheimschächten der Königinnenkammer liefern sollte.

Im Jahr 1993 begann Gantenbrink zunächst mit der Untersuchung des Südschachts. Durch einige Gesteinsabsätze war man gezwungen, das Gefährt mehrere Male zu modifizieren, um die Forschungsarbeiten wieder aufnehmen zu können. Die anwesenden Ägyptologen staunten nicht schlecht, als sie sahen, dass der Roboter erst nach 60 Meter, direkt vor einer Falltür, zum Stehen kam. Der montierte Laser-Pointer strahlte den Verschlussstein an und verschwand in der unteren rechten Ecke – genau dort, wo ein Stück des Gesteins heraus gebrochen war. Demzufolge befand sich dahinter ein Hohlraum.

Abbildung 31: Der kleine Roboter von Gantenbrink im Einsatz. Foto: Gantenbrink

Die Sensation war perfekt. Alle bis dato bekannten Theorien über die Schächte, wurden mit einem Schlag von einem Nichtägyptologen widerlegt. Genau das sollte Gantenbrink später zum Verhängnis werden. Zunächst aber schlug er folgende weitere Vorgehensweise vor:

Ein neuer Roboter sollte durch die Öffnung in der Ecke ein Gas in die Kammer leiten und anschließend die Konzentration messen. Anhand der gewonnen Daten hätte man das genaue Volumen der Kammer errechnen können, um den weiteren Verlauf des Projekts besser planen zu können. Auf dieselbe Art und Weise hätte man auch eine endoskopartige Kamera in den unteren Spalt führen können und somit ganze Videos des Hohlraumes erhalten. Aber es kam alles anders.

Gantenbrink flog zurück nach Europa, um erste Vorbereitungen zu treffen und ahnte nicht, dass alles vergebens war. Denn kurz nach seiner Abreise erhielt er die Nachricht, dass er trotz seiner Entdeckung und der Investition seines Privatvermögens vom weiteren Programm ausgeschlossen sei. Man warf ihm vor, außerplanmäßig mit Medien in Kontakt getreten zu sein und die Entdeckung ohne Absprache bereits publik gemacht zu haben. Gantenbrinks Aussagen zufolge, sieht die Wahrheit jedoch völlig anders aus. Er gibt vielmehr an, von einem englischen Journalisten hinters Licht geführt worden zu sein. Doch selbst wenn Gantenbrink frühzeitig die Medien kontaktiert hätte, erscheint die radikale Vorgehensweise der Altertumsverwaltung unlogisch und ungerecht.

Die Entdeckungen Gantenbrinks waren gleichbedeutend mit einem K.O.-Schlag für die Ägyptologie. Als Nichtägyptologe und Nichtägypter war ihm das gelungen, wovon viele Fachwissenschaftler nicht einmal zu träumen wagten, obwohl alle Indizien direkt vor ihrer Nase lagen. Er zog ihnen buchstäblich den Boden unter den Füßen weg.

Nach Gantenbrink wurde es erst mal ruhig um die Pyramide, bis schließlich neue Sponsoren gefunden wurden. Die neuen Arbeiten und Forschungen begannen unter der amerikanischen „National Geographic Association", die sich die Öffnung des Verschlusssteins zum Ziel gesetzt hatte. Das Ganze gipfelte 2002 in einem Medienspektakel, mit dem die ägyptische Altertumsverwaltung die gesamte Weltöffentlichkeit an der Nase herumführte. Man gab an, zum ersten Mal in der Geschichte live ein Loch in den Verschlussstein bohren zu wollen, um daraufhin eine Kamera hindurch schieben zu können, die das Geheimnis lüften sollte. Doch was den ahnungslosen Zuschauern präsentiert wurde, war eine Inszenierung wie aus dem Lehrbuch.

Vergleicht man die Bilder des Verschlusssteines aus der Liveübertragung im Jahr 2002 mit den Originalaufnahmen von Rudolph Gantenbrink, so fällt sofort auf, dass ein großes Stück des rechten Kupferhakens fehlt. Wohin ist es verschwunden? Was haben die metallurgischen Untersuchungen ergeben? Dazu wurde nie etwas Genaues bekannt gegeben. Nur, dass es bei den Bohrungsarbeiten zu Bruch ging.

Doch zurück zu Liveübertragung. Selbstverständlich sahen die Ägyptologen nicht zum ersten Mal durch das zuvor gebohrte Loch. Für die neugierige Öffentlichkeit wiederholten sie lediglich das ganze Spektakel.

Immerhin wurde das Ereignis in 24 Länder live übertragen und Millionen von Zuschauern hofften etwas zu sehen, was noch niemand vor ihnen erblicken konnte. Dementsprechend groß war die Enttäuschung, als die Bilder nichts weiter zeigten, als einen weiteren Verschlussstein, hinter dem ersten. Es ist sehr amüsant, die Kommentare des anwesenden Direktors Dr. Zahi Hawass zu verfolgen, wenn man sich der wahren Sachlage bewusst ist.

Abbildung 32 (links): Eine Aufnahme des Verschlusssteines 1993. Der abgebrochene Metallstift lag noch vor der Tür. Foto: Gantenbrink

Abbildung 33 (rechts): Ausschnitt aus der Live-Übertragung von 2002. Der zweite Stift ist auch abgebrochen und nicht mehr sichtbar. Foto: Gantenbrink

Während die nichts ahnende Öffentlichkeit alles als gegeben hinnahm, machte sich bereits kurz nach der Übertragung eine Welle der Empörung in der Fachwissenschaft breit. Professor Dietrich Wildungen, Direktor des Ägyptischen Museums in Berlin, sagte dazu:

„Die Zuschauer wurden alle an der Nase herumgeführt, weil es sich bei den Fernsehbildern überhaupt nicht um eine Live-Übertragung handelte. Bereits Tage zuvor nahm das Forschungsteam seine Untersuchungen vor und wiederholte diese lediglich bei der Fernsehübertragung. Im Grunde genommen sind wir alle verarscht worden!“ (Spiegel 2002; Ercivan 2004)

Frank Steinman, ein Ägyptologe der Universität Leipzig ging sogar so weit, den ganzen Rummel wörtlich als „Nullnummer“ zu bezeichnen. Die

Ursachen dieser Kritik sind ebenso vielfältig wie berechtigt. Eines der Grundprinzipien der Archäologie ist es, nichts zu beschädigen, was für die Rekonstruktion von Historie, Gebäuden oder Vorfällen auch nur annähernd von Bedeutung sein könnte. Aber warum bohrt man dann ein klaffendes Loch, in einen weltweit einzigartigen Verschlussstein, welcher sich ausgerechnet im einzig erhaltenen antiken Weltwunder der Erde befindet? Jahre zuvor hatte Gantenbrink eine viel schonendere und mindestens genauso effektive Methode vorgeschlagen, die einfach ignoriert und zu den Akten gelegt wurde. Auf der Rückseite des Blockes hätten sich wichtige Hieroglyphen befinden können, die nun unwiderruflich zerstört wären. Die neue Forschungsgruppe, geleitet von Zahi Hawass und finanziert von der „National Geographic Association", ging sogar einen Schritt weiter. Sie erwähnten Gantenbrink nicht mit einem Wort als Entdecker und ließen stattdessen Hawass persönlich alle Ehren zuteil werden. Erst nach einem gewaltigen Aufschrei sah man sich gezwungen, den Münchner zu berücksichtigen und zumindest kurz zu erwähnen. Der Richtigkeit halber werden die Schächte in der Königinnenkammer in diesem Buch nur noch als „Gantenbrink-Schächte" bezeichnet, was bei vielen anderen Autoren leider noch nicht selbstverständlich ist. Diese anderen Autoren, zumeist Fachgelehrte, sprechen teilweise immer noch von Seelenschächten und erwecken damit den Eindruck, die letzten Jahre quasi geistig abwesend gewesen zu sein.

Im Internet kursiert auch das Gerücht, dass die Schächte bereits 1996 zugänglich gemacht wurden und man dahinter eine „T-förmige" Abzweigung vorfand. Die Liveübertragung wäre dieser Theorie nach nichts weiter als eine Inszenierung gewesen und die Videoaufnahmen mittels Modellbau erstellt worden. Doch diese Theorie ist nichts weiter als ein Hirngespinst, da es hierzu keinerlei Fakten gibt. Dennoch existieren einige Merkwürdigkeiten, die näher untersucht werden sollten. Auf den Live-Aufnahmen von 2002 sind einige größere dunkle Flecken auf dem Verschlussstein zu erkennen, die auf den sehr gut belichteten Aufnahmen von Gantenbrink aus dem Jahr 1993 nicht vorhanden sind.

Mysteriös bleibt aber die Schließung der Cheops-Pyramide im Jahr 1998 für 17 Monate. Schuld war angeblich der Schweiß der Touristen, der, aggressiv wie Säure, das Gestein angegriffen habe und unwiderruflichen Schaden angerichtet haben sollte. Doch was steckte tatsächlich dahinter? Auch hierzu lassen sich viele Theorien im World Wide Web finden, von denen die meisten keiner Überprüfung standhalten. Jedoch sollten wir uns mit einer These näher beschäftigen, die sich als durchaus plausibel herausstellen wird und mit Fakten belegbar ist. Diese eine These besagt, dass man die Zeit der Sperrung nutzte, um einen geheimen und illegalen Schacht anzulegen, der zu neuen Schätzen und Entdeckungen führen sollte.

Oft wurde diese These von unglaublich seriösen Wissenschaftlern als lächerliche Verschwörungstheorie abgetan. Doch im nächsten Kapitel werden wir sehen, wie schnell aus Verschwörungstheorien Realität werden kann. Nur so viel vorweg: Ja! Es wurden geheime Grabungen in der Pyramide durchgeführt und ja, ich kann sie beweisen! Mit Bildern, Plänen und allem, was sonst verlangt wird!

Bauplan-Änderungen

Das Vorhandensein der „Gantenbink-Schächte" widerlegt eine weitere Annahme der Ägyptologen. Einige Fachgelehrte glauben nämlich immer noch, dass die aktuelle Struktur und Reihenfolge der Kammern in der großen Pyramide unbeabsichtigt war und man ursprünglich nur eine einzige „Grabkammer" für den Pharao errichten wollte (vgl. Arnold 2000, Lehner 1997, Verner 1999). Der Theorie zufolge wurde als erstes die untere, „unvollendete Kammer" als letzte Ruhestätte für den Herrscher ausgewählt. Aus verschiedenen Gründen[13] soll sich der Erbauer während des Baus umentschieden und einen neuen Raum, weiter oben in der Pyramide, gewünscht haben. Aber auch das soll ihm nicht gelangt haben, woraufhin er die nochmals weiter oben gelegene „Königskammer" errichten ließ. So stellen es sich zumindest einige Ägyptologen vor, die viele wichtige Aspekte völlig außer Acht lassen.

Die Verschlusssteine der „Gantenbrink-Schächte" liegen über dem Niveau der Decke der Königskammer. Wieso baut man diese, sehr schwer zu integrierenden, Schächte weiter in den Plan der Pyramide ein, wenn der dazugehörigen Kammer sowieso keine Bedeutung mehr beigemessen

---

13 Beispielsweise zu schlechte Arbeitsbedingungen, durch mangelnde Frischluftzufuhr oder statische Probleme usw.

wurde? Zudem würde eine solche Änderung des Bauplans das gesamte Projekt gefährden und um Jahre zurück werfen. Da der Bauplan geändert und die nötigen Steine erst einmal aus den Steinbrüchen herausgeschlagen und zur Pyramide transportiert werden müssten, wäre nicht sichergestellt gewesen, dass die Pyramide noch zu Lebzeiten des Pharaos hätte fertig gestellt werden können. Das willkürliche Anpassen der Anlage nach Baubeginn ist somit auszuschließen.

Ohnehin setzt sich der ehemalige Direktor des Deutschen Archäologischen Institutes (DAI) in Kairo für ein drei Kammersystem ein, dass die Pharaonen im alten Reich eingesetzt haben sollen (vgl. Stadelmann 1997). Leider kann Stadelmann nicht erklären, weshalb die späteren Pharaonen und Nachfahren von Cheops nicht mehr diesem System folgten. Seine Theorie ist meiner Meinung nach nicht schlüssig und kann sehr einfach widerlegt werden. Immerhin hat die zweitgrößte Pyramide, die benachbarte Chefren-Pyramide, nur zwei richtige Kammern und passt ganz und gar nicht in die Theorie von Stadelmann[14]. Genau deshalb werden manchmal Vorkammern, Aufwege und sonstige Hohlräume als Kammer gezählt, um so die „Drei-Kammer-Theorie" zu bestätigen. Eine seltsame Vorgehensweise. Nach derselben Methodik müsste man auch die „Große Galerie" der Cheops-Pyramide als eigenen Raum bezeichnen, was die „Drei-Kammern-Theorie" völlig über den Haufen werden würde. Immerhin besitzt die „Große Galerie" mehr Volumen als alle anderen Kammern der Cheops-Pyramide zusammen.

Aufbau der Schächte

Diese kleinen Tunnel, die sich durch den Großteil des Pyramidenkörpers ziehen, sind bei weitem nicht so einfach aufgebaut, wie man zunächst vermutet. Da mehrere Meter der gesamten Fassade der Pyramide abgetragen wurden, war Gantenbrink imstande, als Erster Näheres über den statischen Aufbau der Schächte zu berichten. Dabei halfen ihm auch zwei Hohlräume, die im Verlauf des Nordschachts der „Königskammer" liegen und nachträglich, durch den gewaltsamen Eingriff des Menschen,

---

[14] Es ist jedoch durchaus möglich, dass sie noch weitere „geheime" Räume beherbergt.

verursacht wurden. Der von Gantenbrinks Team respektvoll als „Mankiller"-Passage bezeichnete Gang, liegt am oberen Ende des Schachts, während sich der „Caviglia-Stollen" am unteren Ende befindet.

Abbildung 34: Die weitgehend unbekannte „Mankiller"-Passage nach den Räumungsarbeiten. Foto: Gantenbrink

Wer genau die „Mankiller"-Passage anfertigen ließ, ist nicht klar. Aber alle Indizien deuten stark auf Plünderer hin, die hinter dem Schacht eine noch unangetastete Grabkammer vermuteten. Im Laufe der Jahrhunderte hatten sich dort nicht weniger als vier Kubikmeter Sand und Müll angesammelt, die von den Forschern nun beseitigt werden mussten. Da die dazugehörige Öffnung an der Außenwand nur 30 x 30 Zentimeter misst und die Sauerstoffzufuhr dementsprechend schlecht war, erwiesen sich die Arbeiten als außerordentlich anstrengend und zeitraubend. Ein großer Haufen Geröll hatte den weiteren Verlauf des Schachts regelrecht verstopft und musste auf anderem Wege befreit werden. Dem hohen Improvisationsvermögen Gantenbrinks ist es zu verdanken, dass nur kurze Zeit später alle Hindernisse aus dem Weg geräumt waren. An eine modifizierte LKW-Achse wurde ein Meißel angeschweißt, der größere Brocken zerschlagen sollte. Mühsam schleppte man den 40 Kilogramm schweren Rammbock die Pyramide hoch und ließ ihn, an einem Seil befestigt, den Schacht hinunter rutschen. Beim vierten Versuch, brach die Ramme durch die Barriere und das gesamte Geröll stürzte in den unteren „Caviglia-Stollen“ (vgl. Gantenbrink 1999b).

Doch kommen wir zurück zum Aufbau. Da die beiden erwähnten Hohlräume das Kernmauerwerk um den Schacht freigelegt hatten, konnte man nun den genauen Aufbau der Passagen rekonstruieren und war verblüfft darüber, wie unglaublich fortgeschritten die Bauweise doch war. Umso erstaunlicher erscheint die Leistung der Pyramidenbauer in Anbetracht der nicht vorhandenen Erfahrung im Schachtbau. Eigentlich eine Sache der Unmöglichkeit. Die alten Ägypter konnten laut Lehrmeinung nichts von den statischen Auswirkungen wissen, die sich erst nach Jahrhunderten und Jahrtausenden bemerkbar machten. Aber dennoch beweisen uns ihre Baumethoden, dass sie davon wussten und sie sogar die passenden Vorkehrungen kannten. Woher nur? War es wieder einer ihrer mysteriösen Götter, der ihnen die Bauweise vorschrieb?

Der Schachtaufbau besteht aus insgesamt vier verschiedenen Steinarten, die Gantenbrink in seinen Publikationen wie folgt benannte (vgl. Gantenbrink 1999c):

A: Schacht-Blöcke

B: Boden-Blöcke

C: Keil-Blöcke

D: Pfannen-Blöcke

Die Anordnungen auf der Abbildung verdeutlichen die Bautechnik. Irgendwoher wussten die Ägypter, dass man Blöcke nicht einfach aufeinander setzten kann, wenn man eine lange Lebensdauer der inneren Strukturen gewährleisten möchte. Allein dieser Bautechnik ist es zu verdanken, dass die Blöcke nicht nach unten verrücken können und dass die Kammern, von denen die Schächte ausgehen, nicht durch das Gewicht ihrer eigenen Blöcke zerdrückt worden sind. Eine architektonische Meisterleistung!

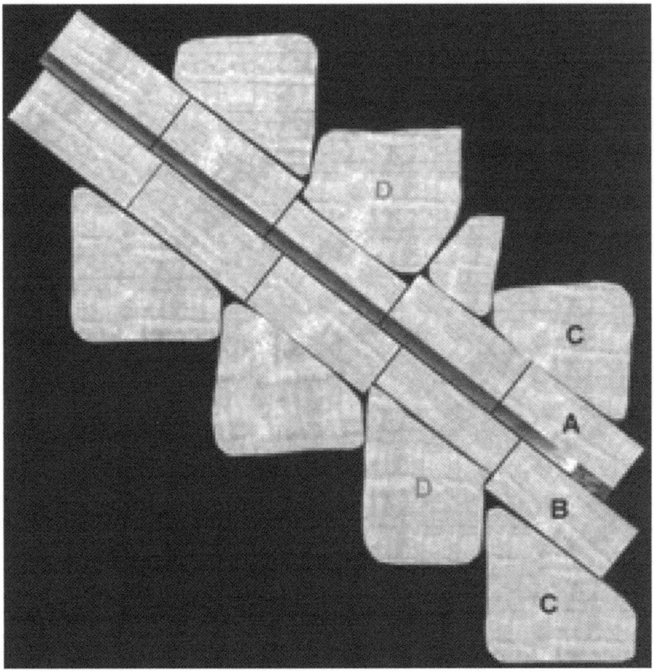

Abbildung 35: Die Rekonstruktion der Schachtstruktur nach Gantenbrink. Zeichnung: Gantenbrink

Geheime Artefakte

Oft wird behauptet, dass man in der Pyramide keine Gegenstände fand. Das ist leider falsch. In seinem Tagebuch und in unveröffentlichten Briefen an Piazzi Smyth, die sich in den Royal Observatory Edinburgh Archives befinden, gestand Dixon den neu entdeckten Schächte in der Königinnenkammer eine große Bedeutung zu und erwähnt, dass er kurz vor einer weiteren Entdeckung stünde.

Angetrieben vom anfänglichen Erfolg wollte Dixon seine Forschungen fortführen und besorgte sich eine sehr lange und dünne Metallstange, die flexibel genug war, den Schachtverlauf zu folgen.

Die hexagonale Eisenstange bestand aus mehreren Segmenten, von denen jede etwa 2,7 Meter lang war. Am Ende und am Anfang waren sie mit runden Sockeln ausgestatten, die ein Gewinde enthielten, mit deren Hilfe man die Stangen einfach aneinander schrauben konnte.

Dixon machte folgende Funde in den Schächten, von denen heute zwei im British Museum in London lagern und eines (das wichtigste) verschwunden ist:

1) Ein etwa 5 cm langer Enterhaken aus Kupfer mit zwei Nieten am Schaft,
2) eine kleine, grau-grüne und grob zugehauene Granit Kugel,
3) eine etwa 13 Zentimeter lange, quadratische, abgebrochene Holzstange (verschwunden).

Leider erwähnt Dixon in seinen Aufzeichnungen nicht, aus welchem der unteren Schächte die Funde stammen. Anhand der Videoaufnahmen von Rudolph Gantenbrink und weiteren damit verbundenen Entdeckungen kann man aber mit an Sicherheit grenzender Wahrscheinlichkeit davon ausgehen, dass es der Nordschacht war, der das besagte Material beinhaltete.

Im zweiten Drittel von Block Nummer 9 des Nordschachtes in der Königinnenkammer erkannte Gantenbrink auf seinem Monitor ein unbekanntes, längliches Metallstückchen, das am Ende zwei Löcher hatte und eindeutig eine Akkumulation[15] an dunklem Material aufzeigte.

Die Vermutung liegt nahe, dass der von Dixon gefundene Haken einst auf der seltsamen Stange befestigt war und sich die Verbindung zwischen den zwei Artefakten löste, als das Team um Dixon mit der Metallstange im Schacht „herumstocherte". Die Behauptung wird durch die Fotos untermauert. Zudem glitt das von Dixon benutzte Werkzeug wohl direkt an dem Artefakt vorbei und berührt es sogar. Wahrscheinlich löste sich der Haken von der Halterung, nachdem Dixon diese mit seiner Stange beschädigt hatte und rutschte dadurch den Schacht hinunter – direkt in Dixons Hände.

Am Ende von Block Nr. 9 schlägt der Nordschacht eine 45°-Kurve nach Westen ein, um der „Großen Galerie" auszuweichen. Genau an die-

[15] Ablagerung von Sedimenten

ser Stelle verhakte sich die eingesetzte Metallstange in der Westwand und konnte nicht weiter bewegt werden, woraufhin Dixon die Forschungsarbeiten aufgab.

Zum Erstaunen Gantenbrinks fand er genau an dieser Abzweigung den Rest der hölzernen Stange, von der Dixon bereits ein Segment in Händen hielt, nachdem er es unabsichtlich heraus gebrochen hatte. Mit dieser sehr gut isolierten Holzstange, die Jahrtausende lang keinen Umwelteinflüssen ausgesetzt war, könnte man problemlos eine genaue C-14 Datierung der Pyramide vornehmen und all dem Spuk rund um das Alter des Bauwerks ein Ende setzen. Die Holzstange war 1993 noch vorhanden. Doch leider wurden nie Arbeiten bekannt gegeben, die das Bergen dieses unschätzbar wertvollen Artefakts zum Ziel hatten. All die Kommentare und Interviews der Forscher und Ägyptologen – doch nie ein Wort zu diesem Artefakt. Glücklicherweise existieren Bilder, die das Vorhandensein des Elements beweisen und mich vor jeglichen Vorwürfen als Verschwörungstheoretiker oder „Pyramidiot" bewahren. So mancher Kritiker behauptet an dieser Stelle, dass die hölzerne Stange ein Überbleibsel der späteren Forschungsarbeiten der Brüder John Edgar und Morton Edgar sei, die im Jahr 1910 ihr Werk „The Great Pyramid Passages and Chambers" veröffentlichten (vgl. Edgar 1923). Aber erneut werden zwei Fakten völlig ignoriert: Erstens fand bereits der „Öffner" der Schächte Waynman Dixon fast 40 Jahre zuvor ein Stück Holz an der besagten Stelle, die bis dahin verschlossen war. Und zweitens liegt die fest verhakte Stange, die Dixon benutzte, über der älteren hölzernen Stange, da diese von Anbeginn an dort lag. Die Behauptung, dass die Edgar Brüder für das Holz in der Pyramide verantwortlich sind, erscheint angesichts dieser Tatsachen geradezu absurd. Die Videoaufzeichnungen Gantenbrinks zeigten sogar, dass am Ende des Artefaktes etwas befestigt wurde, dass den Korrosionsspuren zufolge schon sehr lange in dem Schacht liegen muss und aus Metall besteht.

Leider war der Roboter von Gantenbrink nicht imstande die 45°-Grad-Kurve zu nehmen, da der Weg von der verhakten Eisenstange der früheren Forscher versperrt war, vorauf hin das Gefährt aus dem engen Schacht wieder heraus manövriert werden musste. Selbstverständlich hätte der Münchner Ingenieur seine Arbeiten schnellst möglichst fortgesetzt, aber wie wir erfahren haben, wurden ihm vorzeitig und unerwartet von der ägyptischen Altertumsverwaltung weitere Forschungsarbeiten untersagt.

Dieselbe Gruppe von „National Geographic", die im Jahr 2002 verantwortlich für die vermeintliche Live-Übertragung im Südschacht war, erforschte auch den Nordschacht. Durch den technischen Fortschritt und einem viel höheren Budget konnten sie einen effektiveren Roboter konstruieren, der imstande war, die 45°-Abzweigung des Schachtes zu passieren. Chris Sondreal, der verantwortliche Produzent, sagte dazu:

„Die Untersuchungen an dem Nordschacht haben uns mehr als überrascht: Nachdem wir einige Veränderungen an „Pyramid Rover" vorgenommen haben, ließen wir den Roboter in den Nordschacht fahren, Obwohl die störenden Metallstange immer noch im Schacht klemmte, konnten wir mit den an dem Roboter vorgenommen Veränderungen dieses Hindernis bei 90 Fuß (Anm. d. Autors 27,43 m) mit einem kurzen Ruck schnell überwinden. Mit einem plötzlich vorgenommenen Vorstoß von 5 Fuß (Anm. d. Autors 1,52 m), der lediglich eine Minute Zeit beanspruchte, war der Weg für den Roboter frei. Nach einem kurzen Stopp mussten wir dann zwei etwa 60 Fuß (Anm. d. Autors 18,23 m) um die große Galerie verlaufenden Knickstellen überwinden. Bei der Streckenabschnittsmarkierung 150 Fuß (Anm. d. Autors 45,71 m) schien der Schacht wieder gerade zu verlaufen und ließ den Schluss zu, dass die Erbauer an dieser Stelle eine Neuorientierung dieser Passage in nördliche Richtung vorgenommen haben. Bis 160 Fuß (Anm. d. Autors 48,76 m) verlief der Schacht sehr sauber als ob es niemals zuvor jemandem gelungen ist, in diesem Bereich der Pyramide vorzudringen. Dann mussten wir bei 170 Fuß (Anm. d. Autors 51,81 m) feststellen, dass jeder der Schachtblöcke ein unterschiedliches Aussehen besaß. Wir hielten den Roboter an jedem einzelnen Block an, um es genau zu analysieren. Eine derartige Beobachtung konnten wir am Südschacht nicht feststellen, denn im Nordschacht waren die Blöcke nicht nur aus geologischer Sicht unterschiedlich, sondern glänzten auch auf wundersamer Weise. Vermutlich trat irgendwo Wasser aus, das für das Glänzen der Steinblöcke verantwortlich war. Wir beschlossen dann mit dem „Pyramid Rover" auf die Streckenabschnitte 180 und 190 Fuß (Anm. d. Autors 54,86 m und 57,91 m) zu fahren. Ab hier konnten wir innerhalb von Sekunden auf unseren Monitoren bereits den Verschlussstein des Nordschachtes sehen, der ebenfalls mit zwei Kupferstiften versehen war. Von der Ferne sah er wie die Blockierung des Südschachtes aus. Doch nachdem wir bis auf 210 Fuß (Anm. d. Autors 64,00 m) vor diese Absperrung herangefahren waren, stellten wir fest, dass sie nicht identisch waren. Zwar haben die Steintüren in etwa die gleichen Maße und bestehen vermutlich aus demselben Gestein, aber die auf

dem nördlichen Verschlussstein vorhandenen Kupferstifte sind dennoch anders gesetzt worden. Überdies ist es ganz offensichtlich, dass es sich bei dem Material um Metall handelt. Die Stifte im Nordschacht sind auch nicht oxidiert, sondern in einem sehr guten Zustand. Nicht einmal eine leichte, grüne Verfärbung an ihnen, war mit der Kamera festzustellen. Der linke Stift wirkte zudem so, als ob es nach dem Einführen durch die Steinplatte umgebogen worden ist und diese geplante Handlung die Bauleute, eigens eine tiefer gelegene Einkerbung mit einem Meißel eingetrieben haben. Des Weiteren wirkten die Bohrstellen, wodurch die Kupferstifte führen, so, als seien sie an einer etwa ein Zentimeter höheren Stelle angesetzt worden, als die Austrittslöcher am Südblock. Wir vermuten, dass an diesen Stiften Halteseile befestigt waren, die von den Handwerkern als Orientierungshilfen benutzt wurden" (vgl. Ercivan 2004).

Kein Wort zu der zuvor erwähnten Holzstange. Kein Wort zu dem seltsamen Etwas, das Gantenbrink nur von weitem beobachten konnte. Entweder wurden die Artefakte zuvor entfernt oder man schweigt sie einfach tot. Nicht weniger kurios ist die Behauptung, im Kernmauerwerk der Pyramide auf nasse Steine gestoßen zu sein. Woher kommt das Wasser? Die Pyramiden stehen nach wie vor in der Wüste. Vielmehr wird hier versucht, die Bedeutung der Schächte herunterzuspielen. Nicht wenige Kritiker streiten ab, dass die Qualität der Verkleidungssteine der Schächte, mit steigender Höhe zunimmt. Dies könnte nämlich bedeuten, dass man sich etwas Besonderem, wie etwa einer geheimen Kammer, nähert. Dasselbe sah nun das Team von National Geographic und musste entsprechend reagieren. Schnell behauptete man, auf nass glänzende Blöcke gestoßen zu sein, um jede Vermutung von polierten Blöcken im Keim zu ersticken. Dabei wäre das Vorhandensein von Wasser nicht weniger Aufsehen erregend. Wir erinnern uns an die Waldhauser-Theorie. Ich hoffe, dass an dieser Stelle niemand Kapillareffekte durch 6,5 Millionen Tonnen Gestein in Betracht zieht, die einen Großteil des Kalksteines bis heute aufgelöst hätten.

Es ist bekannt, dass seit längerem in den Schächten geforscht wird, ohne die Weltöffentlichkeit in Kenntnis zu setzen. Untersuchungen wurden auch 2004 mit einem Roboter aus Singapur durchgeführt, und die Ergebnisse bleiben – wie so oft – ein Geheimnis. Im August desselben Jahres verdeutliche Hawass jedoch in einem Interview, dass auch die Ägyptologen immer mehr begreifen, wie wichtig die Schächte für das Verständnis der Pyramiden sein könnten:

Abbildung 36: Die einzigen erhaltenen Artefakte aus der Pyramide. Vom dazugehörigen Holzstück fehlt jede Spur. Foto: Zarei

Abbildung 37 (links): Kurz vor der Abzweigung kann man sehr deutlich die noch vorhandene Holzstange erkenne, über der die Eisenstange von Dixon liegt. Foto: Gantenbrink

Abbildung 38 (rechts): Das waren die letzten Bilder von Gantenbrinks Roboter, da das Fahrzeug nicht imstande war, die Kurve zu nehmen. Man kann erkennen, dass am Ende der Holzstange etwas montiert ist und wie sich Dixons Stange in der Wand verkeilt hat. Foto: Gantenbrink

„Es ist unmöglich, dass diese Türen nur eine symbolische Bedeutung haben oder nur für König Cheops gebaut wurden. Hinter diesen Türen stecken Geheimnisse, die der Roboter aufdecken kann." (zit. nach Unbekannt 2005)

Immerhin sind aktuell 118 Pyramiden bekannt, von denen keine einzige einen Verschlussstein in einem Schacht enthält – außer der Cheops-Pyramide.

2009 nahm ein neues Team die Arbeiten am Schacht auf, dessen Projekt von Zahi Hawass auf den Namen „Djedi" getauft wurde. Der neue Roboter bietet den Wissenschaftlern eine Fülle an Instrumenten und Möglichkeiten. Er ist ausgestattet mit einer beweglichen Endoskopkamera, einem Ultraschallgerät, mit dessen Hilft die Beschaffenheit der Blöcke untersucht werden kann, einem „Miniaturroboter", der durch zwei Zentimeter große Löcher passt, einem Präzisionskompass zur Ermittlung der exakten Schachtausrichtung und einem Kernbohrer. Obwohl die Forscher bereits effektiv mit dem Gefährt gearbeitet haben und ihnen vermutlich bereits Unmengen an Daten vorliegen, existieren keinerlei Publikationen ihrer Resultate. (Hawass, 2009c)

Struktur für die Ewigkeit

Die „Belastungskammer“

Über der „Königskammer“ liegen fünf in der Fachliteratur so genannte „Entlastungskammern“, die das Gewicht der Pyramide, die über der Kammer lastet, seitlich weiterleiten sollen. Weshalb ich von einer „Belastungskammer“ spreche, werden wir im weiteren Verlauf des Buches erfahren.

Folgt man der „Großen Galerie“, dem Aufweg zur „Königskammer“ in der Cheops-Pyramide, so wird man am Ende dieses knapp 8 Meter langen Weges eine Öffnung am oberen Ende der Ostwand erkennen. Dahinter befindet sich ein kleiner Raum, der bereits 1765 vom englischen Diplomaten und Reisenden Nathaniel Davison besucht wurde und daher auch „Davison-Kammer“ genannt wird. Da der Zugang jedoch bereits vorhanden war, kann man davon ausgehen, dass er nicht der eigentliche Entdecker ist, auch wenn das heute noch fälschlicherweise behauptet wird. Davison war lediglich der Erste, der seine Beobachtung dokumentierte und der Nachwelt hinterließ. Ich bezweifle, dass die Öffnung in der Konstruktion von Anfang an Bestandteil der Pyramidenplanung war. Der Zugang wurde nur grob heraus gebrochen und stellt einen außerordentlichen Schönheitsfehler dar, der nicht in das übrige Konzept des Bauwerks passt. Stadelmann vermutet, dass man den Zugang noch während des Baus anlegte, als sich in der „Königskammer“ Risse in der Decke bildeten und man die Situation von der anderen Seite der Blöcke begutachten wollte. (vgl. Stadelmann 1997:119)

Da man aber nicht sagen kann, ob die vorhandenen Risse erst später entstanden sind oder damals schon vorhanden waren, lässt sich diese Theorie nicht durch Fakten stützen. Selbst wenn die Risse von Anfang an vorhanden gewesen wären, kann man davon ausgehen, dass die alten Ägypter die klaffende Öffnung ausreichend sorgfältig geschlossen hätten. Alles Andere wäre einer Schändung der Pyramide gleichgekommen und kommt aus diesem Grund nicht in Frage. Viel wahrscheinlicher ist, dass Grabräubern dafür verantwortlich sind, die jede Möglichkeit für eine erfolgreiche Schatzsuche nutzten.

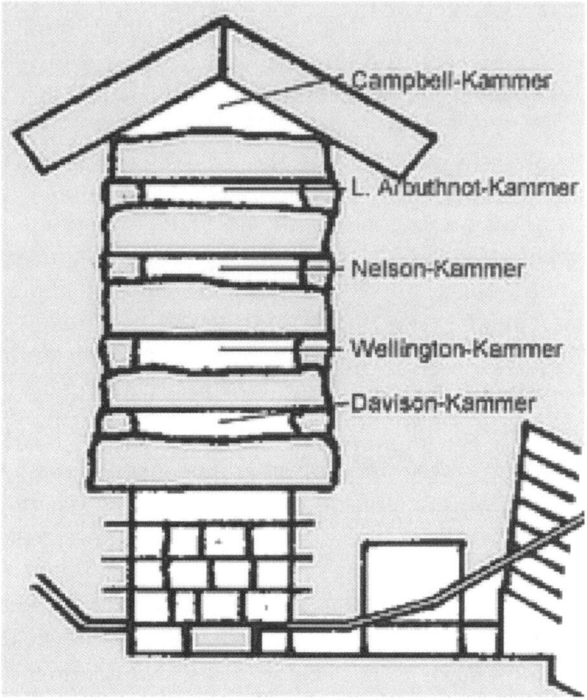

Abbildung 39: Die „Königskammer" mit den darüber liegenden Entlastungskammern bzw. Belastungskammern. Zeichnung: Haase

1837 besuchte der englische Offizier Richard William Howard Vyse mit hohen Erwartungen Ägypten, um den Pyramiden ihre Geheimnisse zu entreißen. Vyse ging nicht gerade zimperlich vor. Alles, was ihm irgendwie im Weg stand, wurde kurzerhand weggesprengt oder abgetragen.

Durch einen Freund namens J. R. Hill lernte Vyse den jungen britischen Bauingenieur John Shae Perring kennen, der seine Begeisterung für das alte Ägypten teilte und etwas später sein Partner wurde. Vyse war sehr ehrgeizig und ging mit großem Engagement an seine Arbeit. Sein Ehrgeiz wurde verstärkt, als einige Jahre vor ihm der italienische Forscher Giovanni Battista Belzoni, der in jungen Jahren noch in einem Zirkus in

England tätig war, als erster die Chefren-Pyramide zugänglich machte und seinen Namen an der Wand der Hauptkammer in großer Schrift verewigte.

Um freie Hand zu haben und unbehelligt seine Arbeiten fortführen zu können, musste Vyse Belzoni loswerden, den er daraufhin rücksichtslos von der Ausgrabungsstätte verwies. Zusammen mit seinem Kollegen Perring untersuchte Vyse nun in aller Ruhe die Cheops-Pyramide. Zunächst ohne nennenswerten Erfolg. Sein Ehrgeiz ging soweit, dass er an der Südseite der großen Pyramide ein großes Loch sprengte, da er dahinter einen weiteren Gang vermutete. Noch heute klafft an dieser Stelle eine unvorstellbar große Lücke im Gestein, die als „Vyse`s Hole“ bekannt ist. Schließlich wurden die beiden Engländer auf die „Davison-Kammer“ aufmerksam und fingen an, diese näher zu untersuchen. Die nahtlos aneinander gereihten Granitriegel, die schätzungsweise je 40-60 Tonnen wiegen (vgl. Arnold 1991: 60) und von denen 43 über der Königskammer regelrecht „schweben“, passten fugenlos aneinander und ließen keinen Raum für Spekulationen im Hinblick auf weitere Räume zu. Lediglich ein kleiner Riss an der Decke der „Davison-Kammer“ erweckte ihre Aufmerksamkeit. Durch genau diesen Riss gelang es den Forschern, einen Halm hindurch zu schieben, ohne auf einen Widerstand zu stoßen. Dies veranlasste sie zur Annahme, dass sich über der Kammer, weitere, noch unentdeckte Hohlräume befinden müssten. Man beschloss kurzerhand eine kleine Ladung Sprengstoff an der Eingangsecke der untersten Kammer anzulegen, die die weiteren Räume freilegen sollte (vgl. Vyse 1840).

Die Explosion, die problemlos die gesamte innere Struktur der Pyramide und insbesondere die der direkt darunter liegenden Königskammer hätte gefährden können, verursachte nicht nur einen lauten Knall, sie schaffte es tatsächlich, einen unbekannte Raum zu öffnen. Voller Freude fingen Vyse und sein Team sofort mit der Untersuchung ihrer Entdeckung an und bereiteten zeitgleich eine weitere Sprengung vor, die ihnen weitere Geheimnisse preisgeben sollte. Die gleiche Methode verhalf ihnen schließlich zu einem Weg bis zur obersten „Belastungskammer“. Dort angekommen, erkannten sie sofort die Giebeldachkonstruktion an der Decke, die ihnen das Ende der Struktur signalisierte. Trotz des Erfolgs ihrer fragwürdigen Vorgehensweise nahmen sie glücklicherweise keine weiteren Sprengungen vor und verschonten die Pyramide somit vor weiteren Beschädigungen. Heute spekuliert man darüber, ob über den ersten

Blöcken des Giebeldachs zwei weitere liegen, die dem Ganzen zusätzliche Stabilität verleihen sollen, so wie es am Haupteingang der Fall ist. Doch die Zweifel der Ägyptologen stoßen bei mir auf Unverständnis. Denn zwischen den beiden Blöcken klafft ein mehrere Zentimeter großer Spalt, der problemlos genügend Platz für eine Endoskopkamera bieten und die Spekulationen beenden könnte.

Abbildung 40: Das Giebeldach des einst verborgenen Haupteingangs der Pyramide wird von zwei Schichten gestützt. Ob das auch auf das Dach der Entlastungskammern zutrifft, ist noch unklar. Foto: Zarei

In den neu entdeckten Kammern, wurden nun Hieroglyphen gefunden, die größtenteils absolut chaotisch über die Wände verteilt waren und die es nun zu dokumentieren galt (vgl. Reisner 1931: 275). An dieser Stelle möchte ich ein immer wieder zitiertes Gerücht innerhalb der Paläo-SETI widerlegen. Es stimmt nicht, dass an den Wänden, die von Vyse für die Sprengungen genutzt wurden, keine Zeichnungen gefunden wurden. Die gewaltsam gesprengten Zugänge befinden sich nämlich in der Nord-

Ostecke der Kammern und stehen somit mit zwei Seiten in Kontakt – der nördlichen und der östlichen. Da die Nordwände der Kammern mit Zeichnungen übersät sind, verliert diese Argumentation an Bedeutung.

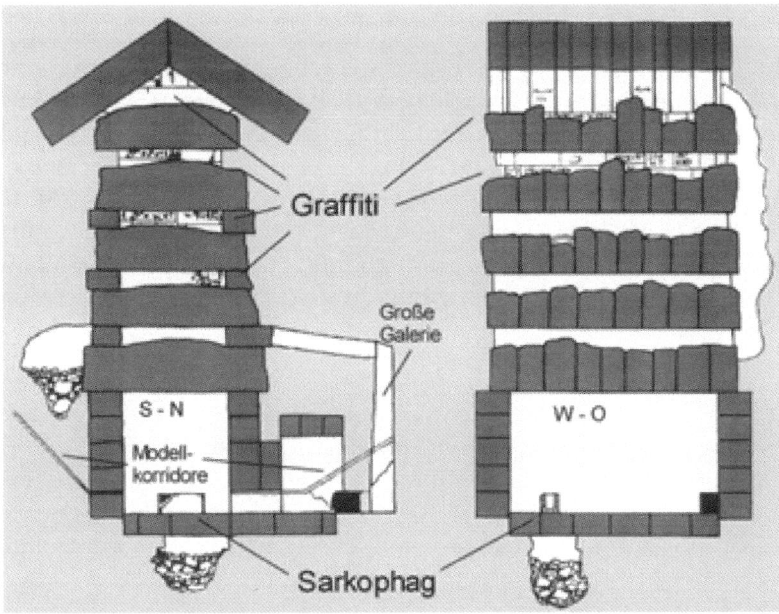

Abbildung 41: Verteilung der Glyphen in den Kammern; Zeichnung: Zarei

Vyse, Perring und Hill untersuchten die Räume stets als erste und erlaubten es den übrigen Mitarbeitern nicht, ihnen zu folgen bis sie fertig waren. Weshalb all diese Geheimnistuerei? Hatten sie etwas zu verbergen oder waren sie es, die die Glyphen an die Wände schmierten? Wir werden uns diese Thematik genauer anschauen und versuchen, etwas Licht in die Angelegenheit zu bringen.

Hieroglyphen in der Cheops-Pyramide

Nachdem Vyse und Perring die Entlastungskammern vollständig zugänglich gemacht hatten, begannen sie die Markierungen und Glyphen, die sie vorfanden, akribisch zu dokumentieren.

Unter anderem malten die Pyramidenerbauer „Achet Chufu" auf die Wände, was Ägyptologen seit langem mit, „der Horizont des Cheops" übersetzen. Aber halt! Hermann Schlögl, ein emeritierter Professor für Ägyptologie an der Universität Fribourg in der Schweiz, übersetzt den Begriff „Achet Aton"[16] mit „Lichtort des Aton" (Schlögl 2008: 78). Diese Bezeichnung würde ein völlig neues Licht auf die Namenskartusche in der Cheops-Pyramide werfen und könnte die heutigen Vorstellungen über die Beziehung der alten Ägypter zu den Pyramiden revolutionieren. Ein „Lichtort" lässt nämlich viel Raum für Spekulationen. Ein gutes Beispiel dafür, wie schlecht unsere aktuellen Übersetzungen noch ausfallen.

Seit langer Zeit sind diese Glyphen der Gegenstand unzähliger Spekulationen in der Paläo-SETI-Szene. Die Anschuldigungen reichen von Fälschungen über Schreibfehler bis hin zu falschen Übersetzungen. Ich muss eingestehen, dass es schon interessant ist, dass lediglich solch anspruchslose Glyphen Beweis für die Identität des Erbauers des monumentalsten Bauwerks der Menschheitsgeschichte sein sollen.

Jedoch müssen wir etwas weiter ausholen, um diese Angelegenheit zu lösen, denn diese Zeichen sind tatsächlich ein starkes Indiz dafür, dass jemand namens Cheops die große Pyramide in Gizeh erbauen ließ.

In den achtziger Jahren machte der Autor Zecharia Sitchin auf sich aufmerksam, als er behauptete, dass in der Entlastungskammer nicht „Chufu" sondern „Reufu" stehen würde und somit eine andere Person gemeint wäre (vgl. Sitchin 2008).[17] Das „bewies" er, indem er wissentlich eine von ihm manipulierte Glyphe abbildete, welche statt eines Kreises mit waagrechten Linien, einen Kreis mit einem Punkt enthielt. Aus „Chufu" wurde somit ganz schnell „Reufu". Glücklicherweise befasste

[16] Der Name der Hauptstadt des Ketzerkönigs Echnaton, der den Gott Aton als oberstes göttliches Wesen deklarierte.

[17] Leider verstarb Zecharia Sitchin im Oktober 2010.

sich auch Micheal Haase mit der Thematik und deckte in seiner eigens publizierten Zeitschrift G.R.A.L. die Sachlage auf und entlarvte Sitchin als Fälscher (vgl. Haase 1996a).

Abbildung 42: Diese Glyphe war Gegenstand unzähliger Fehlinterpretationen. Zeichnung: Zarei

Abbildung 43: Moderne Wiedergabe der Glyphe: Links die korrekte Version und rechts die Fälschung von Sitchin. Zeichnung: Zarei

Es sind solche Autoren wie Sitchin, die Forschern das Leben erschweren, da sie mit ihren unseriösen Arbeiten die Glaubwürdigkeit Anderer von vorneherein belasten.

Manche Abschnitte der verschiedenen Glyphen verlaufen eindeutig hinter den Granitriegeln. Das würde beweisen, dass die Zeichnungen während des Baus auf die Steine angebracht und nach dem Einfügen der Granitriegel schlichtweg verdeckt wurden. Damit Vyse und sein Team diese Fälschung hätten anbringen können, müssten sie die 40 – 60 Tonnen schweren Riegel heraus gehievt, ihre Fälschungen angebracht und die Steine wieder zurückgeschoben haben. Da das mehr als unwahrscheinlich erscheint, müssen wir von der Echtheit der Glyphen ausgehen.

Es mutet seltsam an, dass selbst heute noch Autoren der Paläo-SETI-These diese Beweise nicht anerkennen und weiterhin die widerlegte Theorie von Sitchin verbreiten. Fast scheint es, als würden sie voneinander abschreiben und Angaben nicht wirklich kontrollieren. So wird die Behauptung wohl noch lange umhergeistern.

Fazit: Der deutsche Diplom-Mathematiker und Astrophysiker Michael Haase hat eindeutig bewiesen, dass alle Hieroglyphen in den Entlastungskammern, die zumindest teilweise hinter den Blöcken verlaufen, echt sind und Sitchins Theorie auf Fälschungen basiert.

Glyphen, die über Fugen laufen

Nach Sitchin sorgte nochmals Erdogan Ercivan für Aufsehen, als er behauptete, anhand der Aufzeichnungen von Perring entdeckt zu haben, dass zahlreiche Hieroglyphen über die Fugen der Steine verlaufen und somit erst nachträglich angebracht wurden (vgl. Ercivan 1997). Doch Ercivans Recherchen waren sehr mangelhaft. Bei der von ihm bezeichneten „Fuge", handelte es sich lediglich um eine Höhenmarkierungslinie. Dies hätte ihm schon allein bei der Anordnung der Steine auffallen müssen, die architektonisch gesehen, keine Fuge zulassen.

Erstaunlicherweise äußert sich Haase folgendermaßen zu der Thematik: *„An keiner Stelle in den Entlastungskammern wurden mit ihnen irgendwelche Fugen überschrieben"* (Haase 2003: 156). Ist somit auch dieses Mysterium gelöst?

Nein! Während meiner Nachforschungen stieß ich in den Entlastungskammern auf eine Merkwürdigkeit, die mich lange beschäftigte. Wenn alle Markierungen und Zeichen in den Kammern vor dem Einfügen aufgemalt worden wären, dürften auch keine Hieroglyphen über zwei Steine hinweg verlaufen, da dies bedeuten würde, dass sie erst später aufgemalt wurden. Hatte Ercivan also doch Recht? Nein, denn Ercivan war selbst nie in den Entlastungskammern! Dies war auch der Grund, weshalb er keine echten Erkenntnisse liefern konnte und sich auf Zeichnungen von Perring verlassen musste. Doch in meinem Fall verhält es sich anders.

Abbildung 44 und 44a (Ausschnitt): Eigentlich ist die Erkenntnis nicht neu, dass manche Zeichen über die Fugen verlaufen, da der Ägyptologe George Reisner bereits 1931 diese Hieroglyphen in seiner „Mycerinos"-Monografie abbildete (vgl. Reisner 1931). Weshalb wurden die Zeichnungen nach dem Einfügen der Steine aufgebracht? Kein Ägyptologe kann sich das erklären, weshalb diesen Glyphen keine Beachtung geschenkt wird. Foto: Zarei

An der Nordwand der obersten Entlastungskammer, der „Campbell-Kammer“, stieß ich auf noch sehr gut erhaltene Hieroglyphen, die eindeutig über die Fugen laufen. Sie wurden definitiv nachträglich angebracht. Jeder kann sich vom Bild selbst überzeugen. Keine Verschwörung, keine Phantasie – sondern unverfälschte Realität. Auch wenn ich eine Fälschung ausschließe, sollte die Existenz der Glyphe auf jeden Fall näher untersucht werden, da sie ein völlig neues Licht auf die Angelegenheit werfen kann und wird. Rainer Lorenz, von dem wir später noch hören werden, verweist auf seiner Homepage mit nur einem Satz auf die fugenüberlaufenden Zeichnungen ohne darauf näher einzugehen.

Die Bedeutung der Glyphen

Abbildung 45: Eine weitere Namensform von Cheops. Zeichnung: Zarei

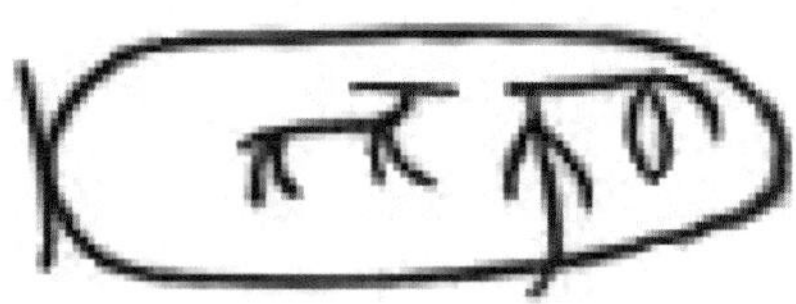

Abbildung 46: Angeblich eine beschädigte Form der Kartusche in Abb. 45. Zeichnung: Zarei

Wie man in Abbildung 45 und 46 erkennen kann, sind die Glyphen in den Kammern nicht besonders säuberlich aufgemalt worden und weisen diverse Unterschiede auf. Diese Kartuschen stellen nicht etwa einen anderen Pharao dar, sie sind vielmehr weitere Namensformen von Cheops.

Die Kartusche „Chnumchufu" in Abbildung 45 lässt sich noch ganze siebenmal vollständig lesen, während die in Abbildung 42 lediglich einmal komplett und einmal nur zur Hälfte sichtbar ist.

Im Übrigen lesen die Ägyptologen nicht direkt „Chufu" aus den Zeichnungen ab. Den Angaben der Gelehrten nach, ergibt Abbildung 42 folgenden Laut: „*Ḫwj=f w(j)*". Das wird wiederum wie folgt gedeutet: „Chui ef ui", daraus entstand „Chufu", während die Griechen noch einen drauf setzten und den Pharao fortan „Cheops" nannten (Hanning 1997; Erman 1951). Was für ein Wirrwarr!

Dem oben erwähnten Autor Sitchin ist zudem eine weitere Glyphe aufgefallen, die eine merkwürdige Silbe vor der Königskartusche trug (vgl. Sitchin 2008). Er beharrte unbedingt auf einem neuen, noch nicht bekannten Pharao und bezog sich dabei auf den Übersetzter Wilkinson, der diese These als erster veröffentlichte und in den Glyphen den Namen „Seneschufo"[18] lesen wollte. Der leitende Hieroglyphen-Experte am „British Museum" in London, Samuel Birch, untersuchte die Aufzeichnungen nach ihrer Entdeckung und kam zu völlig anderen Ergebnissen. Birch weist in seinem Bericht noch einmal klipp und klar darauf hin, dass sich Wilkinson irre und man hier lediglich ein Pronomen zum Namen hinzugefügt habe (vgl. Perring 1839). Kein unentdeckter Pharao also. Sitchin erwähnt in seinem Buch auch die Aussage von Birch, schafft es aber durch geschickte Zitat-Manipulationen einen völlig anderen Eindruck zu wecken. Martin Stower deckte die falschen Zitate von Sitchin aus dem Birch-Bericht bereits im Jahr 1996 auf und publizierte sie lediglich auf seiner, mittlerweile leider nicht mehr vorhandenen, Internetseite.

Große Aufmerksamkeit erhält hier auch Abbildung 46, die nur einmal vollständig auf den Wänden der Entlastungskammern zu finden ist. Laut heutiger Auffassung, ist hier, wie bereits erwähnt, nur eine beschädigte Variante der „Chnumchufu"-Kartusche zu sehen.

Aber ist das tatsächlich möglich? Die Kartusche hat einen völlig anderen Aufbau. Vor dem Stier müsste noch genug Platz für eine Wachtel, eine Hornviper und einen Kreis sein. Das ist hier aber definitiv nicht der Fall.

[18] Bruder des Suphis

Kann sich die Kartusche denn auf jemand anderen beziehen? Nur auf wen? Sie bezeichnet zumindest keinen bekannten Pharao. Ich distanziere mich erneut von der Behauptung, dass hier Fälschungen vorliegen, möchte jedoch wieder darauf hinweisen, dass noch lange nicht alle Rätsel der Kammern und ihrer Glyphen gelöst sind. Zudem gibt es noch weitere Zeichen, mit denen die Fachliteratur nicht wirklich etwas anfangen kann und die in vielen Büchern andere Bedeutungen zugewiesen bekommen. Aber das ist nichts Neues. Mittlerweile ist ja deutlich geworden, dass fast jeder Ägyptologe die Hieroglyphen anders interpretiert.

Interessant fand Birch die Zeichen allemal, denn es handelte sich um die vereinfachte Hieroglyphenschrift namens „hieratische Schreibweise", welche laut damaliger Auffassung, erst einige Hundert Jahre später in Gebrauch war. Heute weiß man jedoch, dass auch bereits zu Cheops Zeiten diese Schreibweise benutzte wurde und sogar bereits weit davor. Wie wir bereits in Erfahrung gebracht haben, existierten zur damaligen Zeit neben der Hieroglyphenschrift auch andere Schreibsysteme. Während die Druckschrift, die echten Hieroglyphen, nur dem Adel, den Königen und den Göttern vorbehalten und sehr präzise waren, mussten sich Priester und Normalsterbliche mit der Schreibschrift, dem hieratischen Schriftsystem, zufrieden geben. Was ist also noch so merkwürdig an den Schriften? Neben der Tatsache, dass doch eine Glyphe über eine Fuge läuft und erst nachträglich aufgemalt wurde, beziehen sich viele Autoren der Paläo-SETI-Szene auch auf die Art und Weise, wie diese Zeichen angebracht wurden:

„Merkwürdig war auch, dass sonst nirgends in der Großen Pyramide irgendwelche Inschriften zu finden sind, merkwürdig war auch, dass oberhalb der Königskammer nur eine jener zusätzlichen Kammern keine Inschriften enthält, nämlich die einzige, die nicht von Vyse entdeckt wurde: Davisons Kammer. Im Vergleich mit anderen Hieroglyphen-Inschriften sind die angeblich von Vyse entdeckten Zeichen auch sehr ungekonnt gezeichnet; sie sind riesengroß und grob gemalt. Doch die Ägypter waren ein Volk, das geradezu von Ästhetik besessen war. Alles musste kunstvoll und schön sein. […] Und, um wieder zu den Hieroglyphen zurückzukommen, ihr ganzes Konzept beruht auf ästhetischen Prinzipien. Die Ägypter waren zum Beispiel von der Geometrie des Quadrates begeistert. Bei einer genaueren Begutachtung der Hieroglyphen-Texte werden Sie eine ständige Tendenz feststellen, die einzelnen Symbole oder Bildzeichen tunlichst zu quadratischen Gruppen anzuordnen. […]

Also, die Hieroglyphen des Howard-Vyse jedenfalls wären den Schönheitsansprüchen eines altägyptischen Schreibers sicher nicht gerecht geworden" (von Retyi 2007: 100).

Retyi und alle anderen Autoren, die sich auf eine solche Argumentation berufen, sagen aber nichts über die anderen Glyphen, die gefunden wurden und von denen wir im nächsten Kapitel mehr erfahren werden.

Zur Herstellung der roten Farbe wurde übrigens für gewöhnlich Oker benutzt, welcher aus Eisenoxiden besteht und sich somit nicht mit der C-14-Methode datieren lässt, da keine organischen Materialien vorhanden sind.

Hieroglyphen außerhalb der Pyramide

Leider findet man viel zu selten in der Fachliteratur den Hinweis, dass nicht nur in den Entlastungskammern Zeichen gefunden wurden, sondern auch an der Außenfassade der Pyramide. Die Blöcke lagen hier über Jahrtausende hinweg unter der ursprünglich polierten Verkleidung bis diese vor einigen hundert Jahren von den ansässigen Menschen abgetragen wurden und in ihrem Gebäudebau Verwendung fanden. 1944 veröffentlichte der Franzose Georges Goyon seine Ergebnisse zu seinen langjährigen Untersuchungen auf dem Plateau (vgl. Goyon 1944). Goyon widmete sein ganzes Leben der Pyramide und katalogisierte jede Inschrift außerhalb des Bauwerks. Eine gewaltige Arbeit! Sein Werk findet leider so gut wie nie Erwähnung, da es weitgehend unbekannt ist. So schreibt Goyon, dass er in der 4. Steinlage der Westwand eine weitere Inschrift des Pharao Cheops vorgefunden habe, die bis dahin unbekannt war. Um genau zu sein, handelt es sich um den 71. Stein von der Ecke der Nordseite aus gezählt. In der 5. und 6. Steinlage der Süd- Ost- und Westseite fand der englische Archäologe Leslie Grinsell weitere Inschriften, die zwei Mal den Namen „Cheops" trugen (vgl. Grinsell 1947). Unter den Zeichnungen befanden sich auch Markierungs- und Maßlinien, die in schwarzer Farbe angebracht worden waren. Durch den aggressiven Smog, der sich seit einigen Jahrzehnten über Kairo gelegt hat und auch nicht Halt vor den Pyramiden macht, sind die empfindlichen Zeichnungen fast vollständig verschwunden. Selbst viele Zeichnungen in den Entlastungskammern, die noch vor knapp 20 Jahren gut sichtbar waren, lassen sich heute kaum noch erkennen. Davon durfte ich mich selbst überzeugen. Damit erscheint auch die Argumentation von Retyi widerlegt, der sich wundert, weshalb in der Davison-Kammer keine Glyphen vorhanden sind. Die Zeichnungen sind einfach sehr unbeständig und verschwinden sehr schnell, sobald eine Frischluftzufuhr, Licht oder menschlicher Einfluss vorhanden sind.

Geheime Grabungen

Wie wir bereits erfahren haben, wurde im Jahr 1998 die Cheops-Pyramide für 17 Monate geschlossen, um einige Schäden am Gestein zu beheben, die angeblich durch den Touristenschweiß verursacht wurden. So lautete zumindest die offizielle Verlautbarung. Während dieser Zeit war es nur sehr wenigen Außenstehenden möglich, das Innere des Bauwerks zu betreten, um sich persönlich ein Bild vom Geschehen zu machen. Einige von ihnen berichteten über eigenartige Bauaktivitäten in der Pyramide, die sich während dieser Phase abgespielt haben sollen (vgl. Hoagland 1997). Teilweise verliefen Hochspannungskabel die „Große Galerie" hinauf und verschwanden in der kleinen Öffnung zur „Davison-Kammer" am oberen Ende der „Großen Galerie". Zudem war eine feine weiße Schicht aus Staub in den Gängen und Räumen verteilt, was den Anschein verstärkte, dass im Inneren der Pyramide insgeheim gegraben und gebohrt wurde und die angeblichen Restaurierungsmaßnahmen nur als Vorwand benutzt wurden. Anfang des 19. Jahrhunderts grub der bereits erwähnte Mystiker Giovanni Battista Caviglia einen etwa drei Meter langen Stollen in die Süd/West Ecke der untersten Entlastungskammer und erhoffte sich, einen spektakulären Fund zu machen – leider vergebens. Dieser kurze Gang würde bei einer Verlängerung und einer vertikalen Anpassung der Ausrichtung den Südschacht der Königinnenkammer kreuzen, der schon 2002 während der „Live"-Öffnung des Verschlusssteins im Mittelpunkt der Weltöffentlichkeit stand. Die Vermutungen von diversen Paläo-SETI- und Atlantis-Vertretern gingen nun soweit, dass die verantwortlichen Personen möglicherweise den bereits vorhandenen Tunnel verlängern und ausrichten wollten, um einen Zugang hinter den Verschlusssteinen des Südschachtes der „Königinnenkammer" anzulegen. Wie immer stieß man in Fachkreisen auf Skepsis und Unverständnis, obwohl so gut wie niemand über die tatsächlichen Aktivitäten im Pyramideninneren Bescheid wusste.

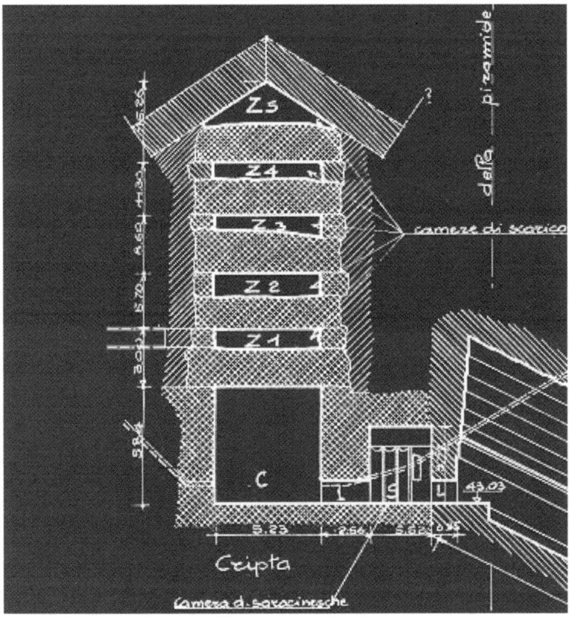

Abbildung 47: Wurde an dieser Stelle (Pfeile) der bereits vorhandene Gang (weiß) erweitert?
Zeichnung: Maragioglio & Rinaldi (angepasst vom Autor)

Als ich 2009 das Gizeh-Plateau besuchte, war es mir durch viel Glück und einige erfreulichen Bekanntschaften möglich, mehrmals die Entlastungskammern zu besuchen. Nachdem ich eine provisorische Leiter von acht Metern hinaufkletterte, gelangte ich zum Eingang der Entlastungskammern. Schnurstracks kroch ich der Süd-West-Ecke entgegen, um mich persönlich vom neuen, illegal angelegten Tunnel zu überzeugen. Und tatsächlich! Der ursprüngliche Weg war um einige Meter verlängert worden und machte am Ende eine scharfe Kurve nach rechts. Dort verlief der Gang erneut einige Meter gerade, um dann in einer knapp 1,5 Meter tiefen Mulde zu enden. An den Wänden erkannte man sehr deutlich den Einsatz moderner Werkzeuge, da sich die Schleifspuren dort von denen im Caviglias-Tunnel und denen übrigen in der Pyramide stark unterschieden.

Aber nicht nur ich entdeckte diesen neuen Tunnel. Wie meine Forschungen ergaben, berichtete bereits ein ehemals freier Mitarbeiter der NASA, ein Mann namens Thomas Danley, von diesem neu angelegten Gang, den er während einer Expedition schon im Jahr 1996 (!) betreten konnte – knapp zwei Jahre vor der Schließung der Pyramide also. Warum diese Tatsache bisher unerwähnt blieb, ist unverständlich. Auf jeden Fall lässt sich nicht leugnen, dass im Jahr 1998 erneut einige Kabel im Gang verliefen – und dies sicherlich nicht zufällig. Man ist also definitiv keine Verschwörungstheoretiker, wenn man von geheimen Grabungen spricht.

Abbildung 48 (links): Der Eingang zum Caviglia Tunnel in der „Davison-Kammer". Foto: Zarei

Abbildung 49 (rechts): Teil des geheimen Tunnels. Foto: Zarei

Wer hat hier gebohrt und gebuddelt? Wer es auch war, die ägyptische Altertumsverwaltung muss von dem Vorhaben gewusst haben und hat nichts dagegen unternommen. Es ist sogar möglich, dass die Verwaltung selbst dahinter steckt. Die Tragweite dieser Vorgehensweise ist unglaublich groß. Nicht nur, dass die hier veröffentlichten Bilder die lange abgestrittenen geheimen Grabungen bestätigen, sie zeigen auch, wie respektlos und zerstörerisch man mit dem letzten antiken Weltwunder umgeht. Dass der Leiter der Altertumsverwaltung den bereits erwähnten französischen Forschern verbietet, kleine Bohrungen zu tätigen, da sie ja damit die Pyramide wissentlich beschädigen würden, grenzt angesichts solch erdrückender Fakten geradezu an Zynismus. Der Aufbau des nachträglich gebohrten Schachts lässt vermuten, dass die Verantwortlichen Personen nicht wirklich wussten, wo sie graben sollten. Besonders am Ende des Gangs verstärkt sich dieser Eindruck. Dort wurde nämlich jeweils einen knappen Meter nach oben, nach unten und nach Osten gegraben. Alle Pläne der Pyramide müssen angepasst werden, denn sie ist nun im Besitz eines neuen Tunnels. Mein Kollege Michael Fritzel fertigte genaue Zeichnungen an, die hier erstmals veröffentlicht werden.

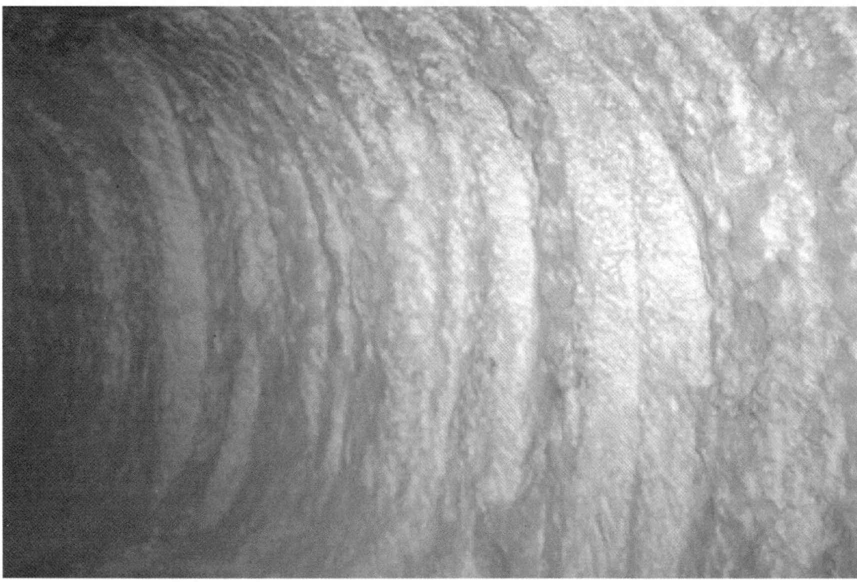

Abbildung 50: Deutlich sind die Spuren von schwerem Gerät zu erkennen. Foto: Zarei

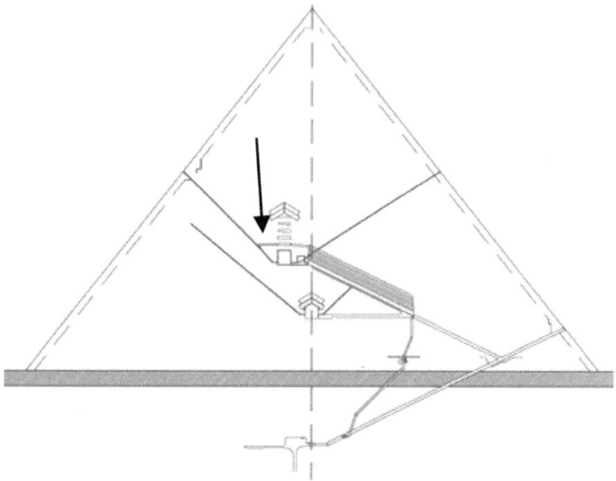

Abbildung 51: Die Pyramide besitzt nun einen neuen, illegal angelegten Tunnel (Pfeil). Anscheinend wollte man aus irgendeinem Grund den Schacht zugänglich machen. Doch die Abbildung zeigt, dass die Verantwortlichen zu weit nach Osten gegraben haben. Steckt womöglich mehr dahinter? Zeichnung: Fritzel

Warum einige Jahre nach dem Errichten des Tunnels erneut mehrere Kabel dort installiert wurden, ist schwer nachzuvollziehen. Eventuell hat man das Ende des Tunnels mittels GPR abgetastet und vergebens nach neuen Räumen gesucht, was auch das plötzliche Ende der Grabungen erklären würde. Anhand der Angaben von Danley kann ich lediglich den ungefähren Grundriss bestätigen, muss aber einige Maßangaben korrigieren. Leider hatte auch ich nicht die Möglichkeit, das gesamte Gebilde korrekt auszumessen, weswegen ich für meine Skizze eine Genauigkeit von 90% angeben möchte. Nur eine Entlastungskammer weiter oben, in der so genannten „Wellington-Kammer", liegt heute noch tonnenweise Schutt. Dieser stammt zweifelsohne vom neu angelegten Tunnel. Anhand der dicken Staubschicht, die sich über die Brocken und die gefüllten Sandsäcke gelegt hat, ist unschwer zu erkennen, dass der Schutt seit längerer Zeit dort liegt. Jeden Ägypten- und Pyramidenfreund schmerzt dieser Anblick zutiefst. Auch Stefan Erdmann und Jan van Helsing beschreiben den Gang sehr kurz in ihrem Buch „Die Cheops Lüge", erkennen aber leider nicht die Zusammenhänge die sich daraus ergeben (vgl.

van Helsing 2008). Da es sich bei der Pyramide um ein Weltkulturerbe der UNESCO handelt, habe ich ein Schreiben verfasst und es der verantwortlichen Stelle in Frankreich zugesandt, um sie auf die massive Beschädigung des letzten verbleibenden antiken Weltwunders hinzuweisen. Eine Antwort blieb bis heute aus.

Abbildung 52: Tonnenweise Schutt liegen in der Wellington Kammer. Eine Schande für die gesamte Ägyptologie! Foto: Zarei

Eine weitere unverantwortliche Vorgehensweise während der Durchführung der geheimen Grabung betrifft die Lichtversorgung innerhalb der „Belastungskammern". Obwohl jeder Ägyptologe weiß, wie empfindlich die aufgemalten Hieroglyphen sind, wurde dennoch mit starken Lichtstrahlern gearbeitet, die teilweise noch dort liegen. In vielen Gräbern ist es aufgrund der Beschädigungsgefahr nicht einmal erlaubt, mit Blitzlicht zu fotografieren, da die sensiblen Aufzeichnungen schnell verblassen würden. Der Einsatz von Lichtstrahlern in den „Belastungskammern"[19]

[19] Alle Lichtstrahler befanden sich in der 2. Kammer, der Wellington-Kammer.

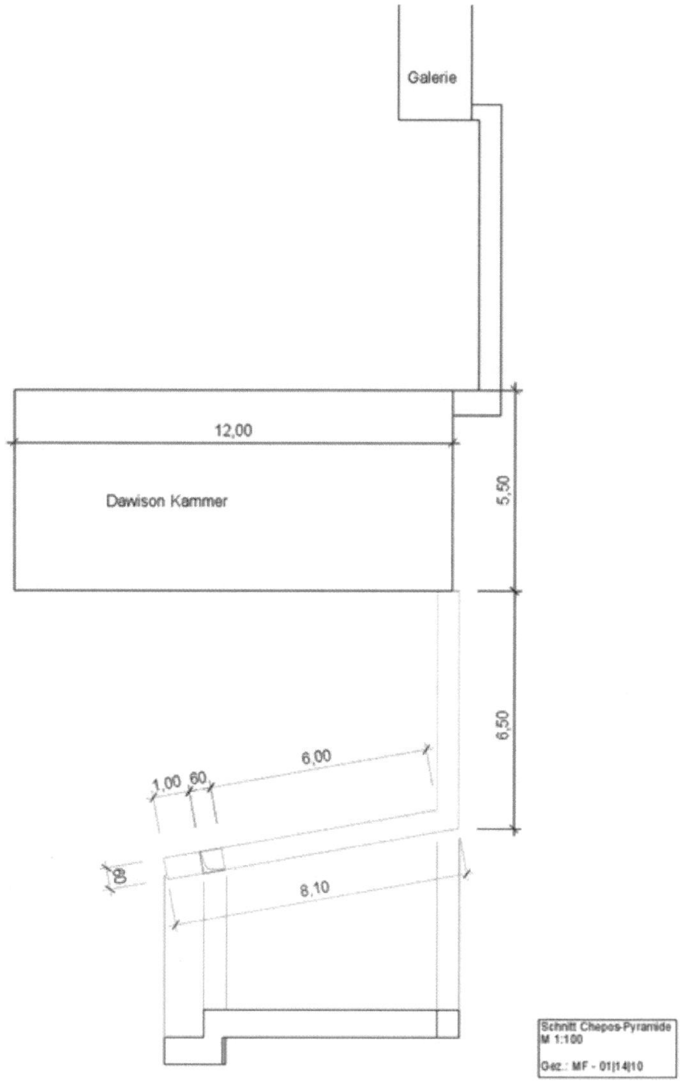

Abbildung 53: Der Grundriss des geheim angelegten Tunnels.
Zeichnung: Fritzel

Theorien, Thesen, Vermutungen

Die Blöcke

Auch der Aufbau der „Belastungskammer" an sich gibt uns Rätsel auf. 43 Granitriegel, verteilt auf fünf Ebenen, drücken permanent auf die Decke der „Königskammer". Wieso der ganze Aufwand? Es hätte völlig ausgereicht, das Giebeldach der obersten Kammer direkt über der Decke der Königskammer anzubringen, um die Lasten darüber effektiv an die Seiten weiterzuleiten. Schließlich hat man dieselbe Technik bereits in der weiter unten gelegenen Königinnenkammer verwendet. Wieso müssen erst noch vier weitere Ebenen ergänzt werden? Nach eingehenden Untersuchungen, war es Jean Kerisel, der als Erster davon ausging, dass die Räume über der Königskammer keine entlastende, sondern im Gegenteil eine belastende Wirkung aufweisen (vgl. Kerisel 1991). Er bezeichnete die Struktur als harten Granitkern inmitten von weichem Kalkgestein. Auch vermutet er, dass es während des Baus zu verschiedenen Problemen kam, da er Stellen fand, die auf durchgeführte Ausbesserungen schließen lassen.

Auf eine weitere Merkwürdigkeit stößt man in der obersten „Entlastungskammer". Manche der Granitriegel weisen dort kugelförmige Aushöhlungen auf ihrer Oberseite auf. Wozu sie dienten und von wem sie angebracht wurden, bleibt ebenfalls im Dunkeln.

Einige Forscher, unter anderem Heribert Illig und Franz Löhner, gehen davon aus, dass die Konstruktion, die im Zentrum der Pyramide liegt und von rund 6,5 Millionen Tonnen Gestein umgeben ist, gerade wegen ihrer mehr als massiven Bauweise bis heute erhalten geblieben ist. Wo auf der Welt lässt sich einen ähnliche Räumlichkeit finden, die mindestens genauso alt ist wie die Cheops-Pyramide? Nirgendwo! Die „Belastungskammern" und die darunter liegende „Königskammer" sind einzigartig. Hält man sich die Langlebigkeit dieser Räume, die den enormen Kräfte, welche seit Jahrtausenden drücken und zerren, vor Augen, erhält dieser kolossale Kern plötzlich eine völlig neue Bedeutung. Erwähnenswert ist auch, dass die Unterseiten dieser Riegel glatt poliert sind, während die Oberseiten nur grob zugehauen wurden. Dies veranlasst wiederum Ägyptologen wie

Rainer Stadelmann anzunehmen, dass den Riegeln ursprünglich andere Funktionen vorbestimmt waren und aus welchen Gründen auch immer, doch in den „Belastungskammern“ Verwendung fanden (vgl. Stadelmann 1997). Dies erscheint mir aber als sehr unwahrscheinlich. Zweifelsohne stellten eben diese Riegel eine der größten Schwierigkeiten des Pyramidenbaus dar. Der Großteil der gängigen Theorien zum Bau der Pyramide, ob mit Seilzügen, Gegengewichten oder Rampen, versagt angesichts dieser kolossalen Granitriegel. Unzählige Ingenieure und Ägyptologen haben sich hierüber bereits den Kopf zerbrochen, ohne eine vollständige Lösung liefern zu können. Zwar gibt es Theorien, die den Pyramidenbau halbwegs erklären können und sogar im Zeitplan von ca. 20 Jahren liegen, doch ignorieren diese Theorien immer archäologisch belegte Fakten, die klar widerlegen, dass die von den Forschern vorgegebenen Arbeitsmethoden angewendet wurden. Doch damit werden wir uns noch intensiv beschäftigen. Bereits jetzt sei aber ein Problem umrissen:

Was hätte man getan, wenn während des Einfügens der Granitblöcke in die „Belastungskammer“, einer unerwartet zu Bruch gegangen wäre? Wie lange hätte es gedauert, in Assuan einen neuen herauszubrechen, diesen 900 Kilometer nördlich nach Gizeh zu transportieren und ihn anschließend wieder in die Pyramide einzufügen? Wie lösten die alten Ägypter all diese Probleme? Konnten sie diese Probleme überhaupt lösen? Und wie war das eben? 900 km südlich von Gizeh?

Der Granit und die Kupfersägen

Der verwendete Granit hat nicht einfach fertig behauen vor der Pyramide „herumgelegen“. Vielmehr handelt es sich um Rosengranit aus dem 900 Kilometern südlich gelegenen Assuan. Dieser musste angeblich zunächst herausgemeißelt beziehungsweise gehämmert, 900 Kilometer den Nil ~~auf~~ab wärts transportiert und anschließend in die Pyramide eingefügt werden. Laut heutiger Lehrmeinung kannten die Ägypter zur Zeit des Cheops kein Eisen, geschweige denn Stahl. Also müssten die Steinmetze den Granit größtenteils mit Kupferwerkzeugen bearbeitet haben. Während es zur Endbearbeitung der Steine relativ gute Theorien gibt, bringt uns das Herausbrechen der Blöcke aus dem Steinbruch in weit mehr Erklärungsnöte.

In modernen Bergwerken werden hierzu Diamantsägen eingesetzt, die alle paar Tage ausgewechselt werden müssen, da der Verschleiß sehr hoch ist. Wie sollte das Ganze also mit Kupfer oder Bronze zu schaffen sein? In der Ägyptologie sind mittlerweile zwei Lager entstanden, deren Theorien sich stark unterscheiden:

So versucht Iorwerth Eiddon Stephen Edwards die Problematik mit einer eher ungewöhnlichen Behauptung zu lösen:

„Weil Kupfer das einzige Metall für Werkzeuge war, das unseres Wissens in Ägypten vor dem Mittleren Reich verfügbar war, wird vermutet, dass die Ägypter einen heute verlorenen Prozess beherrschten, bei dem Kupfer ein sehr hoher Härtegrad verliehen wurde. Aber diese Vermutung ist noch nicht bewiesen worden" (Edwards 1987: 250).

Eine Art „Superkupfer" also? Ähnliche Theorien arbeiteten auch Jacques de Morgan und Jean-Philippe Laurer aus, die aber wie Edwards nicht imstande sind, archäologische Belege vorzuweisen (vgl. Laurer 1980). Morgan umgeht geschickt die fehlenden Funde, indem er behauptet, dass sich der Molekularzustand der gefundenen Kupferwerkzeuge über die Jahrhunderte hinweg in seine Ursprungsform zurückversetzte würde und die einstige Härte aus diesem Grund heute nicht mehr nachweisbar sei (vgl. Morgan 1926).

Auch der Ägyptologe Georges Goyon ließ sich zu ähnlichen Äußerungen verleiten:

„Um nur bei den Problemen praktischer Natur zu verweilen, kann man sich fragen, wie dieses erstaunlicher Volk Granit oder Diorit, das härteste Hornblendegestein, mit … Kupfermeißeln bearbeitete? Sicherlich besaßen sie irgendein Werkzeug, ein Metall oder ein geheimnisvolles Verfahren, dass es ihnen ermöglichte, die Baustoffe scharfkantig zu schneiden und zu behauen […] Die von den arabischen Autoren berichtete Methode, die Steine durch Zaubersprüche schweben zu lassen, ist natürlich nicht ernst zu nehmen. Dennoch kann man sich fragen, ohne in die entgegengesetzte Mystik zu verfallen, ob die alten Ägypter nicht irgendein wirksames und schnelles Kunstmittel besaßen, das heute vollständig vergessen ist?" (Goyon 1987: 232).

Hier wird deutlich, dass selbst die hartgesottensten Ägyptologen ab und an einsehen, dass viele Vorgänge im alten Ägypten offene Fragen aufwerfen.

Heribert Jllig und Franz Löhner, die sich intensiv mit dem Bau der Pyramide beschäftigt haben und eine, auf den ersten Blick, plausible Erklärung dazu aufstellten, haben sich auch Gedanken über die Bronzewerkzeuge gemacht und kommen in ihrem Buch zu folgendem Schluss:

„[...]Löhner hat in gründlichen Versuchsreihen die These bestätigt, dass derartige Hartsteinkolosse niemals mit jenem Kupferwerkzeug bearbeitete werden konnten, das bei den alten Ägyptern gefunden worden ist. Das gilt für alle vorgeschlagenen Werkzeuge, Sägen, Meißel oder Bohrer. Keine Kupfersäge behielte auch nur einen Zahn, wenn sie an Granit angesetzt würde; doch der Granit bliebe völlig unversehrt. Die aufgefundenen und dargestellten Zahnsägen sind Beweis genug, dass sie an weichem Materialien eingesetzt wurden, die den Zähnen nicht wiederstanden. Die von den Ägyptologen postulierten korund- oder smaragdbestückten Sägeblätter mussten – ganz im Gegensatz zu Evidenz – zahnlos sein, weil sie zwischen glatter Metallkante und Gestein die beste Schleifleistung erzielen. Wenn heutzutage Fels mit umlaufenden Stahlseilen und Schleifsand zersägt wird, würden Sägezähne genauso stören, aber sie wären ohnehin sehr schnell abrasiert.

Werden angebliche Sägespuren gefunden wie etwa an dem sogenannten Cheopssarkophag oder an Verkleidungssteinen, aus denen Flinders Petrie die Länge eines Sägeblattes mit exakt 2,74 m oder 2,40 bestimmt, dann wäre schon damit geklärt, dass es sich niemals um ein Kupfersägeblatt gehandelt haben kann. Denn Kupfer ist nicht steif-elastisch genug, um hier dienen zu können. Ein langes kupfernes Sägeblatt wäre schon beim ersten Versuch, beim ersten Verhaken im Stein ein verbogenes Stück Blech, das niemals mehr als Säge gebraucht werden könnte. Das spröde, wenig elastische Kupfer kann nicht in die Ursprungsform zurückgebracht werden, ohne alsbald zu reißen“ (Jllig/Löhner 1993: 153).

So bestehen Löhner und Jillig darauf, dass den alten Ägyptern Eisen zur Verfügung stand und sie damit Hilfsmittel anfertigen konnten, die ihnen die Bearbeitung von Granit ermöglichten. Leider behandeln sie die Thematik nicht erschöpfend, so dass sie die Verwendung von Eisen nicht eindeutig belegen können.

Zudem muss ich aus Löhners Schilderungen schließen, dass er das Prinzip „Säge“ offenbar nicht ganz verstanden hat.[20] Denn es geht nicht

---

[20] Auf seiner Website und in seinem Buch erwähnt er des Öfteren Sägeblätter mit Schneidezähnen.

darum, dass die Säge an sich die „Schneideleistung" bewirkte, sondern nur als „Antriebsmittel" diente. Hier müssen wir uns unbedingt vor Augen halten, dass die Blöcke nicht zerschnitten, sondern „zerrieben" wurden: Zwischen das stumpfe Sägeblatt und das Gestein wurde ein Schleifmittel gegeben, das für den eigentlichen Abrieb verantwortlich war (vgl. Borchardt 1913). Da man dieses Schleifmittel für nahezu alle Bauarbeiten benötigte, musste es in großen Mengen vorhanden sein und eine möglichst große Härte besitzen. Nur drei Kilometer nördlich von Assuan liegen kaum bekannte Quarzademe. Dieses Mineral wurde dort in großer Menge abgebaut und galt als gängiges Schmirgelmittel. Doch lässt sich damit auch Granit bearbeiten? Was ist überhaupt Granit?

Granit ist ein Tiefengestein, das größtenteils aus Quarz und Feldspaten besteht, aber auch verschiedene Minerale enthalten kann. Der härteste Bestandteil dieser Steinsorte ist der Quarz. Leider wird seitens Paläo-SETI oft behauptet, dass man unmöglich Quarz mit Quarz bearbeiten könne und die Blöcke somit nicht getrennt werden könnten. Doch das ist schlichtweg falsch. Dazu reicht ein Blick auf einen geschliffenen Diamanten. Der Diamant gilt heute als härtestes Material der Welt. Und mit was kann dieser Diamant geschliffen werden, wenn er schon das härteste uns bekannte Material ist? Richtig! Nur mit einem anderen Diamanten oder Diamantenstaub. Und genauso wird heute in der Industrie vorgegangen. Somit ließe sich auch problemlos Quarz mit Quarz zerreiben – was sich die alten Ägypter zu Nutze machten.

Das weiche Kupfer war hier sogar von großem Vorteil und ermöglichte wohlmöglich erst diese Arbeiten. Denn während des Reibungsprozesses, drückten sich die scharfkantigen Quarzkristalle in das Sägeblatt und bildeten mikroskopisch kleine „Zähne", die effektiv das Gestein bearbeiten konnten. Genauso würde es sich auch mit Sägeblättern aus Bronze verhalten, die etwas härter sind als Kupfer. Um zusätzliche Hitzeentwicklungen zu vermeiden, wurde die Säge wie ein Keil geformt. Der untere Teil, dort wo die eigentliche Arbeit verrichtet wurde, war also dicker, als das restliche Segment. Eine ständige Zufuhr von Wasser und Quarz erledigte den Rest. So lautet zumindest die Theorie.

Auf der Homepage von Franz Löhner wird der Leser darauf aufmerksam gemacht, dass der Ägyptologen Mark Lehner, der mit einem kleinen Projektnachbau der Pyramide einige Theorien testen wollte, auf seiner

„NOVA-Website" den extra hierzu engagierten Steinmetz Roger Hoptkins mit folgender Aussage zu Wort kommen ließ: *„Wir verlieren viel Metall, und sehr wenig Stein bricht weg. Die Ägypter brauchten bessere Werkzeuge als weiche Kupfermeisel, um Granit zu bearbeiten"(Lehner 2000a zit. nach Löhner 2006a).* Obwohl Löhner die Webadresse mit angibt, hält er es nicht für nötig, ein weiteres Zitat, das nur eine Seite weiter zu finden ist, zu nennen. Dort lobt Hoptkins nämlich die „Schmirgelmethode" und erachtet die Verwendung der Kupfersäge zur Bearbeitung von Hartgestein mittels „Schmirgeltechnik" als plausible Möglichkeit (vgl. Lehner, 2000b).

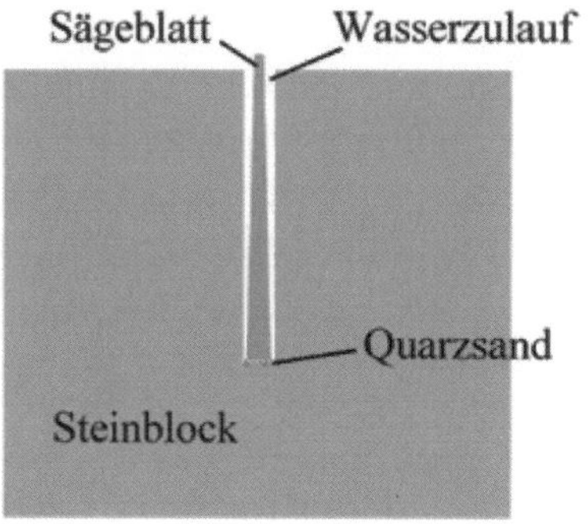

Abbildung 54: Auf diese Art und Weise konnten die Ägypter Steinblöcke sauber schneiden bzw. zerreiben. Zeichnung: Zarei

Mit einer stumpfen Kupfersäge, etwas Quarzsand und Wasser schaffte es das Team von Löhner, binnen kurzer Zeit einen tiefen Schnitt in einem Kalksteinblock zu hinterlassen. Obwohl auch dieser Theorie handfeste Beweise in Form archäologischer Funde fehlen, liefert sie die wohl wahrscheinlichste Erklärung für das Bearbeiten der Kalkblöcke, die eben nicht geschnitten, sondern zerrieben wurden.

Darüber hinaus gab es bereits viele Experimente des schottischen Experimentalarchäologen Denyse Stocks vom Department of Archaeology der University Manchester, der den Nutzen der Methode bestätigen konnte (vgl. Stocks 1986). Aber ein Problem bleibt: Diese Arbeitsweise konnte aus verschiedenen Gründen nicht direkt in den Steinbrüchen angewandt werden. Sie diente vielmehr dazu, die größeren Blöcke sauber, mittels „Schmirgeltechnik", zu trennen. Doch wie löste man die Blöcke zuvor aus den Steinbrüchen?

An dieser Stelle schlagen die Ägyptologen Dolorithämmer vor, die härter als Granit und teilweise bereits in handlichen Stücken, im Land verteilt, vorzufinden sind.

Demnach schlugen abertausende Ägypter mit diesen Brocken auf den Granit ein, bis sich ein Block herauslöste. Angesichts der hohen Anzahl der benötigten Steine im alten Ägypten, dieser sehr aufwändigen Prozedur und der mit großem Materialverlust verbunden Technik, ist ein solches Vorgehen eher auszuschließen. Zudem wird es kaum ein Mensch auf der Welt schaffen, auch nur eine Stunden lang, ununterbrochen, mit einem handlich großen Stein, auf einen anderen zu schlagen. Die Folgen für Muskulatur und Knochen wären fatal[21]. Auch Löhner geht auf seiner Website auf das Problem ein:

„Dies zeigt wieder einmal die völlige Hilflosigkeit der Ägyptologen! Typisch ist, dass zum Beispiel im Buch von M. Lehner auf einem Foto ein Arbeiter zu sehen ist, der mit einer Spitzhacke einen Stein zerhackt – das zeigt, dass die Ägyptologen oft schlichtweg keine Ahnung haben, wie man Steine bricht, aber munter darüber in Bücher berichten. Da sollte man jeweils ganze Kapitel dieser Bücher neu schreiben!

Nochmals – wer nur eine Stunde ohne einen federnd-schützenden Hammerstiel (oder Klöpfel) unentwegt Stein auf Stein schlägt, wäre für den Rest des Tages außer Gefecht. Wenn da also jemand sagt, er habe so während 5 Stunden gearbeitet, dann vermute ich, dass er entweder von einer sehr viel kürzeren Arbeitsdauer her hochgerechnet hat, oder eine Stunde pro Tag für 5 Tage gearbeitet hat oder aber er ist nachher beim Physiotherapeuten gelandet!“ (Löhner 2006).

Genauso wenig funktioniert der Trick mit dem Holz. Ausgehend von dieser Behauptung, sollen kleinere Spalten in das Gestein geschlagen worden sein, in denen Holzkeile gesteckt wurden. Diese tränkte man daraufhin in Wasser, wodurch sich das Holz vollgesaugt und den Stein „zersprengt“ haben soll. Doch die These kann getrost als widerlegt betrachtet werden, da es dazu keine erfolgreichen Praxistests gibt und zu

---

[21] Die Vorstellung, dass den Pharaonen eine schier unendliche Anzahl von Arbeitskräften oder Sklaven zur Verfügung stand, gilt schon lange als widerlegt. Vielmehr war man auf qualifizierte Arbeitskräfte angewiesen, für deren Wohlergehen man zu sorgen hatte.

vermuten ist, dass die Kräfte niemals ausreichen würden, um Granit zu trennen.

In allen Publikationen bezüglich der Steinbearbeitung in den Praxistests waren stets bearbeitete Kalksteinblöcke abgebildet. Nie hat ein Ägyptologe ein Foto publiziert, auf dem ein Granitblock zu sehen ist, der durch die „Zerreibtechnik" getrennt wurde. Obwohl stets behauptet wird, dass auch der Granit so zurecht geschnitten wurde, bleibt eine visuelle Bestätigung der angeblich erfolgreich durchgeführten Praxistests aus. Das alles trotz der nachgewiesenen Granitverarbeitung mit der Kernbohrungstechnik, welche wir uns weiter unten näher ansehen werden.

Wir halten fest:

- Das Zerschneiden von Kalksteinblöcken mittels „Schleiftechnik", ist sehr gut erforscht und die praktische Effektivität nachgewiesen.
- Die „Holztechnik" zum Lösen der Blöcke aus dem Steinbruch, kann als widerlegt angesehen werden und sollte nicht weiter diskutiert werden.
- Ein primitives „Klopfen" mit Dolerithämmern, sollte allein wegen des immens hohen Materialverlustes ausgeschlossen werden, von den Folgen für den Menschen einmal ganz abgesehen.

Wie die Steine aus den Steinbrüchen geschlagen wurden, ist also noch immer nicht geklärt. Es gibt aber einen Fund, der all diese Theorien auf den Kopf stellen könnte und neue Fragen aufwirft. Es handelt sich um einen halb bearbeiteten Granitsarkophag, der in der zweiten Halle des Ägyptischen Museums in Kairo steht. Eine Seite des Sarkophags ist nur halb bearbeitet worden, und so kann man gute Rückschlüsse auf die verwendeten Arbeitstechniken ziehen. Es ist deutlich erkennbar, dass eine sehr feine, etwa 5 Millimeter breite Fuge den Block seitlich durchläuft. Auffällig ist aber, dass dies an allen vier Seiten der Fall ist und teilweise sogar schräg gesägt worden sein musste. Doch das funktioniert nicht! Egal ob man nun den Sarkophag oder die Säge schräg halten würde, in beiden Fällen wäre das verwendete Schmirgelmittel, in diesem Fall

Quarz, herausgerieselt, das für die „Schneideleitsung" nicht weg zu denken ist. Es ist sowieso sehr fragwürdig, ob die Ägypter die zu bearbeitenden Blöcke einfach wendeten und dann mit der Prozedur fortfuhren. Eine derartige Vorgehensweise ist in keiner Weise archäologisch belegt. Der Aufwand dazu wäre viel zu hoch! Zudem wird der Eindruck erweckt, dass der Boden der „Schnittstelle" konkav verläuft, also abgerundet ist. Doch mit der Kupfersägen-Theorie können nur plane „Schnittstellen" erzeugt werden. Fast sieht es so aus, als habe hier jemand mit einem Laser gearbeitet. Doch selbstverständlich hatten die alten Ägypter keinen Laser – aber was war es dann? Eine Frage, auf die es wieder so schnell keine Antwort geben wird.

Abbildung 55: Der merkwürdige Sarkophag aus dem ägyptischen Museum in Kairo. Die Präzision des Schnittes ist überwältigend. Foto: Zarei

Die Kernbohrungen

In vielen Granitblöcken auf dem Gizeh-Plateau oder in Abu Sir sind saubere Kernbohrungen zu erkennen, die in zahlreichen Publikationen der Paläo-SETI zwar erwähnt, aber nur unzureichend erklärt wurden. Doch das Phänomen ist sehr gut untersucht, und eine Fülle an experimentellen Versuchen hat die Praxistauglichkeit der von den Ägyptologen postulierten Verfahrensweise bestätigt.

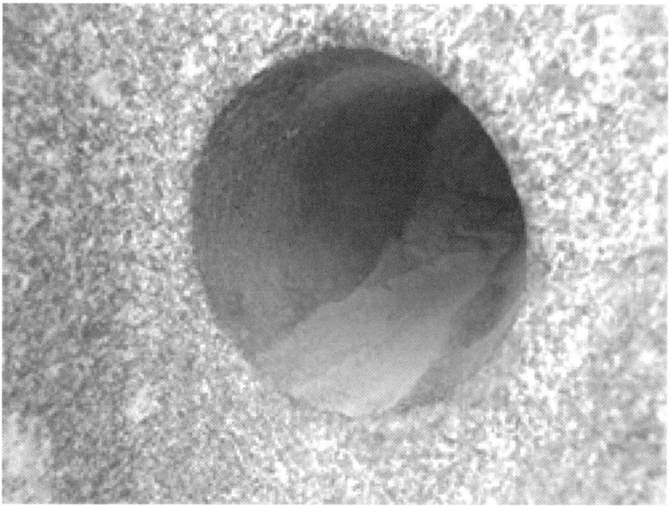

Abbildung 56: Oft sind ägyptische Tempel geradezu „übersät“ mit diesen nahezu perfekten Kernbohrungen. Foto: Zarei

William Matthew Flinders Petrie war wohl der Erste, der die Löcher Ende des 19. Jahrhunderts näher untersuchte (vgl. Petrie 1883). Die von ihm gefundenen Bohrkerne und Rillen in den Bohrungen selbst veranlassten ihn zu der Annahme, dass mit Edelsteinspitzen besetzte Zylinderbohrer Verwendung fanden, die mit einem sehr hohen Druck in das Gestein getrieben wurden. Leider ist seine Vermutung unhaltbar, da die errechneten Werte von circa 0,33 bis 1 Millimeter Bohrtiefe, pro Umdrehung einem Druck entsprechen würde, der nicht einmal heute beim modernen Diamantbohrer benutzt wird. Zudem hätte die punktuelle Belastung von zwei Tonnen und mehr dazu geführt, dass die meisten Granitblöcke, unter dem Druck schlichtweg zerbrochen wären (vgl. Hölscher 1912).

Weiterhin spricht Petrie von spiralförmig angeordneten Rillen, die in nahezu gleichmäßigen Abständen laufen. Doch haben genauere Untersuchungen ergeben, dass dies definitiv nicht der Fall ist und die Abstände der Rillen differieren und teilweise sogar „zusammenlaufen". Auch hier ist es falsch von einem Schneideprozess zu reden, da es sich, wie bereits im Fall der Sägen, um einen Schleifprozess handelt. Die spröde Struktur des Granits wirkt einem Schneideprozess zusätzlich entgegen, da dadurch größere Einschließungen abplatzen würden und nicht zu den glatten Wandungen der vorgefundenen Blöcke geführt hätten.

Auf welche Weise die Bohrungen erfolgten, ist denkbar einfach und gleicht im Grunde genommen der Säge- bzw. Reibe-Methode. Laut Ägyptologie fertigte man möglichst dünne Kupferröhren an, die nur an ihren Spitzen, den Bohrkronen, etwas dicker waren. Mithilfe von Quarzsand, Wasser und möglicherweise Bogenbohrern wurden die idealen Bedingungen geschaffen. Das Schleifen konnte beginnen.

Tatsächlich sprechen zahlreiche Eigenschaften der gefundenen Bohrkerne für eine solche Vorgehensweise. Beispielsweise verlaufen sowohl Bohrkern als auch der Hohlraum im Gestein selbst leicht konisch, was nur durch den Materialabrieb des Bohrers zu erklären ist. Der deutsche Ägyptologe Uvo Adolf Hölscher beschreibt die Sachlage in seinem Werk „Das Grabdenkmal des Königs Chephren" wie folgt:

„Die Spuren des Bohrens sind ebenso an den Wandungen des Bohrlochs wie an den weggeworfenen Bohrkernen zu sehen. Letztere sind nicht genau zylindrisch, sondern verjüngen sich von unten nach oben nicht unwesentlich. Die Löcher verjüngen sich gleichfalls, aber von oben nach unten, d.h. sie sind schwach trichterförmig. Demnach hat der Bohrer oben mehr Masse herausgefressen als unten. Das kann nur dadurch geschehen sein, dass die Bohrkrone während des Bohrens immer dünner wurde. Dadurch ist der Beweis gegeben, dass nicht mit einem Bohrer, dessen Krone mit fest eingefügten Edelsteinspitzen besetzt wurde, sondern mit Hilfe von losem Pulver gebohrt wurde, wobei sich der Bohrer selber auch abnutzte" (Hölscher 1912: 78).

Dieser Aussage nach nutzt sich der Bohrer selbst ab und verursacht dadurch die trichterförmige Form der Aushöhlungen. Dies wäre bei einem fixierten Schneidematerial, wie einem Diamantbohrer, undenkbar. Zu diesem Beispiel führte auch Denys Stocks umfangreiche Tests durch, die erneut den praktischen Gebrauch bestätigten (vgl. Stocks 1986: 24ff.).

Der ständig wiederholte Einwand, dass nie Bohrer gefunden wurden, läuft hier fehl. Denn Hölscher beschreibt im selben Buch, wie er im Tempel von Ramses III. in Medinet Habu einen Bronzebohrer fand, der noch im Stein steckte. Die gefundenen Bronze- und Kupferreste, beziehungsweise der oft vorhandene Grünspan[22], erhärten die Beweislage und zeigen einwandfrei, dass Kupfer bei der Herstellung der Kernbohrungen zum Einsatz kam.

Das Mysterium der Bohrlöcher sollte also definitiv zu den Akten gelegt werden! Erst wenn jemand eine Bohrung findet, die eindeutig spiralförmig und parallel verlaufende Rillen aufweist und keine Verjüngung der Öffnung vorhanden ist, müssen andere Methoden wieder in Betracht gezogen werden.

Die Illusion von der ägyptischen Bronzezeit

Obwohl wir bereits gesehen haben, welche Mittel den Ägyptern zur Verfügung standen, um harte Steine zu bearbeiten, möchte ich dennoch die bereits erwähnte Eisenthematik ansprechen.

Christian Jürgensen Thomsen war der Erste, der die Entwicklung der Völker[23] in einzelne Perioden unterteilte, indem er den fortschrittlichsten bzw. härtesten Werkstoff den ein Volk zu Verarbeiten imstande war, als Kriterium für den Entwicklungsstand heranzog. Daraus ergaben sich drei Hauptgruppen, die wiederum in weitere Untergruppen aufgegliedert wurden (vgl. Thomsen 1837).

Trotz diverser Funde wird die ägyptische Hochkultur systematisch in die Bronzezeit gezwungen, da sie nach ägyptologischer Lehrmeinung

---

[22] Grünspan besteht aus Kupfersalzen, die über längere Zeiträume hinweg entstehen und den Gebrauch von Kupfer bestätigen.
[23] Thomsens Theorie umfasst lediglich die Völker Europas, Westasiens und Nordafrikas.

nicht über die nötigen Technologien und Fertigkeiten verfügten, um Eisen oder gar Stahl aus den entsprechenden Erzen[24] im großen Maßstab gewinnen zu können. Das Hauptproblem liegt bei den aufwändigen Hochöfen, die Temperaturen von über 1500 Grad Celsius erzeugen müssten und ein großes technologisches Verständnis abverlangen. Einer der wohl bekanntesten Eisenfunde aus Ägypten stammt aus dem Grab des berühmten Pharaos Thutanchamun. In das Leinen der Mumie mit eingewickelt, fand man einen kleinen Dolch aus Eisen, der für viel Aufmerksamkeit sorgte. Da das Leinen, in das die Mumie gehüllt war, mit speziellen Harzen überpinselt wurden, wurde das Eisen luftdicht isoliert, weshalb es die Jahrtausende völlig unbeschadet überstehen konnte. Doch eine Neubewertung des technologischen Entwicklungsstands Ägyptens blieb aus, da man schnell passende Erklärungen für diesen Fund parat hatte. Bis heute geht man davon aus, dass ein Großteil des Materials zur Herstellung der gefundenen Eisenwerkzeuge oder Waffen auf Meteoriten zurückzuführen ist, die die Ägypter in ihren Wüsten fanden und auf dieselbe Art und Weise bearbeiteten, wie sie es auch mit Kupfer und Bronze machten.[25] Die Eisen-Gegenstände, die nicht aus dem Material von Meteoriten stammen konnten, da sie kein Nickel enthielten, das aber in jedem „Meteoriteneisen" zwingend enthalten sein muss, sind freilich schwerer zu erklären. Eben diese Funde veranlassen Ägyptologen zu der Annahme, dass bei der Herstellung von Bronze geringe Eisenmengen in Form von Eisenschwamm als Nebenprodukt entstanden, die die Ägypter geschickt weiterverarbeiteten.[26]

Da man durch das Aufsammeln von Meteoriten und das Verarbeiten von Eisenschwamm nur an sehr wenig Eisen gelangen kann, wird heute fälschlicherweise behauptet, dass das Metall für die Ägypter über einen

---

[24] Um elementares Eisen gewinnen zu können, müssen spezielle Öfen errichtet werden, die Temperaturen von mindestens 1.500 Grad Celsius stand halten müssen.

[25] Angeblich waren sie nicht imstande, das Metall einzuschmelzen, sie konnten es nur erhitzen und neu formen.

[26] Eisenschwamm gilt als eine der reaktivsten Eisensorte überhaupt und ist daher besonders anfällig für Oxidationen (Rosten), was das Material für die alten Ägypter eigentlich uninteressant hätte machen müssen.

langen Zeitraum hinweg wertvoller war als Gold und auf keinen Fall zur Steinbearbeitung eingesetzt wurde.

Im Jahr 1873 entdeckte der Engländer J.R. Hill bei der Sprengung einiger Steinlagen der Cheops-Pyramide ein Stück Eisen in einer inneren Fuge, das vermutlich Teil eines größeren Werkzeuges war und während des Bauens verloren ging. Howard Vyse brachte das Stück nach England und schenkte es dem British Museum (vgl. Beck 1993: 85ff.; Day 1877: 32ff.). Er wusste, dass – überzeugt von der Richtigkeit der zeitlichen Zuordnung in die Bronzezeit – kein Forscher seine Funde akzeptieren würde und war deswegen bemüht, die Wissenschaft von der Echtheit des Artefaktes zu überzeugen:

„Herr Hill entdeckte ein Stück Eisen in einer inneren Steinfuge, nahe der Mündung des südlichen Luftkanals, welches wahrscheinlich das älteste bekannte Stück Schmiedeisen ist. Es wurde dem britischen Museum übergeben, mit folgenden Zeugnissen:

„Hiermit wird bezeugt, dass das von mir nahe der Mündung des Luftkanals der Südseite der großen Pyramide von Gizeh am Freitag den 26. Mai aufgefundene Stück Eisen von mir selbst aus einer inneren Steinfuge genommen wurde nachdem die zwei äusseren Steinlagen der jetzigen Oberfläche der Pyramide durch Sprengungen mit Pulver entfernt worden waren und dass keine andere Fuge oder Öffnung durch welche das Eisen nach der ersten Erbauung der Pyramide hätte hingebracht werden können, mit obriger in Verbindung stand. Ich habe Herrn Perring die genaue Fundstelle Samstag, den 24. Juni, gezeigt.

Kairo, den 25 Juni 1837.
J. R. Hill"

„Dem obigen Zeugnis von Herrn Hill kann ich hinzufügen, dass seit dem ich die Stelle vor Beginn der Sprengung gesehen habe, zwei Lagen Steine entfernt worden sind und dass, wenn das Stück Eisen der Fuge entnommen wurde welche mir Herr Hill zeigte und die durch einen großen Stein bedeckt war, der zum Teil noch da ist, es unmöglich nach Erbauung der Pyramide an diese Stelle gelangt sein kann.

Kairo, den 27 Juni 1837.
J. S. Perring, Civilingenieur"

„Wir bescheinigen, dass wir die Stelle der das Eisen durch Herrn Hill entnommen wurde untersucht haben und sind der Ansicht, daß das Eisen in der

Fuge während dem Bau zurückblieb und das es nicht nachträglich hineingebracht worden sein kann.

Ed. S. Andrews
James Mash, Civilingenieur"

(zit. nach Beck 1993: 85ff.)

Die Echtheit des Artefakts sollte nach dieser Aufführung außer Frage stehen. Doch wie kann das sein? War Eisen denn nicht wertvoller als Gold? Hätten die Ägypter das harte Metall für die Konstruktion der Pyramide verwendet, müssten sie imstande gewesen sein, Tonnen an entsprechenden Werkzeugen bereitzustellen. Laut heutiger Lehrmeinung unmöglich! Aber wie kommt das Eisenstück in das Kernmauerwerk der Pyramide? Vincent Day untersuchte das Artefakt und fand Abdrücke von Nummuliten an der Oberfläche, die nur dann entstehen können, wenn eingeschlossene Fossilien im Kalksteinblock über einen sehr großen Zeitraum hinweg auf das Material drücken. Einen besseren Beweis für die Echtheit und das hohe Alter des Artefaktes kann es nicht geben.

Interessant sind auch die chemischen Untersuchungen von Walter Flight, der eine Beimengung von Nickel und gebundenem Kohlenstoff entdeckte. Das Vorhandensein von Nickel ist für die Ägyptologen Grund genug, dem Eisen einen außerirdischen Ursprung zuzuschreiben.[27] Sie behaupten auch, dass der Kohlenstoff nur in das Material gelangen konnte, weil es schließlich auch mit Kohle erhitzt wurde, um es bei einer entsprechend hohen Temperatur, die immer noch unter dem Schmelzpunkt lag, zu schmieden. Jedoch übersehen die Ägyptologen einen wichtigen Punkt: Der Kohlenstoff kann nur in das Eisen gelangt sein, wenn das Metall in flüssiger Form vorlag und der Kohlenstoff erst dann beigemengt wurde. Denn eine Ablagerung an die Oberfläche des Metalls, die beim Schmieden entstanden sein würde, hätte niemals eine so gleichmäßig verteilte Anreicherung und niemals einen so hohen Kohlenstoffgehalt zufolge haben können.

Die Ägypter waren demnach fähig, hochwertiges Eisen aus Erzen zu gewinnen und hätten die Materialen auch durchaus beim Pyramidenbau

---

[27] Der Lehrmeinung nach handelt es sich um Eisen, das von einem Meteoriten stammte. Solch ein Eisen enthält aber keinerlei Kohlenstoff.

verwenden können. Somit waren sie viel weiterentwickelt als bisher angenommen. Das bestätigen die Funde mehr als eindeutig. Weshalb nur so wenige Eisenfunde existieren, ist schnell erklärt. Eisen ist sehr reaktiv und auch in unserer Zeit hoch begehrt. Es müssen schon unglaublich viele Faktoren zusammentreffen, damit solch ein Artefakt mehr als viertausend Jahre übersteht, um dann auch noch von uns entdeckt zu werden.

Zudem möchte ich hinzufügen, dass es mit keiner der genannten Methoden möglich wäre, die millimetergenauen Hieroglyphen in die Granitblöcke zu treiben. Die oft postulierte Theorie, dass die Ägypter Feuersteine benutzten, um die Zeichen einzuritzen ist unhaltbar und konnte mit keinem Praxistest belegt werden. Einzig und allein effektive Eisenwerkzeuge wären diesen Anforderungen gewachsen.

Der Transport

Laut gängiger Lehrmeinung wurde die Pyramide innerhalb von 20 Jahren fertig gestellt. Hält man sich nun die 2,5 Millionen verbauten Steinblöcke vor Auge, so gelangt man schnell zur Erkenntnis, dass ein beachtliches Arbeitstempo vorgelegt werden musste.

Nach ausführlicher Recherche möchte ich auch hier erneut einen Auszug aus Löhners und Jilligs Werk zitieren, der die Arbeitszeiten meiner Meinung nach am besten erläutert:

„[…] Goyon setzte pro Jahr 365,25 Arbeitstage an, pro Arbeitstag 10 Arbeitsstunden oder 600 Minuten. Ein Arbeitsleben lang keinen einzigen Tag frei, niemals tagsüber Muße? Wir halten dies für völlig irreal, da Fellachen keine nimmermüden Ägyptologen waren, sondern oft und wohl auch gerne ihren Göttern huldigten. Wir setzen stattdessen 290 Arbeitstage pro Jahr an, gönnen also jeden fünften Tag den Göttern, nachdem „Urlaub" ein unbekanntes Wort war. Den Arbeitstag definieren wir, da in Ägypten ein Tag ohnehin nur 12 helle Stunden hat, mit gut gemessenen 8 Stunden respektive 500 Minuten. So kommen bereits die alten Ägypter in den Genuss einer mittäglichen Siesta, die den herrschenden Temperaturen höchst angemessen ist; nur Touristen können am Nil auf sie verzichten. Insofern arbeiten unsere Fellachen fast exakt ein Drittel weniger als Goyons permanent aktive Arbeitsbienen (145.000 Minuten pro Jahr gegenüber 219.000).

*Des weiteren gehen wir bei verschiedenen Berechnungen von einer Gesamtbauzeit von 20 Jahren aus, damit Cheops trotz längerer Planungsphase die realistische Chance hatte, die Vollendung seines ehrgeizigen Lebenswerk zu erleben. Somit stehen den 2.500.000 Steinblöcken der Pyramide 145.000 min * 20 =2.900.000 Arbeitsminuten gegenüber, was uns zu der durch Aufrundung verschärften Faustregel bringt:* ***jede Minute ein Steinblock****. […]*"(Jillig/Löhner 1993: 37)

Jede Minute ein Block! Eine unglaubliche Leistung die nur erbracht werden konnte, wenn alles reibungslos ablief und es zu keinen Zwischenfällen kam. Doch das Störpotenzial war sehr groß. Vom Steinbruch, über den Transport bis hin zur Einfügung der Teile in die Pyramide selbst, konnten bereits kleinere Schwierigkeiten zu einem kompletten Baustopp führen, der das gesamte Vorhaben gefährdet hätte.

Es gibt zahlreiche Theorien, wie die Granit- und Kalksteinblöcke über größere Entfernungen vom Steinbruch zur Baustelle transportiert werden konnten. Die gängigste befasst sich mit dem Transport über das Wasser. Obwohl es zahlreiche Abbildungen von Schiffen gibt, ist es heute schwierig, einen Bezug zu ihrem Nutzen herzustellen. Beispielsweise zeigt ein Unas-Relief aus der 5. Dynastie, wie ein Schiff größere Säulen transportiert. Das abgebildete Schiff liegt jedoch viel zu hoch im Wasser und würde mit größeren Steinlasten sofort kentern. Ähnlich verhält es sich mit einem Hatschepsut-Relief in Karnak aus der 18. Dynastie (vgl. Löhner 1993: 44).

Abbildung 57: Das Schiffrelief des Unas aus Sakkara. Zeichnung: Pitlik

Dennoch kann man davon ausgehen, dass die Ägypter sehr fortschrittliche Schiffsbauer waren und durchaus Schiffe bauen konnten, die auch größere Lasten von 50 Tonnen und mehr befördern konnten. Eines der Hauptprobleme, die beim Transport der Granitriegel aus Assuan bewältigt werden mussten, war sicherlich die Überwindung der zwei Stromschnellen des Nils. Heute stehen an dieser Stelle riesige Schleusen, welche die natürlichen Höhenunterschiede ausgleichen. Doch für die alten Ägypter waren sie unüberwindbare Hindernisse.

Die Transporttruppen waren gezwungen, die Blöcke mehrmals an Land zu hieven, einige Kilometer weiter zu transportieren und sie wieder auf die Schiffe zu verfrachten. Eine weitere Alternative wäre, dass sie einfach Kanäle anlegten, mit denen sie die Stromschnellen und Höhenunterschiede umgehen konnten. Wie bereits erwähnt, wurden vermutlich auch Kalksteinblöcke aus umliegenden Steinbrüchen verwendet, die nur wenige Kilometer von Gizeh entfernt heraus gebrochen wurden und mit ähnlichen Wasserstraßen zum Bauplatz befördert wurden. Es gilt als bewiesen, dass einst ein großes Hafensystem dem Plateau vorgelagert war und als wichtigste Transportstraße für Baumaterial, Verpflegung und Ähnliches diente (vgl. Lehner 1985; Hawass 1997: 245-256).

Angesichts dessen, dass jede Minute ein Block eingesetzt werden musste, erscheint das Bild von Heerscharen aus Sklaven, die an langen Seilen mühevoll Schlitten durch die Wüsten zerren, sehr unwahrscheinlich und gilt ohnehin als widerlegt.

Abbildung 58: Auch Tiere wurden für den Transport eingesetzt. Die Abbildung stammt aus dem Grab des Hetepherachti, eines hohen Offiziers aus Memphis (5. Dynastie). Zeichnung: Mohr

Es gibt verschieden Erklärungsansätze, wie die Blöcke auf dem Landweg hätten transportiert werden können. Aus der 5. Dynastie sind uns Reliefs bekannt, die solche Landtransporte bildlich darstellen. So beispielsweise eine Abbildung aus dem Grab des Hetepherachti.

Als Transportunterlagen dienen auch hier spezielle Schlitten, vor die man meist Wasser bzw. Öl goss, um die Reibungskräfte zu senken. (Dieser Sachverhalt wird uns im Rahmen der Thematik „Rampenbau" erneut begegnen.) Allerdings besitzt dieses Relief im Hinblick auf den Bau der Cheops-Pyramide nur eine geringe Aussagekraft, da man davon ausgehen kann, dass die auf dem Relief abgebildeten gezogenen Objekte wohl kaum schwerer als einige hundert Kilogramm waren. Damit ist es schwer, einen direkten Vergleich hinsichtlich der Methoden für den Transport der Steine zum Bau der Cheops-Pyramide zu ziehen. Insbesondere der Wassertransport der überdimensionierten Granitriegel, wäre mit den abgebildeten Schiffen nicht möglich. Somit können diese Abbildungen leider nur bedingt Antworten auf die Transportfrage geben.

Doch glücklicherweise gibt es noch weitere interessante Darstellungen. Eine zeigt den Transport eines größeren Blocks, der es durchaus mit dem Gewicht der Kalksteinblöcke auf dem Gizeh-Plateau aufnehmen könnte.

Leider stammt das Bild aus dem neuen Reich und wurde somit knapp 1000 Jahre nach dem Pyramidenbau erstellt. Anders verhält es sich mit einer Darstellung aus dem Grab des Gaufürsten Djehutihetep in El Bersheh. Das Relief zeigt, wie eine Zugmannschaft, bestehend aus 172 Mann, eine etwa 16 Tonnen schwere Kolossalstatue zieht, die auf einem großen Schlitten montiert wurde und mithilfe eines unbekannten Schmiermittels [28] transportiert wird. Jedoch entstand auch diese Abbildung etwa 800 Jahre nach dem Pyramidenbau, was einen direkten Vergleich erschwert.

Dennoch wird heute angenommen, dass auch beim Bau der großen Pyramiden in Gizeh Schlitten verwendet wurden. Obwohl dazugehörige Funde aus der 4. Dynastie gänzlich fehlen, bestätigen zumindest Artefakte der 3. Dynastie das Vorhandensein von Transportmöglichkeiten. Im Südgrab des Pharaos Djoser wurde ein 3 Meter langer Holzschlitten gefunden, auf dem Gegenstände mit einer maximalen Abmessung von 0,6

---

[28] Bei dem Schmiermittel könnte es sich auch nur um Wasser handeln.

mal 1,9 Meter transportiert werden konnten. Bedauerlicherweise existieren keine Zeichnungen oder Schriften dieser Zeit, die uns Informationen über die genaue Verwendung geben könnten (vgl. Arnold, 1991: 57-58).

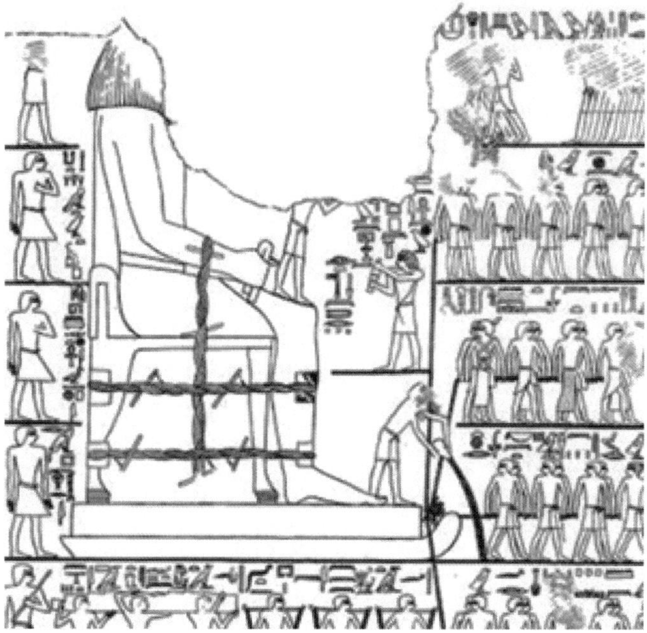

Abbildung 59: Der Transport dieser Kolossalfigur zeigt, dass auch größere Figuren mit Manneskraft transportiert werden konnten. Zeichnung: Newberry & Fraser

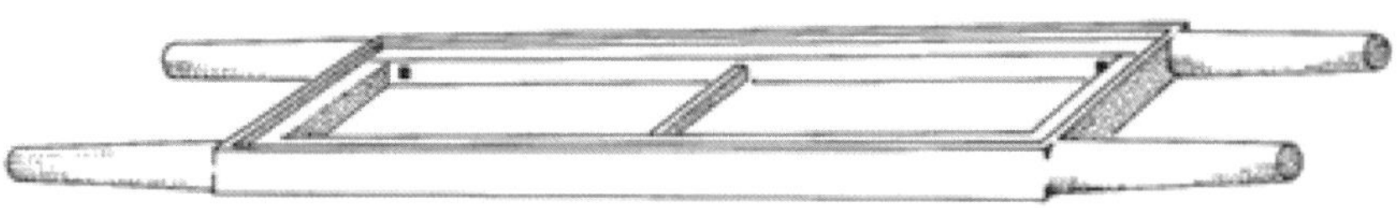

Abbildung 60: Dieser 3 Meter lange Schlitten beweist, dass auch vor der Erbauung der Pyramiden Schlitten eingesetzt wurden. Zeichnung: Arnold

Ein weitgehend unerwähntes Phänomen zum Thema Transport sind die vielerorts gefundenen Doleritkugeln. In der Mastaba I, die auf dem südlich gelegenen Friedhof der 4. Dynastie in Gizeh zu finden ist, entdeckte Hermann Junker mehrere Doleritkugeln, mit denen er problemlos den dortigen, etwa 4,2 Tonnen schweren, Sarkophag bewegen konnte (vgl. Junker 1951: 16).

Es ist auch denkbar, dass längs der Transportstraßen in Kurven solche Kugeln vorhanden waren, um die Blöcke zu drehen oder seitlich zu verschieben. Somit wäre ein wesentlich geringerer Kraftaufwand von Nöten gewesen, da die runden Oberflächen eine viel geringere Reibungskraft ausüben als die üblichen Kufen der Schlitten. Wegen des großen Steinabriebes wären sie für größere Distanzen oder unebenen Untergrund aber ungeeignet gewesen. Eine stark abgeschliffene Doleritkugel, die noch fest im Mörtel am Boden verankert war, wurde bereits vor fast hundert Jahren entdeckt und bekräftigt diese Aussage (vgl. Croon 1925: 56).

Leider reichen auch hier die archäologischen Befunde nicht aus, um das Thema zufriedenstellend abzuschließen. Es kann nur festgehalten werden, dass die Fülle der Kugelfunde ihre Verwendung im Steintransport eindeutig belegt und sie für die Steinverarbeitung aus den weiter oben genannten Gründen disqualifiziert.

Überlieferungen zum Bau

Es ist ohnehin merkwürdig, dass keinerlei genaueren Aufzeichnungen, Darstellungen oder Ähnliches existieren, die den Bau der Pyramiden bezeugen beziehungsweise näher beschreiben.

Die alten Ägypter waren geradezu davon besessen, all ihre Taten und Errungenschaften für die kommenden Generationen aufzuzeichnen und ihren Namen so oft es nur möglich war, in einem positiven Kontext zu stellen. Ein gutes Beispiel ist Ramses II aus der 19. Dynastie, der in ganz Ägypten monumentale Bauwerke errichten ließ und sich die anderer Pharaonen zu eigen machte, indem er einfach die Namen austauschte. Was würde also näher liegen, als dass der Erbauer der weltweit größten Pyramide, des monumentalsten Bauwerks der Geschichte seinen Namen verewigen lassen wollte. Wie wir aber gesehen haben, sind nur klägliche Namenskartuschen in den Entlastungskammern vorhanden, die niemals entdeckt werden sollten und nicht direkt von einem Bauherrn sprechen.

2,5 Millionen Steine werden verbaut; ein ganzes Land, geprägt vom Pyramidenbau, sieht und spürt die Auswirkungen des Unternehmens und verliert darüber kein einziges Wort?

Oft wird seitens der Ägyptologie der Einwand vorgebracht, dass wir heute auch nicht Abbildungen vom Bau eines Gebäudes innerhalb der Konstruktion hinterlassen. Wie wir jedoch gesehen haben, war es im alten Ägypten nicht unüblich, den Bau und die damit verbundenen Anstrengungen bildlich darzustellen[29]. Dies musste nicht zwingend im Bauwerk selbst der Fall sein, zumindest aber in einem Grab der Tausenden von Beschäftigten. Ohnehin ist es sehr gewagt, einen direkten Vergleich zur heutigen Zeit zu ziehen. Wer baut sich denn heute schon eine etwa 6.500.000.000 Kilogramm schwere Pyramide? Wird in unserer modernen Zeit ein größeres Gebäude errichten, so beschränken sich die Auswirkungen der Bauaktivitäten fast vollständig auf die Baustelle und beeinflussen nicht die ganze Gesellschaft. Anders im alten Ägypten: Zweifelsohne hätte das Vorhaben eine gesamte Generation geprägt, die uns zumindest fragmenthaft darüber berichtet hätte. Zumindest existieren Priestergräber auf dem Gizeh-Plateau, die alle drei Pyramiden erwähnen. Das Grab von Priester Kar aus der 6. Dynastie ist wohl das bekannteste Beispiel. Es wird heute angenommen, dass nach dem Tod des Königs diverse Verehrungskulte etabliert wurden, die die Erinnerungen der einstigen Herrscher aufrechterhalten sollten.

In der „Großen Galerie“, die man durchlaufen muss, um in die „Königskammer“ zu gelangen, sind Halterungen aus Metall zu sehen, die in unregelmäßigen Abständen aus der Wand hervorragen. Die Fachgelehrte behaupten heute, dass diese Metallkeile einst als Halterung der so genannten Fallsteine dienten. Diese waren Teil eine Art Sicherheitsmechanismus, der die Pyramide nach Beendigung der Bauarbeiten von innen verriegeln sollte, um sie so vor Grabräubern zu schützen. Es ist jedoch sehr unwahrscheinlich, dass diese Keile solch enorme Lasten tragen konnten. Darüber hinaus, passt die Anordnung dieser Metallteile überhaupt

---

[29] Siehe die im vorigen Kapitel beschriebenen Zeichnungen.

nicht in das Gebäudeschema und kommt auch in keiner anderen Pyramide in Ägypten vor.

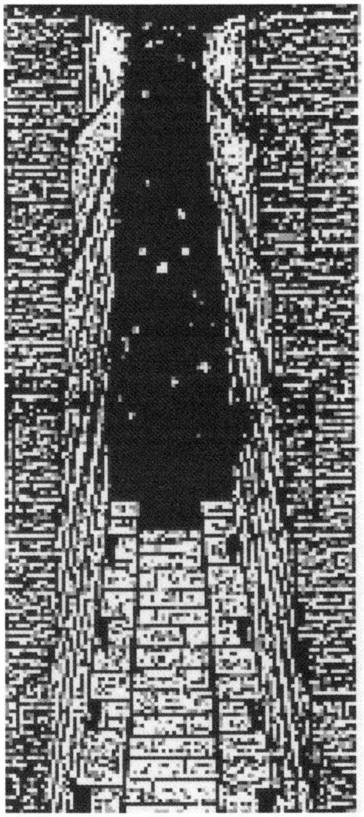

Abbildung 61: Das Modell einer Sternenwarte nach Baumgartl. Leider passen die übrigen Räumlichkeiten nicht zu seiner These. Zeichnung: Baumgartl

Bemerkenswert ist die Form der Komponenten. So könnte man sich mit nur wenig Fantasie vorstellen, dass diese einst als Halterungen für größere Metallplatten dienten, welche wiederum unzählige Inschriften trugen. Dies ist in vielen Tempeln Indiens selbst heute noch gang und gäbe. Zudem wird von bestimmten Kreisen seit einiger Zeit die Möglichkeit diskutiert, dass die Cheops-Pyramide, und besonders die „Große Galerie", als eine Art Sternenwarte gedient haben könnten. Tatsächlich gibt es Indizien, die stark für diese These sprechen. Karlheinz Baumgartl geht davon aus, dass die Pyramide einst schlichtweg stumpf war und am oberen Ende der „Großen Galerie" endete (vgl. Baumgartl 1995). Anhand der vielen Fixpunkte des Aufwegs hätte man genaue Messungen der Sternenbewegung vornehmen können und somit das erste bekannte Observatorium der Welt erbaut. Der restliche Teil der Pyramide wurde nach dieser Theorie erst nachträglich hinzugefügt, als die ursprüngliche Funktion des Bauwerks in Vergessenheit geriet. Baumgartls Theorie stößt aber in der Fachwelt auf kaum Resonanz, da viele archäologische Befunde der Pyramide dem Modell widersprechen. So sind beispielsweise mehrere Räume in der Pyramide vorhanden, die nur schwer mit Baumgartls These zu vereinbaren sind.

Salzkristalle innerhalb der Bauwerke

Es ist kaum zu glauben, dass eine solch große Anomalie so selten thematisiert wird. Da ragen in der „unvollendeten Kammer" der Cheops-Pyramide Zentimeter große Salzkristalle aus den Wänden und diese Tatsache bleibt unbeachtet. Man könnte ja argumentieren, dass sich das Gestein mit Nil-Grundwasser voll gesaugt und zur Kristallbildung geführt hat. Aber wie erklären man sich dieselben Kristalle ausgerechnet am abgelegensten und höchsten bekannten Hohlraum der Pyramide – die „oberste Entlastungskammer"? Ich hatte das Glück, den Ort betreten zu dürfen und war fasziniert und schockiert zugleich. Die Decke der obersten Kammer, besteht, wie bereits erwähnt, aus einem Giebeldach, in dessen Mitte sich eine zentimetergroße Lücke gebildet hat, die vermutlich entstanden ist, als sich die dazugehörigen Blöcke im Laufe der Jahrtausende etwas abgesetzt haben (vgl. Maragioglio/Rinaldi 1963). Sowohl die Giebelkonstruktion selbst als auch die Lücke sind übersät mit unglaublich großen Salzkristallen. Sollte die Pyramide vielleicht doch unter Wasser gestanden haben, nachdem die örtliche Sintflut über das Land fegte – so wie es uns die Araber schilderten? Oder hat Waldhauser Recht, der behauptet, dass das Bauwerk nichts weiter war, als ein gewaltiges Wasserpumpwerk? Noch viel schlimmer sieht es in der Meidum-Pyramide aus. Dort könnte man glatt meinen, dass die Wände tagtäglich mit Salzwasser besprüht würden. Man komme mir an dieser Stelle nicht mit solch lächerlichen Argumenten wie Touristenschweiß! Spätestens nach der Betrachtung meiner Bilder aus der Entlastungskammer sollte dieses Argument aus allen Fachbüchern verschwinden. Denn an diesem Ort ist garantiert kein Touristenschweiß gelangt! Genauso wie in der unvollendeten Kammer, die seit geraumer Zeit der Öffentlichkeit nicht mehr zugänglich ist. Wie diese Kristalle entstanden sind, kann ich nicht beantworten, aber an dieser Stelle möchte ich erneut auf die Ergebnisse des Institut Fresenius hinweisen, das Proben der besagten Kristalle von Erdmann und van Helsing erhielt und eindeutig nachwies, dass zumindest in der unterirdischen Kammer Nilwasser geflossen sein muss (Erdmann/van Helsing 2008: 150-152).

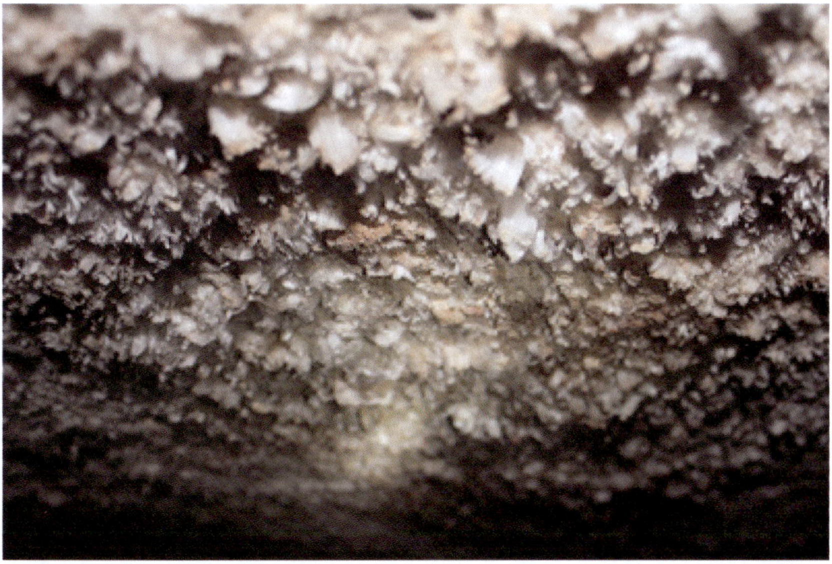

Abbildung 62: Erst bei genauerem Hinsehen erkennt man, dass die Wände und die Decke der obersten Entlastungskammer mit unglaublich großen Salzkristallen übersät sind. Foto: Zarei

Der Bau der Pyramiden

Die Frage, wie die Pyramiden überhaupt erbaut werden konnten, ist eine der zentralen Fragen. Lange galten Rampen als wahrscheinlichstes Hilfsmittel. Warum aber heute überhaupt noch große Rampenmodelle für den Bau in Betracht gezogen werden, bleibt mir ein Rätsel. Egal ob Spiralrampe, Integralrampe oder alle anderen Modelle, die große, lange Transportwege vorsehen – sie scheitern alle an den archäologisch einwandfrei belegten Funden. Bevor ich mich den wahrscheinlichsten dieser Theorien einzeln zuwende, müssen wir noch Einiges über den Pyramidenaufbau im alten Reich erfahren.

Der Aufbau

Jeder, der einmal im Fernsehen eine Dokumentation über den Bau der Cheops-Pyramide gesehen hat, wird gehört haben, dass – unabhängig von der verwendeten Bautheorie – immer wieder behauptet wird, dass das Bauwerk Steinschicht um Steinschicht wuchs. Demnach wurden die Blöcke solange nebeneinander gestapelt, bis die aktuelle Ebene „aufgefüllt" war und man mit der darüber liegenden beginnen konnte. So fuhr man angeblich fort, bis die Pyramidenspitze angebracht werden konnte. Doch diese Vermutung ist falsch. Fast jede Großpyramide aus dem alten Reich besitzt eine innere „Stufenpyramide", auch Kernmauerwerk genannt. (Die einzigen Ausnahmen bilden hier die Pyramiden in Meidum und Dashur [30], die tatsächlich schichtweise errichtet wurden (vgl. Stadelmann 1997: 94; Bertinetti 2003: 71)). Demnach existiert im Inneren der Cheops-Pyramide eine separate Stufenpyramide, welche die Hauptstruktur des Bauwerkes darstellt und den Großteil des Volumens umfasst.

Die Abstände der Stufen waren genau kalkuliert, da ihre Eckpunkte maßgeblich den endgültigen Neigungswinkel vorgaben. Von diesem, archäologisch einwandfrei nachgewiesenen Standpunkt ausgehend, wurde eine Pyramide in verschiedenen Bauphasen errichtet:

- Kernmauerwerk in Stufenform errichten (dort und eventuell im Untergrund liegen auch die Räume)
- Verkleidungsmauerwerk anbringen[31]
- Glättungsarbeiten durchführen

Schon allein daher scheiden sämtliche Theorien zum Bau der Cheops-Pyramide, die Schlitten vorsehen, die an den Außenwänden der Pyramide gezogen wurden, von vorneherein aus. Die Fassadenverkleidung wurde

[30] Knickpyramide

[31] Hier muss man zwischen Verkleidungsmauerwerk und Außenverkleidung unterscheiden.

nämlich erst angebracht, nachdem der Großteil der Pyramide bereits fertig gestellt war.

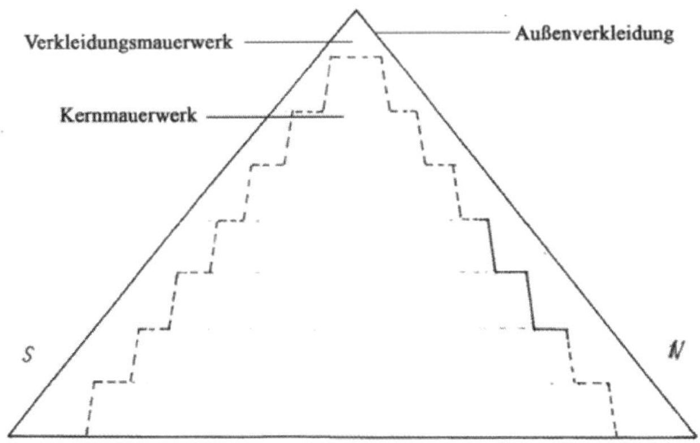

Abbildung 63: Der Aufbau einer Pyramide am Beispiel der Mykerinos-Pyramide. Die durchgezogene Linie ist archäologisch einwandfrei belegt und heute durch eine Breche im Gestein sichtbar. Zeichnung: Römer-Müller

Somit muss eine Theorie, die den Bau erklären soll, folgende Kriterien gerecht werden, die bereits in der Dissertation von Frank Müller-Römer aus dem Jahr 2007 Erwähnung finden (vgl. Müller-Römer 2007: 121-122):

- Die Theorie darf nur Werkzeuge, Transport- oder Bauverfahren verwenden, die den archäologischen Befunden aus der Zeit der 4. Dynastie und davor entsprechen.
- Die archäologisch bewiesenen Merkmale der Pyramide müssen berücksichtig werden.
- Fortwährende Messungen der Pyramide müssen stets gewährleistet sein.
- Unter Berücksichtigung der Baumethode müssen plausible Rechnungen des Zeitplans vorgelegt werden, die sich in einem angemessenen Zeitraum befindet (etwa 20 Jahre).

- Die vorgeschlagene Baumethode muss die Errichtung der gesamten Pyramide samt Pyramidion und Glättungsarbeiten der Fassadensteine ermöglichen.
- Es müssen bau- und sicherheitstechnische Aspekte für den Bau und die Glättung der Außenverkleidung berücksichtigt werden.

Die widerlegte Riesenrampe

Lange wurde uns fälschlicherweise vermittelt, dass Abertausend Sklaven tonnenschwere Blöcke eine riesige Rampe entlang gezogen hätten. Aber das Rampenmodell verliert immer mehr Anhänger, da der Bau einer solchen Rampe mit einem viel zu großen Aufwand verbunden wäre und in krasser Diskrepanz zur archäologisch nachgewiesenen Baumethode steht. Das Volumen der Rampe würde sich durch ihre immense Länge, die proportional zur Pyramidenhöhe wächst, stetig erhöhen, bis sie die der Pyramide um ein vielfaches übersteigen würde. Zudem müsste sie auf irgendeine Art und Weise stabilisiert werden, weil sie immerhin den Transport von Millionen tonnenschweren Blöcken standhalten müsste. Doch wie sollte man das bewerkstelligen? Mit Holz? Wir halten uns vor Augen: Ägypten ist ein Wüstenland und die wenigen Dattelbäume sind Bestandteil der Grundnahrungsmittelversorgung. Ein „Import" aus dem Ausland ist zu Cheops Zeiten nicht belegt[32] und kommt aus diesem Grund auch nicht infrage. Nein, eine Rampe scheidet definitiv aus. Obwohl sie so einfach und leicht realisierbar erscheint, ist sie wohl die abwegigste aller Theorien, die sich mit dem Bau der Pyramide beschäftigen. Nicht selten weisen Ägyptologen darauf hin, dass die alten Bauherren Wasser oder Öl vor die Schlitten gossen, um die Reibung zu verringern und das Schleppen der Blöcke zu erleichtern. Das hätte zur Folge gehabt, dass die Arbeiter ihre tonnenschweren Lasten auf einer Matschschicht hätten schleppen müssen, die ihnen alles, aber nur keinen Halt bieten konnte. Die Flüssigkeiten hätten zudem die gesamte Stabilität der Struktur gefährdet und sie regelrecht aufgeweicht. Interessant ist, dass einer der größten Verfechter der Rampen-Theorie, der Ägyptologe Rainer Sta-

[32] Lediglich aus der Zeit von Cheops Vater Snofru sind solche Importe dokumentiert.

delmann, darauf hinweist, dass zwar zahlreiche unfertige Pyramiden gefunden wurden, aber nie die dazugehörige Rampe aufzufinden war. Wolfram Knapp beschreibt den Sachverhalt wie folgt:

„Die Spitzen der Pyramiden bilden also weiterhin ein großes Fragezeichen. Aber auch der Unterbau ist für Prof. Stadelmann keineswegs eindeutig geklärt: „Es gibt unfertige Pyramiden, bei denen die Rampe noch vorhanden sein müßte. Doch keine einzige ist erhalten.“ (Knapp 1998: 64)

Rampenbau nach Dieter Arnold

Arnold veröffentlichte 1981 seine These zum Pyramidenbau und war sich schon damals dessen bewusst, dass eine senkrecht auf die Pyramide zuführenden Rampe aus verschiedenen bautechnischen Gründen nicht zu realisieren wäre (vgl. Arnold 1981: 15ff.). Daher verlegte er diese, ähnlich einer Schneise, einfach in das Bauwerk selbst. Eine zusätzliche Rampenkonstruktion müsste seinen Berechnungen zufolge, erst ab einer Pyramidenhöhe von 35 Meter integriert werden. Durch eine Kehrtwende der Rampe um 180 Grad an den Außenflanken des Bauwerks könnte man schließlich eine Höhe von etwa 90 Metern bewältigen. Die weiteren Baumaßnahmen beschreibt Arnold wörtlich als „schwierig“ und gibt an, dass möglicherweise eine Treppenkonstruktion bis zur Spitze angebracht wurde.

Einer der größten Schwachstellen an Arnolds Theorie ist die „mitwachsende“ Rampe. Sie hätte ständig an die neuen Höhenunterschiede angepasst werden müssen, was erhebliche Verzögerungen zur Folge gehabt hätte. Des Weiteren wäre sie exakt durch die heute bekannten Räume und Gänge verlaufen, wodurch der Bau der Hohlräume nicht möglich gewesen wäre.

Das Glätten der Außenfassade hätte nur mit einer äußeren Baurampe funktioniert, die in diesem Modell gänzlich fehlt. Aus bau- und sicherheitstechnischen Gründen kommt für die Glättung der Außenverkleidung kein anderes Verfahren infrage. Die Arbeiten an der Pyramidenaußenwand, können nicht durch abgeseilte Arbeiter oder ähnlich abenteuerliche Methoden durchgeführt werden. Es musste eine Plattform vorhanden sein, die sicheren Halt und genügend Freiraum bot. Arnold ignoriert völlig die oben beschriebenen archäologischen Befunde. Das vorhandene stufenförmige Kernmauerwerk ist nicht in Einklang mit der von ihm postulierten These zu bringen. Ein weiterer Nachteil, den eine einzige große Rampe mit sich bringt, ist die Tatsache, dass nur maximal auf zwei Spuren gleichzeitig hätte gearbeitet werden können und somit der Zeitplan von etwa 20 Jahren nicht hätte eingehalten werden können. Arnolds Lösungsvorschlag scheidet folglich definitiv aus.

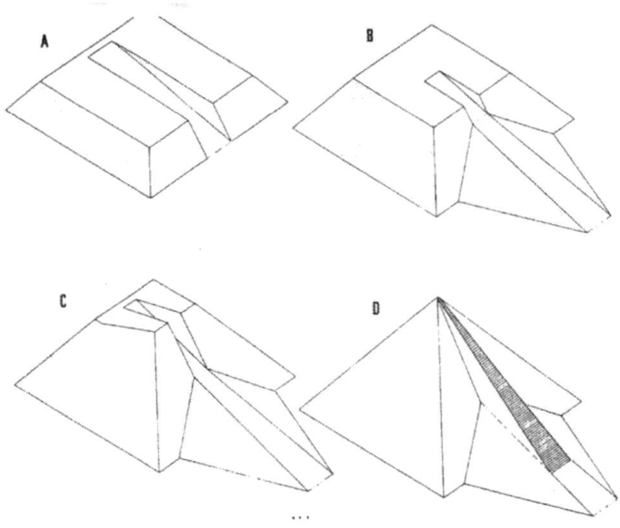

Abbildung 64: Arnold gesteht in seiner Ausarbeitung ein, dass er nicht erklären könne, wie man die Steinblöcke über die Stufen im letzten Bauabschnitt heben konnte. Zeichnung: Arnold

Rampensysteme nach Rainer Stadelmann

Stadelmann geht von einem komplexen Rampensystem aus, da er bei Ausgrabungen an der „Roten Pyramide“ in Dashur auf Spuren sehr kleiner Rampen gestoßen ist (vgl. Stadelmann 1990: 266ff.). Die kleinen Aufwege, die bis zu einer Höhe von 20 Metern eingesetzt werden konnten, wurden laut Stadelmann von einer großen Rampe abgelöst, die an der Pyramidenseite entlang verlief. Für die letzten Meter bis zur Pyramidenspitze sieht auch er die Möglichkeit der Verwendung einer treppenförmigen Rampe und greift die Idee von Arnold auf.

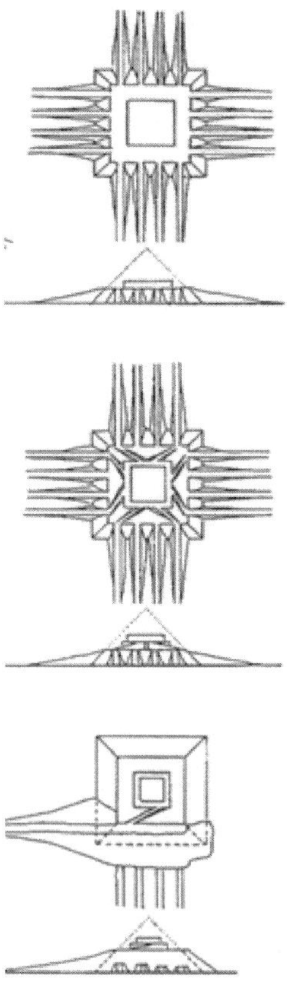

Abbildung 65: Stadelmanns Modell übertrifft alle Theorien an Komplexität. Zeichnung: Stadelmann

Aber auch hier gibt es eine Vielzahl von Problemen, die mit seinem Rampenmodell nicht in Einklang zu bringen sind. Zudem ist es eher unwahrscheinlich, dass die schmale Basis der kleinen Konstruktionen angesichts der permanenten Belastung durch die Blöcke genügend statische Sicherheit bieten konnte. Die Gefahr eines Baustopps wäre allgegenwärtig gewesen, da ab einer Höhe von 20 Metern nur noch ein Weg zur Baustelle geführt hätte. Auch Stadelmanns Theorie ist nicht in der Lage, eine geeignete Vorgehensweise zu präsentieren, die auch das Glätten der Außenfassaden berücksichtig. Darüber hinaus gibt es keine archäologischen Befunde, die die Theorie von Stadelmanns „Riesenrampe“ stützen könnten. Diese komplizierte Baumethode fällt somit auch weg.

Die Riesenrampe von Jean-Philippe Lauer

Anlässlich des 5. Internationalen Ägyptologenkongresses in Kairo im Jahr 1988 gab Lauer seine Theorie einer einzelnen Rampe bekannt, die er bereits zuvor publiziert hatte (vgl. Lauer 1989: 91ff.).

Lauer sieht eine senkrecht auf die Pyramide zulaufende Rampe vor, die an ihrer Basis eine Breite von 160 Metern aufweist und sich mit steigender Höhe verjüngt. Vorteil eines solch breiten Weges wäre, dass nur noch die Höhendifferenzen angeglichen werden müssten und die jeweilige Böschung zu vernachlässigen wäre. Berechnungen Lauers zugrunde legend, würde die Endlänge der Konstruktion rund 375 Meter betragen. Eine Lehmziegelplattform deckte der Theorie zufolge die letzten sieben Höhenmeter ab und ermöglichte das Aufsetzen des Pyramidions.

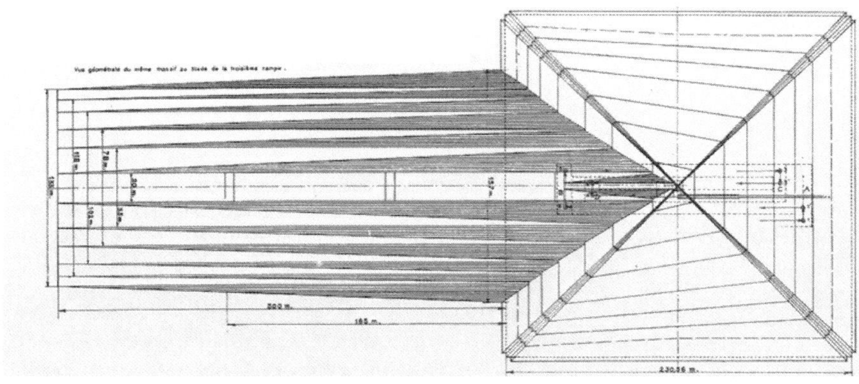

Abbildung 66: Lauer geht von einer gewaltigen Riesenrampe aus. Zeichnung: Lauer

Wie bei den anderen beiden Rampentheorien, wäre es auch hier nicht möglich, die Fassadensteine zu glätten. In der Fachliteratur wird zudem immer wieder der gerechtfertigte Einwand geäußert, dass keinerlei Spuren des umfangreichen Abraumes einer so großen Rampe zu finden seien. Weiterhin bleibt uns Laurer eine Erklärung für die genaue Positionierung der Rampe an der Pyramide schuldig. Auf der Ost- und Westseite befinden sich nämlich Friedhöfe, während die Südseite sehr steil zu den Steinbrüchen hin abfällt. Die Nordseite beherbergt den Eingang der Pyramide und kommt daher auch nicht infrage. Ebenfalls vernachlässigt wird erneut der bewiesene stufenförmige Aufbau des Kernmauerwerks, von der Gefahr der vielen Baustopps ganz abgesehen.

Umlaufende Ziegelrampe nach Georges Goyon

Goyon war der Erste, der die Möglichkeit einer Spiralrampe in Betracht zog. Sie schlängelte sich der These nach um das Bauwerk und wuchs mit der Pyramide selbst in die Höhe, wobei sie diese stets umhüllte (vgl. Goyon 1987). Da Goyon eine allgemein akzeptierte Methode zur Neigungswinkelbestimmung des alten Reichs ablehnt und sie als „ungeeignet" bezeichnet, sieht er einen senkrecht zum Boden verlaufenden Schacht im Pyramidenzentrum vor, der mit Zuhilfenahme eines Lots genaue Messungen ermöglichen sollte. Unverständlicherweise werden von ihm an dieser Stelle die Räumlichkeiten des Bauwerks vernachlässigt, die den Verlauf des Schachtes gekreuzt hätten. Auch existieren keine archäologischen Belege, die diese These stützen könnten.

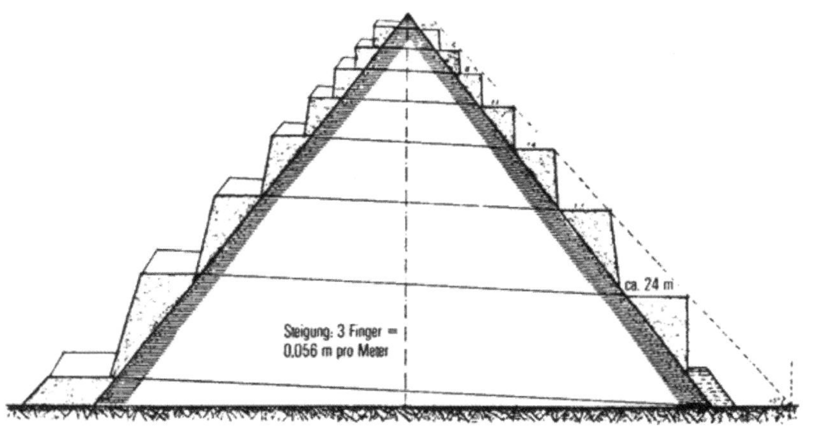

Abbildung 67: Goyons Wendelrampe im Querschnitt. Zeichnung: Goyon

Auch Gyon geht von einer schichtweisen Errichtung aus und berücksichtigt nicht die empirisch nachgewiesene Stufenform des Pyramideninnern. Ein weiteres Problem, das hier erstmals auftaucht, bezieht sich auf die Ecken der Rampenkonstruktion. An dieser Stelle konnten nämlich keine größeren Blöcke gezogen werden und mussten aufwendig „herum gehievt" werden, sofern dies überhaupt möglich war. Obwohl der Aufweg nicht gesperrt werden musste, um die Höhe immer wieder anzupassen, existiert auch hier ein großes Kapazitätsproblem, da nur eine Transportstraße zur Verfügung stand. Eine Fertigstellung des Bauwerkes innerhalb des Zeitplans erscheint aus diesem Grund sehr unrealistisch. Zudem zeigen einfache Berechnungen von Henri Paul aus dem Jahr 1987, dass die Bauzeit mit der vorliegenden Theorie etwa 43 Jahre betragen würde (vgl. Graefe 1998). Dies wäre doppelt so lange wie angenommen und ist – neben den erwähnten anderen Unplausibilitäten – Anlass genug, Goyons Theorie zu verwerfen.

Integralrampe nach Rosemarie und Dietrich Klemm: Das Ehepaar Klemm stellte im Jahr 1998 seine Theorie öffentlich zur Diskussion und schlug ein Konstruktionsprinzip vor, das zwei an den Außenflächen der Pyramide integrierte Spiralrampen vorsieht, die jeweils an der Südwest- und Nordost-Ecke beginnend, die Pyramide in gleicher Richtung umlaufen (vgl. Klemm 1998: 87-94). Der Vorteil dieser Theorie ist zweifelsohne, dass keine zusätzliche Rampe gebaut werden musste und kein „Rampenabfall" entstand. Die Breite ihrer Rampen geben sie mit nur fünf Metern an.

Auch das Ehepaar Klemm ignoriert die archäologischen Befunde und geht von einer schichtweisen Steinverlegung aus, die klar widerlegt ist. Ein weiteres Problem entsteht durch die geringe Breite der Wege. Größere Zugmannschaften beziehungsweise Ochsengespanne hätten dort wohl keine Gelegenheit zum Manövrieren. Dies wird umso deutlicher, wenn man sich die Zahl der für den Transport eines Granitriegels aus den Entlastungskammern benötigten Zugtiere vor Augen hält. In der bereits erwähnten Dissertation von Frank Müller-Römer errechnet dieser 300 Männer beziehungsweise 30 Ochsen für das Heraufschleppen eines Granitriegels (vgl. Müller-Römer 2007: 137). Eine fünf Meter breite Rampe lässt eine solche Anzahl an Arbeitskräften jedoch nicht zu. Die Urheber der Theorie können auch nicht erklären, wie die größeren Blöcke um die Ecken befördert oder die Verkleidungssteine geglättet wurden. In Fachkreisen wird oft behauptet, dass man zwei runde Holzstämme an den Ecken befestigte, mit deren Hilfe die Arbeiter die Blöcke auch effektiv um 90 Grad wenden konnten. Doch zweifellos würde eine solche Methode zu enormen Verzögerungen führen und zeitgleich die Frage aufwerfen, ob die Holzstämme den Belastungen, insbesondere denen der Granitriegel, gewachsen wären. Ferner sollte erwähnt werden, dass auch in diesem Modell nur eine Transportstraße zur Verfügung gestanden hätte, obwohl zwei Rampen vorhanden gewesen wären. Denn auf einem Weg wurde neues Material hinauf transportiert und auf dem anderen gelangten die Transportmannschaften und Ausrüstungen wieder nach unten. In Anbetracht all dieser Fakten errechnete Müller-Römer eine Bauzeit von 54 Jahren (vgl. Römer-Müller 2007: 138). Der Vorschlag des Ehepaars Klemm ist somit bei Weitem nicht ausreichend.

Abbildung 68: Die Ansicht verdeutlicht, dass das Model die Integration von zwei unabhängigen Rampen erlaubt. Zeichnung: Klemm

Kombination einer Integral- und Riesenrampe nach Jean-Pierre Houdin

Keine der Bautheorien wurde wohl so effektiv und systematisch vermarktet wie die Theorie von Jean-Pierre Houdin. Sie geht von der Kombination einer 425 Meter langen, aus Süden auf die Pyramide zulaufenden Rampe mit einer davon unabhängigen Integralrampe (vgl. Houdin 2003) aus. Die „Riesenrampe" soll laut dieser Theorie in zwei Spuren geteilt gewesen sein, wodurch Bauverzögerungen durch die notwendigen Höhenanpassungen der Rampen vermieden werden konnten, da immer nur eine Seite gesperrt werden musste. So hätten die Arbeiter das benötigte Baumaterial bis zu einer Pyramidenhöhe von 43 Metern befördern können. Für die weiteren Höhenmeter hätten die Ägypter die Integralrampe verwendet, die nur 2,6 Meter breit gewesen sein soll. Zur Überwindung der letzten 16 Höhenmeter bis zur Pyramidenspitze, die mit der inneren Rampe nicht zu erreichen war, soll ein Holzgerüst gedient haben. Die Ecken des Bauwerks wurden demnach vorerst nicht verbaut, da dort Hebevorrichtungen aus Holz vorgesehen waren, die die Blöcke um 90 Grad wenden sollten. Für den Transport der bis zu 60 Tonnen schweren Granitblöcke sieht Houdin die Verwendung eines Lastenaufzugs mit Gegengewichten vor, die an den Pyramidenaußenseiten verliefen, welche der These zufolge, bereits von Anfang an mit verbaut wurden.

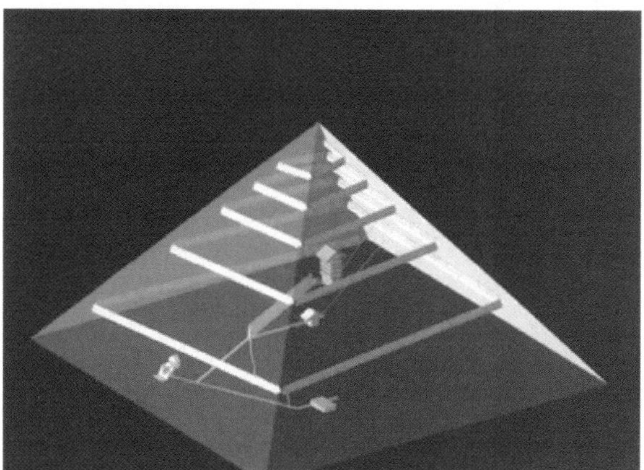

Abbildung 69: Bevor der Pyramidenbau das abgebildete Stadium erreichte, war eine große Rampe vonnöten, die die ersten Steinlagen mit Baumaterial versorgte. Quelle: Houdin

Die These von einer großen Rampe wurde bereits zu Genüge widerlegt. Unverständlich bleibt auch hier, wieso Houdin von einer schichtweisen Verlegung der Blöcke ausgeht, obwohl dies archäologisch einwandfrei widerlegt ist. Die These Houdins, dass die Fassadensteine mithilfe eines Holzgerüsts integriert worden seien und auch die Glättungsarbeiten so erfolgten, ist wohl einer gewissen Argumentationsnot geschuldet, da ein Holzgerüst den Lasten der bis zu 20 Tonnen schweren Verkleidungssteinen nicht standgehalten hätte. Müller-Römer schreibt dazu:

„Die Montage der äußeren Verkleidungsschicht und deren Glättung sowie das Schließen der Absatzkerben an den Ecken der Pyramide können ohne ein Hilfsgerüst entlang der gesamten Außenfläche aus arbeits- und sicherheitstechnischen Gründen nicht erfolgen. Der von Houdin vorgesehene äußere Holztunnel ist dafür nicht geeignet" (Müller-Römer 2007: 148-149).

Keine andere Theorie zum Pyramidenbau ist wohl mit mehr Fehlern und Ungereimtheiten behaftet als die Theorie von Houdin, da sie auf gleich drei widerlegten Thesen beruht:

- Große Rampentheorie
- Integralrampe
- Lastenaufzug an den Seiten

Anhand der hier aufgeführten Beispiele kann jeder Leser selbst über zukünftige Bautheorien urteilen. Die wichtigsten Punkte, die es zu beachten gilt, sind die archäologisch bewiesenen Bauphasen der Pyramide und die Berücksichtig der Glättungsarbeiten von oben nach unten unter sicherheitstechnisch akzeptablen Bedingungen.

Angesichts all dieser Tatsachen ist es um so befremdlicher, dass der ehemalige Leiter des deutsch archäologischen Instituts in Kairo, Rainer Stadelmann, die Theorie als, *„... mehr als interessant, revolutionär und in sich schlüssig ..."* bewertete. (Mysteria 3000, 2007)

Aktuelle Bautheorie von Frank Müller-Römer

Müller-Römer legte im Jahr 2007 wohl die wahrscheinlichste aller Theorien vor (Römer-Müller 2007: 179ff.). Unter Berücksichtigung aller Aspekte gelang es ihm, eine Hypothese aufzustellen, die keinen archäologischen Befunden widerspricht. Er geht korrekterweise von einer zunächst stufenartigen Bauweise aus, mit deren Hilfe das Kernmauerwerk samt Räumlichkeiten errichtet wurde. An allen vier Seiten des Kernmauerwerks verliefen kleine Rampen, die jeweils auf der darunter liegenden Stufe ruhten. Womöglich waren in sie kleine Doleritkugeln eingelassen, die beim Hochziehen der Steine die entstehende Reibung verringerten. Die Blöcke wurden vermutlich nicht allein durch menschliche Muskelkraft hochgezogen. Am Enden jeder Rampe befand sich nach Müller-Römer eine Winde, mit deren Hilfe acht Arbeiter gleichzeitig ihre Kraft und ihr Körpergewicht einsetzten konnten, um die an Seilen befestigten Materialen nach oben zu schaffen. Um ein Abrutschen der Blöcke zu verhindern, wurden die eingesetzten Seile nach unten hin gesichert. Zudem waren die Rampen so positioniert, dass ein hochgezogener Stein nur wenige Meter zur nächsten Rampe und Winde überwinden musste. Müller-Römer verweist an dieser Stelle nochmals auf die Kugeln und sagt, dass die Abschnitte zwischen den Rampen, an denen noch keinen Winden eingesetzt werden konnten, erst den wahren Nutzen der runden Bauelemente offenbarten. Denn mit dieser Methode ist es möglich, mit nur wenig Kraftaufwand auch größere Blöcke über kurze Distanzen zu schieben und zu wenden.

Nach der Fertigstellung des Kernmauerwerks geht Müller-Römer von der Errichtung einer Arbeitsplattform aus Ziegeln aus, die sich ebenfalls stufenartig um die Pyramiden legte und mit den selben Rampen verbunden war, die für die Erbauung des Kernmauerwerks benötigt wurden. Laut Müller-Römer wurden von unten nach oben das Fassadenmauerwerk eingefügt und die Verkleidungssteine verlegt. Die Glättungsarbeiten begannen unverzüglich nachdem die Pyramidenspitze, das Pyramidion, aufgesetzt wurde und verliefen von oben nach unten. Da auf allen Seiten gleichzeitig gearbeitet werden konnte, war man problemlos in der Lage, den gesetzten Zeitplan einzuhalten. Leider behandelt seine Theorie den

Transport der schwereren Blöcke nur beiläufig. So zieht er die Möglichkeit in Erwägung, dass auf der Ostseite längere Rampen mit geringerem Neigungswinkel angebracht waren, die einen Transport der schwereren Granitblöcke ermöglichen konnten. Nach schlüssigen Berechnungen kalkuliert er eine Gesamtbauzeit von etwa 22 Jahren. An dieser Stelle möchte ich kurz erwähnen, dass seine Theorie auf bereits veröffentlichten Thesen von Heinrich Karl Keyssner und Louis *Croon* beruht, aber neue Elemente, wie beispielsweise die Verwendung der Winden, beinhaltet.

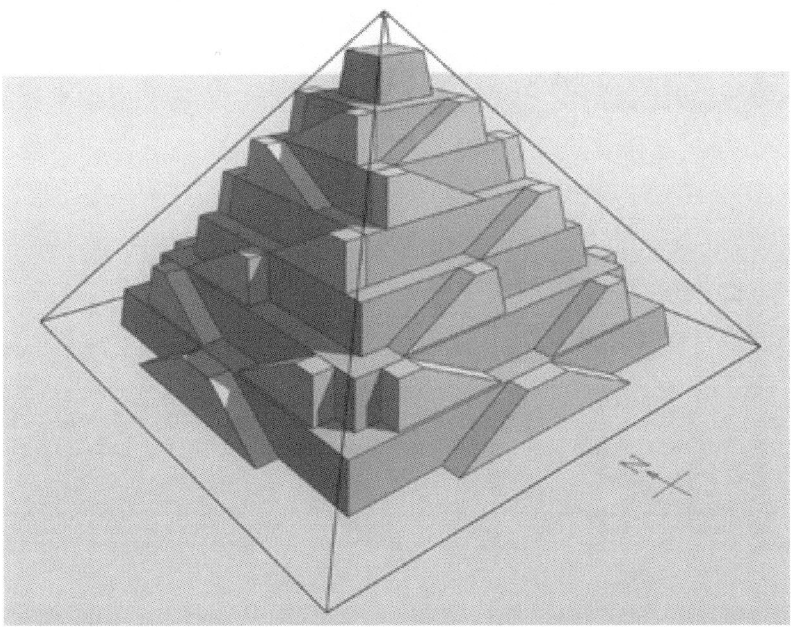

Abbildung 70: Der Pyramidenbau nach Römer-Müller anhand der Mykerinos-Pyramide. Quelle: Müller-Römer

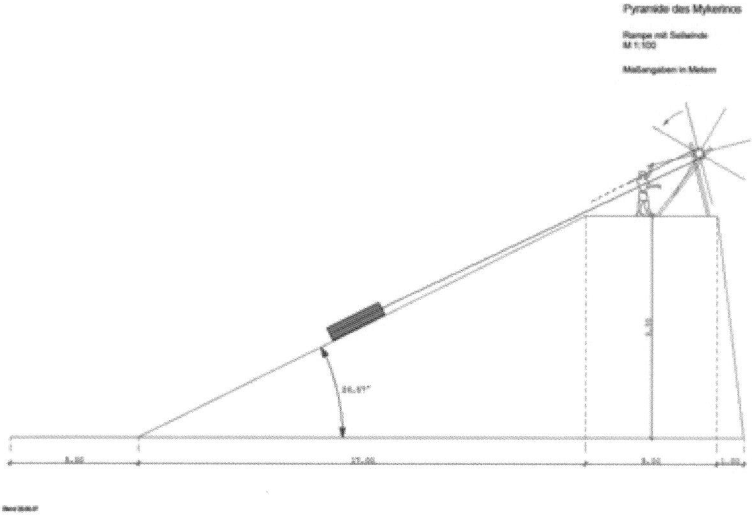

Abbildung 71: Solche Winden waren Müller-Römer zufolge am Ende jeder Rampe montiert. Quelle: Müller-Römer

Aber auch bei dieser Theorie bleiben Fragen offen. Andere Fachleute, und auch er selbst, sehen die Verwendung von Arbeitsplattformen und Wendelrampen, die das Bauwerk vollständig eingehüllt haben sollen, kritisch, da der Pharao bei einem frühzeitigen Tod nicht durch den Eingang der Pyramide vorzeitig hätte beigesetzt werden können. Weiterhin existieren keine Funde auf dem Gizeh-Plateau, die eine Verwendung der vorgesehenen Winden bestätigen könnten, auch wenn diese beim damaligen technologischen Stand durchaus vorstellbar wären.

Insgesamt können wir also festhalten, dass es keine Theorie gibt, die den Pyramidenbau vollständig und zufriedenstellend beschreiben und erklären kann.

Die Pyramide heute bauen

Wären wir heute mit all unserer Finesse und Technologie imstande, die große Cheops-Pyramide zu bauen? Ich bin mir sicher, dass viele Leute diese Frage eher als lächerlich empfinden werden und sie mit einem klaren „Ja" beantworten würden. Aber vermutlich hat sich keiner dieser Leute mit der Thematik beschäftigt und entscheidet frei aus dem Bauch heraus. Der deutsche Ingenieur Ralf Papendick, der nach eigenen Angaben bereits viele Großprojekte leitete, nahm sich dieser Aufgabe an:

Bereits der erste Punkt, die Genauigkeit der Seitenlängen, versetzte ihn ins Staunen. Er schreibt:

„Das Einmessen der Pyramide ist mit dem heute zur Verfügung stehenden Laser und den Präzisionsgeräten eine durchaus lösbare Aufgabe. Erstaunlich jedoch ist, mit welcher Präzision die damaligen Baumeister ihr Werk ausführten: Nachmessungen mit modernen Messverfahren haben ergeben, dass die vier Seitenlängen des Basisquadrates eine maximale Abweichung von im Mittel nur 15 Zentimeter gegenüber den Sollmaßen aufweisen. 15 Zentimeter auf 230 Meter Seitenlänge!! Ein Fehlerverhältnis von 1:1500.

Nach den zurzeit geltenden Ebenheitstoleranzen im Hochbau dürfen „flächenfertige Wände aus Sichtmauerwerk oder Beton oder Wandbekleidung" eine Ebenheitstoleranz von 2 Zentimeter bei einem Abstand der Messpunkte von 10 Meter aufweisen. Dies entspricht nach heutiger Norm einer Toleranz von 46 Zentimeter bei einem Abstand beziehungsweise einer Länge von 230 Metern. Das ist ein Verhältnis von 1:500 gegenüber 1:1500 und zeigt: Unsere Altvorderen bauten um ein dreifaches Maß genauer und präziser, als wir das heute tun können, trotz der heutigen Systemlösungen, der maschinellen Herstellung von Plansteinen, den Schalungssystemen und Ähnlichem mehr" (Papendick 2008: 77).

Demnach wären wir selbst heute nicht in der Lage, die Pyramide genauer zu bauen, da sie bereits nach höchstem Maß an Genauigkeit und Präzision erbaut wurde. Überraschend sind auch die Ergebnisse zweier Statikbüros, die von Papendick beauftragt wurden, um den Pyramidenaufbau an Computern zu simulieren und somit eine Aussage über den Kräfteverlauf und die Auswirkungen auf den Baugrund zu erhalten. Mit dem Hinweis, dass dieses Unterfangen „zu kompliziert und zu komplex" sei, lehnten die Büros die Aufgabe ab (vgl. Papendick 2008: 78). Aber wie schafften es dann die alten Ägypter, das Bauwerk zu errichten, wenn selbst unsere leistungsfähigen Computer vor dieser Aufgabe kapitulieren? Eine Frage, auf die es vielleicht nie eine Antwort geben wird.

Der nächste Punkt waren die „Standardblöcke" der Pyramide, deren Maße etwa 70 x 100 x 100 Zentimeter betragen. Laut Papendick sind selbst die größten heute industriell hergestellten Plansteine, die immerhin ein Gewicht von 500 Kilogramm haben, um ein Drittel kleiner als die Standardsteine der Cheopspyramide. Somit würden wir heute bereits an der Materialbeschaffung scheitern.

Lassen wir einmal den Transport der Steine zur Baustelle völlig außer Acht. Um die Blöcke auf das Bauwerk zu hieven, wären fünf Hochbaukräne vom Typ *Liebherr 3150 HC60* von Nöten, die mit einer Hackenhöhe von 96,5 Metern imstande wären, die Steinquader in ihre vorgesehenen Höhe zu befördern. Einer dieser Kräne müsste in der Pyramidenmitte stehen und mit der Konstruktion stetig wachsen, um das letzte obere Drittel des Baus noch erreichen zu können. Darüber hinaus müssten 64 Minikräne auf der Baustelle aufgestellt werden, die das genaue Positionieren der Blöcke übernähmen. Nach zahlreichen Berechnungen zur Bauzeit und den entstanden Kosten kommt Papendick zu folgendem Schluss:

„[...] Unsere Vorfahren hatten keine Megakräne! Sie mussten höchstwahrscheinlich immense Rampen bauen, um den Transport der schweren Steine in die Tat umzusetzen! (längst widerlegt! Anm. d. Ver.) Sie konnten des Nachts nicht arbeiten, weil es kein künstliches Licht gab! (Übrigens, das flackernde Licht von Fackeln oder brennendem Buschwerk ist überhaupt nicht geeignet, um eine Präzisionsarbeit abzuliefern, wie wir sie vorgefunden haben.) Es gab Unwetterzeiten und enorme Hitzeperioden und sicherlich einige Feiertage, aber sie haben ihr Werk in 20 Jahre vollbracht. Wie um alles in der Welt war das möglich?! Die Fundamentierung der Pyramide, das Anlegen von Gängen und Grabkammern haben wir bei den vorgegangenen Betrachtungen völlig außer Acht gelassen. Unsere antiken Baumeister lieferten in 20 Jahren das komplette Paket. Wie? Mit welchen Mitteln? Mit was für einem Konzept?" (Papendick 2008: 83).

Die Nachforschungen Papendicks haben eindrucksvoll bewiesen, dass die Pyramide zu Recht den Titel „letztes noch erhaltenes Weltwunder" trägt.

Viele weitere Aspekte wurden im vorliegenden Buch außer Acht gelassen. Beispielsweise die perfekt polierten Verkleidungssteine. Für sie mussten ungefähr 500.000 Quadratmeter Tura-Kalkstein per Hand in einer ungeheuren Perfektion poliert werden, die wir heute nicht besser herstellen könnten. Flinder Petrie, von dem wir bereits gehört haben, untersuchte im Jahr 1881 eingehend die noch wenigen, erhaltenen Verkleidungssteine an der Cheops-Pyramide. Zu seiner Verwunderung stellte er fest, dass die mittlere Fugenstärke der Blöcke 0,5 Millimeter betrug. Eine kaum vorstellbare Genauigkeit, die bei abertausenden Blöcken eingehalten werden musste. So schrieb er: *„Die Steine passgenau nebeneinander zu setzten war an sich schon eine schwierige und mühevolle Arbeit, doch mit „Mörtel" in den Fugen scheint es fast ein Ding der Unmöglichkeit"* (Petrie 1883: 13).

Jeder Architekt und Bauingenieur wird bestätigen, dass die Umsetzung einer solch feinen Bindemittelschicht in Kombination mit den tonnenschweren Blöcken in der Praxis nicht durchführbar ist. Erst recht nicht in solch einer hohen Quantität. Mit einem Zitat von Papendick möchte ich das Thema beenden:

„Da stehen wir nun, mit Hochbaukränen, Minikränen, Gerüsten, Starkstrom, Statik und Laser – Präzisionsgeräten; mit exakten Systemsteinen, Lastwagen, Hubwagen und Gabelstaplern; mit Kalksandstein – Spezialkleber, Hubschrauber und Autokran und kriegen diese unbequeme Frage nicht beantwortet: Wie konnte ein Volk, das soeben aus der Steinzeit kam, ein solches Baudenkmal wie die Cheops Pyramide in 20 Jahren mit den Mitteln (noch einmal: was für Mittel mögen das gewesen sein?) ihrer Zeit vollbringen?" (Papendick 2008: 85).

Wissenschaftler anderer Fakultäten und weitere Pyramiden

Können weitere naturwissenschaftliche Fakten herangezogen werden, um etwas Licht in das Dunkle zu bringen?

Circa 30 Kilometer südlich vom Gizeh-Plateau liegt Dahschur. Dort stehen zwei weitere große Pyramiden, die vermutlich vom Vater des Cheops, Pharao Snofru, erbaut wurden: die „Rote Pyramide" und die „Knickpyramide".

Auf den ersten Blick erscheint die „Rote Pyramide" wie jede andere, doch geht man näher auf sie zu, erkennt man, dass die Seiten dieses Bauwerks regelrecht „zerfressen" sind.

Abbildung 72: Die zerfressene Außenfassade der „Roten Pyramide" in Dashur. Foto: Zarei

Abbildung 73: Der Wächter des Gizeh-Plateaus. Foto: Zarei

Auch hierfür hat die Archäologie eine einleuchtende Erklärung. Die Fachgelehrten gehen davon aus, dass es sich um gewöhnliche Erosionsspuren handelt, die vom Wind verursacht wurden.

Dieser Wind trage Sandpartikel aus der Wüste mit, die ähnlich wie bei einem Sandstrahlgebläse, das Gestein zerklüften beziehungsweise beschädigen.

Mit dieser These sind jedoch einige Geologen nicht ganz einverstanden, allen voran Robert Schoch, von dem wir an späterer Stelle noch mehr hören werden. Schoch behauptet nämlich, dass der Wind aus bestimmten Richtungen viel stärker beziehungsweise schwächer blase und die Seitenwände somit nicht überall gleich beschädigt sein dürften. Nachdem er kleine Gesteinsproben untersucht hatte, kam er zu dem Resultat, dass die mikroskopisch kleinen Einschließungen, die er vorfand, eindeutig Zeichen von Wassererosion sind. Somit müssten die Pyramiden von Dahschur zwangsläufig weiter zurück in die Vergangenheit datiert werden und ihre Erbauung auf knapp 10.000 v. Chr. korrigiert werden, da die nötigen Wassermassen und Regenfälle in dieser Region zuletzt am Ende des Jungpleistozän (Tarantium) vorhanden waren (vgl. Bauval 1994; Hancock 1996). Damals glich die Sahara einem blühenden Paradies mit ganzjährig Wasser führenden Flüssen und Seen und konnte problemlos die nötigen Wassermengen „liefern", die für eine solche Beschädigung Voraussetzung wären. Doch diese Frage ist nicht so einfach zu klären. Im vorliegenden Buch möchte ich die Thematik nur kurz ansprechen, kann aber keine genaueren Aussagen dazu treffen, da hierfür umfangreiche Nachforschungen notwendig wären, die genügend Stoff für ein weiteres Manuskript liefern würden. In einem zukünftigen Werk werde ich mich mit dieser Problematik intensiv befassen und meine Ergebnisse veröffentlichen.

Was jedoch verwundert: Offenbar macht sich niemand Gedanken, weshalb die eine Pyramide total zerfressen wirkt während die benachbarte Pyramide nur relativ geringe Schäden aufweist. In beiden Fällen fehlen Teile der Verkleidung, bei der „Roten Pyramide" mehr als bei der „Knickpyramide". Da das Kernmauerwerk aus Kalkstein bei beiden Pyramiden teilweise freigelegt ist, müssten sich einheitliche Erosionsspuren finden lassen. Weshalb wurden überhaupt alle Fassadensteine der „Roten Pyramide" geplündert und die Fassade der „Knickpyramide" fast gänzlich unberührt gelassen, obwohl sie in unmittelbarer Nähe zueinander liegen? Eine weitere Frage, die niemand beantworten kann!

Die Archäologen können das von Schoch errechnete Alter natürlich nicht einfach hinnehmen und dementieren das Ganze. Schließlich würde das ja alle ihre Datierungen und Chronologien auf den Kopf stellen.

Es ist nachweisbar, dass noch in der 11. und 12. Dynastie die Menschen die besagten Pyramiden in Dashur verehrten und die dazugehörigen Taltempel regelmäßig restaurieren ließen. Angeblich gingen die Menschen einer Art „Snofru-Kult" nach und fingen irgendwann an, ihn und seine Bauwerke zu verehren. Diese Erklärung ist aber sehr fragwürdig und unwahrscheinlich, da ein vergleichbarer Kult über einen solch langen Zeitraum nicht einmal auf dem Gizeh-Plateau nachweisbar ist, das immerhin die größten Pyramiden beherbergt. Wieso waren diese Bauten überhaupt so wichtig? Wussten die Menschen damals mehr über den eigentlichen Sinn der alten „Wolkenkratzer" als wir heute?

All die offenen Fragen, die sich bei der näheren Beschäftigung mit den Pyramiden ergeben und all die verschiedenen, widersprüchlichen Erklärungsversuche durch die etablierte Ägyptologie stießen mit der Zeit auf immer mehr Verwunderung und das Interesse anderen Fachkreise. Wie wir bereits erfahren haben, zog im Auftrag der Wasede-Universität Tokio im Jahr 1968 ein ganzes Heer von Wissenschaftlern, ausgerüstet mit modernsten Instrumenten, aus, um das Geheimnis der Pyramiden zu lüften. Neben der bereits erwähnten Entdeckung von Hohlräumen und Anomalien in der großen Pyramide, machten die Forscher ähnliche Funde an dem Sphinx. Dieser erwies sich als ebenso geheimnisvoll, als man dessen Umgebung untersuchte und unglaubliche Messdaten erhielt, die wiederum von Räumen und Gängen zeugten (vgl. Yoshimura 1968).

Vielmehr sprachen Ägyptologen von dem schlichten Versuch einer Universität, etwas Werbung für die Elektronik-Industrie zu machen und bezeichneten teilweise die Forscher als Pseudowissenschaftler.

Dennoch fand Ende 2009 eine Ausstellung der Japaner im archäologischen Museum von Kairo statt, in der die Ergebnisse aus 40 Jahren Forschung präsentiert wurden. Auch wenn die wahrscheinlich wichtigsten Entdeckungen, die eben angesprochenen Messdaten von 1968, nicht erwähnt wurden, gab es dennoch einige erstaunliche Funde zu entdecken, wie beispielsweise einige mit hieroglyphenartigen Zeichen versehene Sandstein-Scherben, deren Ursprung unbekannt ist.

Fast alle bisherigen Ausführungen bezogen sich auf die große Cheops-Pyramide. Nun stehen auf dem ganzen Plateau jedoch noch weit mehr Gebilde, die in die Untersuchungen mit einbezogen werden müssen. So auch der so genannte „Sphinx".[33] Von dieser geheimnisvollen Statue wird im Folgenden die Rede sein.

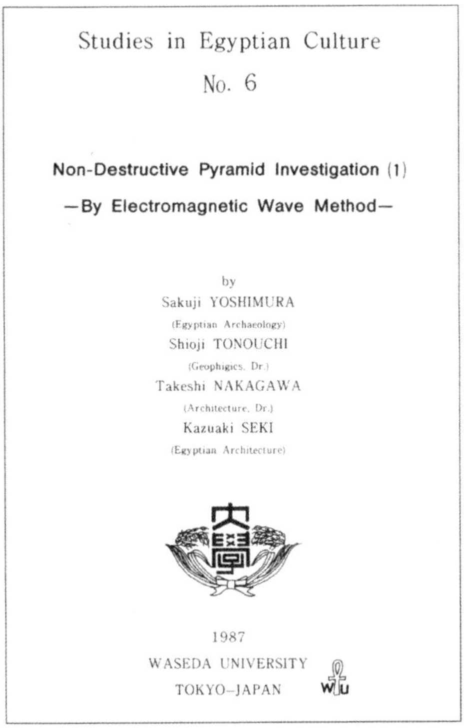
Studies in Egyptian Culture

No. 6

Non-Destructive Pyramid Investigation (1)

—By Electromagnetic Wave Method—

by
Sakuji YOSHIMURA
(Egyptian Archaeology)
Shioji TONOUCHI
(Geophigics, Dr.)
Takeshi NAKAGAWA
(Architecture, Dr.)
Kazuaki SEKI
(Egyptian Architecture)

1987
WASEDA UNIVERSITY
TOKYO–JAPAN

Abbildung 74: Der japanische Bericht wird bis heute in der Ägyptologie ignoriert und findet in der Fachliteratur keinerlei Beachtung. Quelle: Yoshimura

---

33 Da der Sphinx aus dem Kopf eines Menschen auf dem Körper eines Löwen besteht und es sich in beiden Fällen um ein Maskulinum handelt, sollte die Bezeichnung „der Sphinx" gewählt werden.

Das Gizeh Plateau

Der Sphinx

Seien es Japaner, Franzosen oder Amerikaner, sie alle haben versucht, den Untergrund der Sphinx zu durchleuchten und stießen dabei stets auf diverse Anomalien, die Platz für viel Spekulation lassen. Allen voran auf eine etwas größere Anomalie unter den „Vorderpfoten". Die Entdeckung genau dieser Anomalie verursachte in gewissen Kreisen viel Aufsehen, da bereits das amerikanische Medium Edgar Cayce 50 Jahre zuvor in diversen „Sitzungen" behauptete, dass man genau dort die „Hallen der Aufzeichnungen" finden werde, die das gesamte Wissen der Menschheit beinhalten würden und ein Erbe des untergegangenen atlantischen Volks seien (vgl. Stearn 1999). Wir schreiben das Jahr 1992 als der Geologe Dr. Robert Schoch zusammen mit Dr. Thomas L. Dobecki, einem Architekten, einem Ozeanografen und zwei weiteren Geologen in Ägypten eintrafen (vgl. West 1993; Schoch 1995: 34-39).

Laut Lehrmeinung ist der Sphinx von Chefren oder dessen Vater Cheops erbaut worden.[34] Schoch gibt das Mindestalter für den Sphinx mit knapp 7.000 Jahren an. Seinen Berechnungen zufolge ist sie also frühestens um das Jahr 5.000 v. Chr. heraus gemeißelt worden. Damit widerspricht er der gängigen Lehrmeinung, die den Bau auf 2.500 v. Chr. und damit deutlich später datiert. Wie kommt die Ägyptologie überhaupt auf den Gedanken, Chefren, beziehungsweise dessen Vater, als Erbauer der Sphinx anzugeben? Auch an diesem Bauwerk findet sich kein Hinweis auf den Erbauer wie beispielsweise: „Dieses Gebilde wurde errichtet von Chefren" oder „Bauwerk von Chefren", nichts das irgendwie auf Chefren als Bauherrn hinweist. Schon allein die geografische Nähe des Löwen-Mensch-Wesens zur Chefren-Pyramide reicht offenbar vielen Wissenschaftlern aus, das Mysterium um den Bau des Gebildes geklärt zu haben. Doch einige Merkwürdigkeiten lassen sich nicht einfach unter den Teppich kehren. Die Sphinx ist für Chefren nämlich ziemlich ungünstig positioniert. So ungünstig, dass Chefren die Ausrichtung des Aufwegs seiner Pyramide zum dazugehörigen Taltempel anpassen musste und gezwun-

[34] In der 4. Dynastie ca. 2.500 v. Chr.

gen war, diesen etwas weiter westlich vom Sphinx errichten zu lassen. Das würde bedeuten, dass die Sphinx bereits stand bevor Chefren seine Pyramide bauen ließ. Die einzige andere Pyramide aus dem alten Reich, die eine ähnliche Abweichung aufweist, ist die Niuserre-Pyramide in Abusir[35]. In beiden Fällen waren die Pharaonen zu diesen Maßnahmen gezwungen und hätten lieber eine korrekte Ausrichtung ihrer Tempel in Richtung Osten vorgenommen. Dies ist einer der Gründe, weshalb Stadelmann darauf hinweist, dass Cheops, Chefrens Vater, der eigentliche Erbauer sein müsste, da er angeblich den Sphinx bauen ließ, bevor sein Sohn mit der Errichtung seiner Pyramide beginnen konnte (vgl. Stadelmann 1990: 172ff.).

Die Traumstele

Pharao Thutmosis IV., der rund 900 Jahre nach dem angeblichen Erbauer lebte, errichtete zu seinen Lebzeiten eine Granitstele zwischen den Pranken des Mischwesens, die heute als „Traumstele“ bekannt ist. Dort steht geschrieben, dass Thutmosis, damals noch einfacher Wagenlenker, nach einer anstrengenden Jagd im Schatten des Sphinx ein kleines Nickerchen gemacht habe. Während er schlief, habe die Stimme des Mischwesens zu ihm gesprochen und behauptet, dass Thutmosis zum König gekrönt werde, wenn er den Körper des Löwen vom Sand befreien würde, da dieser ihn fast komplett bedecke und aufzulösen drohe (vgl. Klug 2002: 296-304).

Thutmosis kam der Bitte der Stimme nach, und so wurde aus ihm tatsächlich der Pharao von Ägypten – das behauptet zumindest die Traumstele. Die stark beschädigten Inschriften dieser Stele liefern den Ägyptologen einen weiteren vermeintlichen, aber wagen Hinweis zum Erbauer. Das letzte Symbol, der vorletzten Zeile besteht aus einer unvollständig erhaltenen Königskartusche, die den Namen Chefrens wiedergeben könnte. Da der Gesamttext nicht mehr zu rekonstruieren ist, bleibt der Zusammenhang zwischen Pharaos Chefren und der Statue ungeklärt, sofern die Kartusche tatsächlich dessen Namen wiedergeben sollte.

---

[35] Die Neferirkare- und die Niuserr-Pyramide teilen sich einen Aufweg und einen Totentempel.

Einer der berühmtesten Ägyptologen weltweit, der zugleich Ausgrabungsleiter auf dem Pyramidenplateau ist, behauptete im Jahr 1991, den sicheren Beweis gefunden zu haben, dass der Sphinx von Pharao Chefren erbaut worden sei.

Abbildung 75: Der obere Teil der Traumstelle ist gut erhalten, ausgerechnet der Teil mit einer Königskartusche (Kreis) ist beschädigt. Zeichnung: Zarei

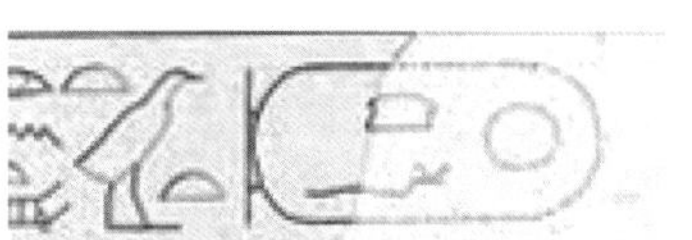

Abbildung 76: Diese zu Zwei Drittel zerstörte Königskartusche veranlasst die Gelehrten zur Annahme, dass Pharao Chefren die Sphinx errichten ließ. Die Abbildung zeigt den umkreisten Bereich aus der nebenstehenden Abbildung. Zeichnung: Zarei

Die Rede ist von Professor Mark Lehner. Genau jener Forscher, der 1994 eine 6 Meter hohe Pyramide nachbauen wollte, um zu zeigen, wie einfach doch ein solcher Bau zu realisieren sei und damit kläglich scheiterte. Das hielt ihn aber nicht davon ab, alle Theorien, die er in der Praxis erfolglos getestet hatte, als bewiesen zu betrachten, obwohl sie bereits in solch einem kleinen Maßstab nichts taugten (vgl. Barnes 1994; Lehner 1997: 208ff.).

Doch zurück zu Lehners „Chefren-Beweis". Anhand von Computergrafiken verglich er Merkmale des Gesichts von Chefren und dem Sphinx. Seine Resultate waren eher merkwürdig als einleuchtend. Das entwickelte Computerprogramm war imstande, jeden x-beliebigen Kopf auf den Körper des Löwen zu setzten, ohne dabei ausschlaggebende Merkmale, die wir später noch näher behandeln werden, zu berücksichtigen. Also setzte er den Kopf von Pharao Chefren auf den Sphinx und wollte seine Theorie dadurch bestätigt sehen (vgl. Lehner 1992: 3ff.). Höchst wissenschaftlich, nicht wahr? Ebenso gut hätte Lehner den Kopf von George W. Bush verwenden können.

Datierungen zum Sphinx

Als der amerikanische Ägyptologe John Anthony West Anfangs der 90er Jahre des vergangenen Jahrhunderts das erste Mal das Gizeh-Plateau besuchte, fielen ihm sofort einige geologische Merkwürdigkeiten an dem Sphinx auf. Die starke Erosion am Löwenkörper veranlasste ihn, sich näher mit dieser Thematik zu beschäftigen. Er kannte Lehners Vermutung, dass der steinerne Kopf das Antlitz von Pharao Chefren abbilden solle und zog einen Experten hinzu, der die Gesichtsmerkmale professionell vergleichen sollte (vgl. West 1993: 230ff.).

Er engagierte den New Yorker Forensiker Frank Domingo. Dieser arbeitete seit längerem mit der Gerichtsmedizin zusammen, und zu seiner eigentlichen Arbeit, dem Erstellen von Phantombildern von gesuchten Verbrechern, gehörte auch die Rekonstruktion von Gesichtern von Opfern, die aufgrund von Verletzungen und Verstümmelungen nicht mehr identifiziert werden konnten.

Glücklicherweise sind einige sehr gut erhaltene Statuen von König Chefren vorhanden, die jeder Tourist im ägyptischen Museum in Kairo bewundern kann. Die aus Diorit gearbeiteten Abbildungen sind so filigran, dass man denken könnte, dem Pharao persönlich gegenüber zu stehen.

Domingo machte sich ans Werk und fing an zu zeichnen. Mehrmals besuchte er den Sphinx und das Ägyptische Museum, bis er seine Zeichnungen präsentierte. Wie zu erwarten, hatten seine Ergebnisse verheerende Auswirkungen für Mark Lehners Chefren-These und ließen dessen Theorie zusammenbrechen. Dennoch warfen die Resultate mehr Fragen auf als sie Antworten lieferten.

Die Ägyptologen erkannten das Debakel und mussten reagieren. Besonders Lehner sah sich gezwungen, eine Stellungsnahem abzugeben und so schrieb er im Cambridge Archaelogical Journal:

„Obwohl wir sicher sind, dass die Sphinx aus der 4. Dynastie datiert, sehen wir uns dem Problem gegenüber, dass es keinerlei Texte aus dem alten Reich gibt, in denen sie erwähnt wird" (zit. nach Ercivan: 2005: 271).

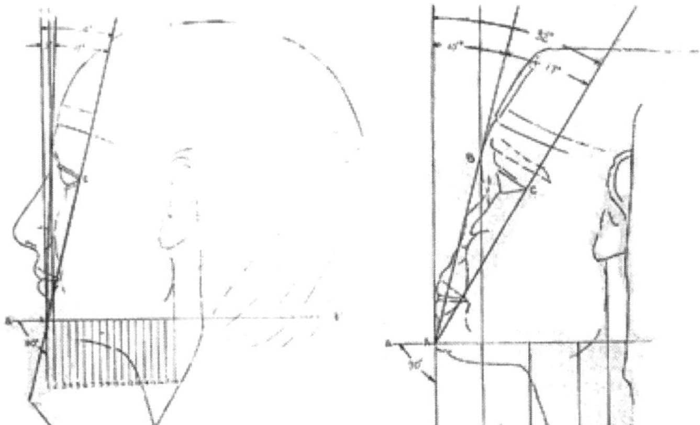

Abbildung 77: Domingo bewies, dass die Sphinx unmöglich Pharao Chefren darstellen kann. Zeichnung: West

Auf den ersten Blick könnte man meinen, dass dies ein Eingeständnis seitens der Ägyptologie war und man endlich offen zugab, nicht zu wissen, wer dieses Bauwerk errichten ließ. Aber das Gegenteil war der Fall.

Denn jetzt sah man sich vielmehr darin bestätigt, dass Pharao Cheops, der Vater Chefrens, das Bauwerk hatte bauen lassen. Und da es keine gut erhaltenen Statuen von Cheops gibt, kann auch kein Domingo diese Theorie anhand direkter Gesichtsvergleiche widerlegen. Clevere Wissenschaftler!

Obwohl Lehner bewusst ist, dass zu Zeiten der 4. Dynastie niemand auch nur ein kleines Wörtchen über den Sphinx verloren hat, beharrt er immer noch darauf, dass sie aus dieser Zeit stammt, trotz der vielen Fakten, die dagegen sprechen.

Die Forschungsarbeiten von John Anthony West umfassten glücklicherweise jedoch mehr Indizien als nur das Gesicht des Sphinx. Er fing an, seine Aufmerksamkeit verstärkt den Erosionsspuren an und um den Sphinx zu widmen. Die Auswaschungen dort waren ungewöhnlich rund und passten überhaupt nicht zu den übrigen Verwitterungsspuren an den umliegenden Gebäuden.

Nach näheren Untersuchungen kam West zu dem Schluss, dass der Löwenkörper viel älter sein müsse als bisher angenommen. Seiner These zufolge ist das Monument nur so gut erhalten geblieben, weil es Jahrtausende unter dem Wüstensand konserviert wurde. Doch an diesem Punkt taucht der erste Widerspruch zu der Theorie Robert Schochs auf. Dieser behauptet nämlich, dass die Erosionsspuren an und um den Sphinx auf massive Regenfälle, über einen langen Zeitraum hinweg, zurückzuführen seien, die direkt das Gestein angegriffen hätten. Ein vom Sand überschütteter Sphinx kommt für ihn daher nicht in Frage (vgl. Jordan 1998: 145-161). Allerdings ignoriert der Geologe die unzähligen Berichte vorangegangener Archäologen und Reisenden, die eindeutig belegen, dass der Löwenmensch immer wieder oder gar permanent unter dem Wüstensand vergraben lag.

Direkt an der Chefren-Pyramide kann man noch heute die Überbleibsel eines alten Steinbruchs besichtigen. Dem aufmerksamen Beobachter fällt sofort die kantige Oberfläche der Wand auf.

Schuld ist der heiße Wüstensand, der seit Jahrtausenden gegen die Felswand peitscht und das weiche Gestein herausschleift, während der härtere Fels unversehrt bleibt. Die scharfe Grenzbildung der Gesteinsarten in der Wand, sorgt für deren „stacheliges“ Aussehen.

Abbildung 78 (links): Die runden Erosionsspuren am Sphinxgraben deuten auf starke Niederschläge hin, die das Alter des Bauwerks weit in die Vergangenheit verlegen würden. Foto: Zarei

Abbildung 79 (rechts): Der Steinbruch an der Chefren-Pyramide zeigt deutlich, wie Winderosionen aussehen. Nur das weiche Gestein wird herausgerieben, während die härteren Gesteinsarten noch erhalten bleiben. Foto: Zarei

Genau an diesem Steinbruch setzt Schoch bei seiner These an: Der Steinbruch an der Chefren-Pyramide ist seiner Meinung nach viel später entstanden und war keinen großen Regenfällen ausgesetzt. Genau aus diesem Grund könne man heute nur eine kantig zerfressene Felswand begutachten, während der Sphinx ausschließlich runde Erosionsspuren aufweise.

Schochs Gruppe kam zu dem Ergebnis, dass die abgerundeten Erosionsspuren einzig und allein mit dem Abfließen großer Wassermengen zu erklären seien, die nicht nur das weiche Gestein herausgewaschen, sondern den gesamten Fels in Mitleidenschaft gezogen hätten. Teilweise könne man sogar größere Einkerbungen identifizieren, an denen einst Bäche herab geflossen sein sollen.

Aber warum lassen sich die Ägyptologen von den vorhandenen Wassermengen stören, die das Gestein unübersehbar durch Erosion geprägt hätten?

Wie bereits beschrieben, gab es um 5.000 v. Chr. die letzte Regenperiode in Ägypten. Somit wäre es absolut ausgeschlossen, dass Pharao Chefren, dessen Vater oder sonst ein bekannter Herrscher dieses Bauwerk errichten ließ. Aber nicht nur das: Es würde erneut unser Evolutionsbild auf den Kopf stellen und aus einer primitiven Steinzeitgesellschaft müsste plötzlich eine blühende Hochkultur werden. Ein weiteres Argument spricht für die These Schochs: Die neue Datierung passt auch viel besser zu einigen der oben erwähnten Königslisten, wie beispielsweise denen des Priesters Manetho oder zu den Angaben des Griechen Herodot, der die Sphinx seltsamerweise mit keinem Wort erwähnt[36].

Schochs Team führte auch einige seismische Messungen des Erdbodens durch, indem es spezielle Bojen in den Boden schlug, die anhand von erzeugten Schallwellen den Untergrund durchleuchten konnten. Die Methode hat sich schon lange in der Geowissenschaft etabliert und ist ein

---

[36] Aus diesem Grund gehen einige Forscher davon aus, dass Herodot wohlmöglich nie selbst in Ägypten war. Andere Behauptungen, die darlegen wollen, dass der Sphinx zum Zeitpunkt des Besuches Herodots unter dem Sand vergraben lag, sind nicht hinnehmbar, da die Priester und Bürger, die den Griechen unterwiesen, ihm sicherlich von dessen Existenz informiert hätten.

sehr gern und oft genutztes Verfahren. Zum Erstaunen aller Anwesenden stießen sie auf Anomalien im Untergrund, die einwandfrei auf das Vorhandensein von Hohlräumen schließen ließen. Dazu gleich mehr.

Auch geologisch-chemisch durchgeführte Messungen, die ähnlich wie die Jahresringe eines Baumes auszuwerten sind, ließen laut Schoch nur einen Schluss zu: Die starken Verwitterungsspuren können nur von einer langen Regenperiode her rühren.

Die Ägyptologie zeigte sich eher unbeeindruckt von den Ergebnissen Schochs, da jeder der die Standardliteratur der Ägyptologie kennt, bemerken wird, dass auch Schoch viele Aspekte völlig außer Acht lässt und sich selbst in Widersprüche verstrickt hat. So versuchte Zahi Hawass das Kapitel endgültig zu schließen, als er die Resultate wörtlich als „amerikanische Halluzination" bezeichnete (vgl. West 1993).

Neuerdings wird von einigen Kritikern der Theorie Schochs ein neuer angeblicher Gegenbeweis aufgeführt, der ihrer Auffassung nach unwiderlegbar ist. Man weist auf andere Gesteinsformationen in Ägypten hin, die dieselben Erosionsspuren aufweisen, aber Gräber aus neuerer Zeit beherbergen. Den Interpretationen der Kritiker zufolge können diese Anlagen somit nicht vor Zehntausenden von Jahren entstanden sein. Dieses Argument ist selbstverständlich gerechtfertigt, langt aber bei Weitem nicht aus, um die Behauptung zu bestätigen. Ohne mich näher damit beschäftigt beziehungsweise die Orte persönlich inspiziert zu haben, finde ich bereits genügend Argumente, die ich der Theorie der Kritiker Schochs entgegen halten kann. Ganz Ägypten ist immerhin übersät von Steinbrüchen verschiedener Art. Teilweise wurden für die Herrscher des Landes ganze Landstriche und Berge abgetragen, um genügend Baumaterialien für ihre Großprojekte auftreiben zu können. Ist es denn so abwegig, dass spätere Generationen, die bereits quadratisch zugeschnittenen Steinhänge aus der Vorzeit zweckentfremdeten? Man musste lediglich noch einige Räume in den Fels hauen, um über ein eigenes Grab zu verfügen. Da die Gesteinsformationen an sich jedoch aus einer viel älteren Zeit stammten, weisen sie folglich dieselben Erosionsspuren auf wie der Sphinx. Demnach könnten die neueren Gräber, auch erst viel später in die viel älteren, von Menschenhand erschaffenen, Steinformationen integriert worden sein. Und so lange nicht das Gegenteil bewiesen ist, bleibt die Diskussion offen.

Mittlerweile erhält Schoch Unterstützung und Rückendeckung von einem britischen Kollegen, der seine Angaben anhand der Erosionsspuren nur bestätigen kann. Die Rede ist von dem Geologen Colin Reader, der seine Meinung im Dezember 2008 im britischen Fernsehen vertrat (vgl. Unbekannt 2009: 7).

Fakten zum Sphinx

Rainer Lorenz hat in filigraner Kleinarbeit eine anschauliche Gegenposition zu Schochs Behauptungen bezogen, die er auf seiner Homepage veröffentlichte (vgl. Lorenz 1999).

Er zeigt auf, dass einige von Schochs Hauptargumenten klar widerlegbar sind, da Schoch nicht auf die drei verschiedenen Gesteinslagen eingeht, die den Körper des Mischwesens durchziehen. Dieses Versäumnis ist in der Tat sehr merkwürdig, da genau dieser Aspekt bei einer geologischen Untersuchung absoluten Vorrang haben müsste. Da der Kopf des Sphinx weit weniger erodiert ist als der restliche Körper[37] und darüber hinaus zu klein gegenüber dem Torso erscheint[38], geht Schoch davon aus, dass ursprüngliche ein anderer Kopf vorhanden war, der durch die starken Regefälle stark beschädigt wurde und von einem späteren Herrscher durch den heutigen Kopf ersetzt wurde. Das würde seiner Meinung nach erklären, weshalb der Kopf noch so gut erhalten ist und die Proportionen nicht mehr stimmen. Doch kommen wir wieder zu den verschiedenen Gesteinsschichten, die eine ganz andere Geschichte erzählen. Wie auf dem Bild zu erkennen ist, durchzieht den Kopf des Sphinx eine andere Materialschicht als den übrigen Körper.

Genau diese Gesteinslage besteht aus hartem Kalkstein, während die darunter liegende aus viel weicheren Kalk- bzw. Mergelschichten besteht (vgl. Gauri 1999). Das ist nach Auffassung von Ägyptologen der Grund, weshalb der Kopf noch so gut erhalten blieb, während der Löwenkörper viel größere Schäden aufweist (Aigner 1982: 384; Hawass 1994: 30-41.).

---

[37] Nur der untere Teil der Nordseite des Körpers besteht auch aus hartem Kalkstein.

[38] Blick auf den Sphinx von Norden oder Süden

Hat Schoch wohlmöglich genau deshalb die Tatsache, dass verschiedenen Gesteinslagen vorhanden sind in seiner Theorie nicht berücksichtigt, weil ihr Vorhandensein seine Theorie geschwächt hätte?

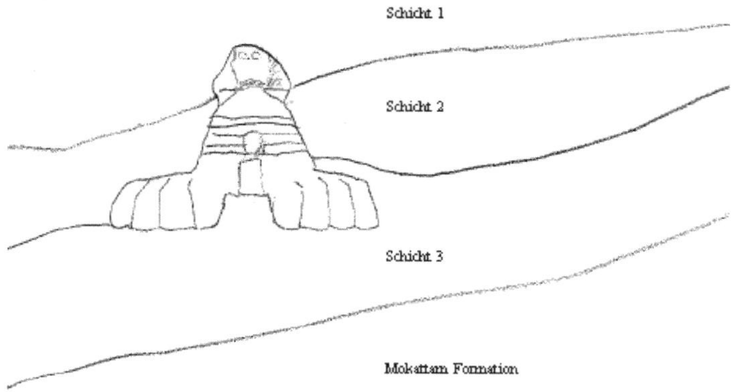

Abbildung 80: Die Abbildung verdeutlicht, wie die Sphinx von verschiedenen Gesteinsarten durchzogen wird. Zeichnung: Zarei

Und was hat es mit den Proportionen auf sich? Schaut man seitlich auf den Sphinx, hat es tatsächlich den Anschein, dass der Kopf zu klein geraten ist. Berechnungen von Mark Lehner folgend, wurden die Proportionen des Körpers mit einem Maßstab von 22:1 ausgeführt, wohingegen der Kopf mit 30:1 etwas zu kurz geraten ist (vgl. Lehner 1997: 127). Doch Blickt man von vorne auf den Sphinx[39], zeigt sich ein anderes Bild. Von diesem Standpunkt aus liegen alle Proportionen in absoluter Harmonie zueinander. Was ist hier also schief gelaufen? Glaubt man den geologisch-archäologischen Berichten, sollen sich in den zwei Schichten des Körpers gewaltige Risse befinden, die es den Arbeitern nicht erlaubten, den hinteren Teil des Körpers an den gewünschten Stellen zu bauen und den Proportionen des Kopfes anzupassen. Demzufolge ist nicht der Kopf zu klein, sondern der Körper zu lang! Diese Argumentation wird zusätzlich dadurch gestärkt, dass die Breite des Sphinx mit den Proportionen des Kopfs übereinstimmt und lediglich die Länge des Torsos unproportional

[39] Von Norden aus

ist. Jedoch muss ich an dieser Stelle festhalten, dass ich selbst keine Anzeichen dieser „Risse" auffinden konnte. Weder an der Außenfassade noch innerhalb des zugänglichen Tunnels, der relativ weit in den Sphinx hinein reicht. Dennoch können diese Risse natürlich vorhanden sein.

Abbildung 81: Ein zu kleiner Kopf oder ein zu großer Körper? Sicher ist nur, dass die Proportionen nicht stimmen. Foto: Zarei

Der erste Geologe, der Gegenposition zu Schoch bezog, war Professor James A. Harell. Er versuchte aufzuzeigen, dass die Gesteinsprofile an dem Sphinx und an dessen Graben auch durch periodisch bedingte Anfeuchtungen durch Kondenswasser herrühren könnten, die durch gesättigten Sand ausgelöst würden (vgl. Jordan 1998: 153-156). Ihm zufolge können Kapillare das Wasser zwei Meter hoch in Sand und Felsen ziehen, was eine Erosion durch Salzexfoliation[40] zur Folge hätte. Tatsächlich

[40] Ein Mechanismus, bei dem Salze durch Wasser in das Gestein transportiert werden und während des Verdampfens der Feuchtigkeit auskristallisieren. Durch diesen Vorgang werden sehr kleine Partikel der Außenfassaden regelrecht abgesprengt.

reichte das Nilwasser während der Fluten, vor der Errichtung des Assuan-Staudamms, bis vor die Sphinx und könnte theoretisch für die Verwitterungen verantwortlich sein.

Lorenz führt zudem an, dass das Gizeh-Plateau zum Sphinxgraben hin abfällt und aus diesem Grund alle Wassermassen zum Sphinx hin ablaufen müssten, wo sie durch die oben beschriebenen Kapillareffekte die Entstehung der Verwitterungsspuren verstärken würden. Doch ist das wirklich so einfach? Man kann nicht davon ausgehen, dass das Gizeh-Plateau im Besitz eines perfekt isolierten Bodens ist, der das ganze Wasser abweist und in die tiefer gelegenen Regionen fließen lässt. Das Wasser würde zu einem großen Teil versickern, zu einem großen Teil vom Sand absorbiert und zum anderen sehr schnell verdunsten. Inwiefern Wasser auf das Gizeh-Plateau fließen können soll, bleibt also äußerst fraglich. Es ist schlichtweg unmöglich, wenn nicht gerade ein Tsunami über die Region fegt. Und müssten nicht durch die herangezogenen Kapillareffekte alle Bauten auf dem Plateau die gleichen oder zumindest ähnliche Verwitterungsspuren aufweisen?

Schauen wir uns den Steinbruch an der Chefren-Pyramide erneut an. Regenfälle wären in diesem Gebiet mit Sicherheit nicht abgeflossen[41], sondern hätten über einen längeren Zeitraum hinweg das Felsgestein befeuchtet (siehe Abb. 79). Sowohl von unten, als auch von oben. Warum sieht man nicht auch hier die zu erwartenden und von Harell so stark verteidigten Erosionen, die durch Kapillareffekte und Salzexfoliationen entstanden sein sollen? Die Steinwand an der Nordseite der Chefren-Pyramide belegt einwandfrei, dass die von Harell postulierte These so nicht stimmen kann. Skeptiker könnten behaupten, dass diese Felswand nie vom Wüstensand verdeckt war, ganz im Gegensatz zu dem Sphinx, und somit völlig andere Bedingungen geherrscht haben. Doch selbst wenn das stimmen sollte, müsste zumindest der untere Abschnitt der Wand ähnliche Spuren aufzeigen, da sich dort sicherlich nach den Regengüssen kleine Lachen bildeten und ideale Bedingungen für die von Harell

---

[41] Der Steinbruch liegt in einer Ecke.

postulierten Kapillareffekte und Salzexfoliationen entstünden. Aber solche Spuren sind nicht einmal ansatzweise vorhanden.[42].

Schoch reagierte auf Harells Äußerungen und behauptete, dass man heute nicht beweisen könne, dass der Sphinx über einen längeren Zeitraum hinweg unter dem Sand vergraben lag und somit nicht die nötigen Voraussetzungen gegeben waren, um Harells These bestätigen zu können. Allerdings liegt Schoch wie bereits erwähnt hier falsch, da genau diese Tatsache heute sehr gut bewiesen ist (vgl. Gauri 1999; West 1993).

Es folgten weitere Wortgefechte der Gelehrten, die jedoch nur wenig Neues erbrachten.

Schoch behauptete in seinen Ausführungen auch, dass der hintere Teil des Körpers ursprünglich noch nicht vorhanden war und erst in der 4. Dynastie herausgearbeitet wurde, da dieser Abschnitt 50-100% weniger erodiert ist, als die anderen drei Seiten. Lehner wies jedoch darauf hin, dass genau in diesem hinteren Abschnitt einige von Schochs „Ablaufrillen" liegen, die ja durch die selben Regenfälle entstanden sein sollen, die für die Beschädigungen des restlichen Körpers verantwortlich sind. Ein peinlicher Widerspruch in Schochs Ausführungen, der jedoch eine neue Frage aufwirft: Wie sind die Ablaufrillen entstanden? Eine Salzexfoliation kann an dieser Stelle keinesfalls in Frage kommen, da die Beschädigungen gleichmäßig auftauchen müssten und keinen tiefen „Furchen" erzeugen würden. Zudem verlaufen die „Furchen" von oben nach unten und schneiden sich gleichmäßig in die verschiedenen Gesteinsschichten. Ein Phänomen, das niemand in seinen Recherchen und Argumentationen berücksichtigte außer Schoch. Man kann abschließend festhalten, dass die geologischen Interpretationen noch lange nicht ausreichen, um eindeutige Schlussfolgerungen ziehen zu können, die ein höheres Alter des Bauwerkes widerlegen oder belegen würden.

---

[42] Die Wand beherbergt verschiedene Steinlagen, sowohl harten Kalkstein als auch verschiedene Mergelschichten.

Artefakte und der Sphinx

Neben den geologischen Argumentationen liegen uns auch noch archäologische Funde vor, die weitere Anhaltspunkte liefern können. Hawass und Lehner gruben während ihrer Arbeiten im Jahr 1978 am hinteren Teil des Sphinxgrabens diverse Keramik-Fragmente aus, die sich sehr wohl in die 4. Dynastie zurück datieren lasen. Ebenso fanden sie Hammersteine mit Kupferspuren an den Spitzen, wie man es von der Bearbeitung mit Kupfermeißeln aus der 4. Dynastie kennt. Eine weitere Entdeckung machten die beiden Ägyptologen an der Nord-Westecke des Sphinxgrabens, wo sie unter einem von drei gigantischen Blöcken erneut Keramikfunde machten, die sich zweifellos der 4. Dynastie zuordnen lassen (vgl. Hawass 1994: 37). Die archäologischen Belege sind eindeutig und zeigen, dass der Sphinxtempel, und somit auch der Sphinx selbst, mit sehr hoher Wahrscheinlichkeit in der 4. Dynastie erbaut wurden. Auch wenn man noch nicht sagen kann, wer genau der Erbauer war.[43] Doch da noch lange nicht alle Einzelheiten geklärt wurden, darf man meiner Meinung nach ein höheres Alter des Bauwerks nicht ausschließen.

Der Sphinx, die Sterne und Robert Bauval

Robert Bauval und Adrian Gilbert, die – grob gesprochen – das Pyramiden-Plateau in Beziehung zur Astronomie und dem Sternenhimmel setzten, fanden eine andere Erklärung, weshalb der Kopf zu klein geraten ist und das Bauwerk älter sein müsste als bisher angenommen (vgl. Bauval 1994). Bevor wir uns aber mit ihrer These näher beschäftigen, müssen wir etwas ausholen.

Robert Bauval behauptet, dass die Schächte der großen Cheops-Pyramide gegen 10.500 v. Chr. punktgenau auf einige den Ägyptern heilige Sterne zeigten und mit den Pyramiden in der Umgebung ein Abbild des Sternenhimmels ergaben. In seinem Werk „The Orion Mystery" veröffentlichte er erstmals seine Theorie und sorgte für großes Aufsehen in der Fachwelt. Immerhin wollte er handfeste Beweise liefern, die das Alter der

---

[43] Neuerdings ist auch Chefrens Bruder Djedefre als potentieller Sphinx-Erbauer im Gespräch.

Bauwerke um 8.000 Jahre zurück datierten. Des Weiteren geht er davon aus, dass die drei großen Pyramiden auf dem Gizeh-Plateau ein Abbild der Gürtelsterne des Orions darstellen und zur selben Zeit errichtet wurden wie der Sphinx. Wie im unteren Bild zu sehen, stimmen die Größenverhältnisse beziehungsweise Leuchtstärken der Objekte bemerkenswert genau überein.

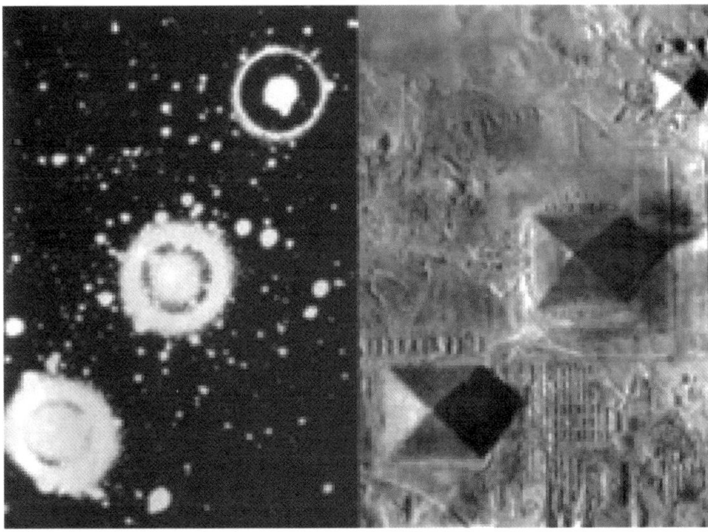

Abbildung 82: Vergleicht man die Positionen und Leuchtstärken der drei Sterne aus dem Oriongürtel, fällt eine Übereinstimmung auf, die nur schwer mit einem Zufall zu erklären ist. Foto: Bauval

Leider erwähnt Bauval nicht die Tatsache, dass die Leuchtkraft aller Sterne gewissen Schwankungen unterliegt, die bereits innerhalb einiger Jahrtausende nicht zu unterschätzende Abweichungen zur Folge haben können.

Auf den ersten Blick erscheint der Zeitraum um 10.500 v. Chr. nicht in direkten Bezug zu dem Sphinx zu stehen. Doch Bauval behauptet, dass genau zu jener Zeit das Sternzeichen „Löwe“ direkt vor dem Gesicht des steinernen Kolosses aufging und es weit wahrscheinlicher wäre, davon auszugehen, dass das Bauwerk zu dieser Zeit errichtet worden sei.

Er schreibt sogar, dass er die passende Erklärung für den zu kleinen Kopf des Sphinx gefunden hätte. So gehen Bauval und Gilbert davon aus, dass ursprünglich gar kein Menschen- sondern ein Löwenkopf auf dem Rumpf saß. Ein späterer Herrscher hätte vielmehr sein eigenes Antlitz in den Stein meißeln lassen.

Dies müsste aber durch Größenwahn des Herrschers oder aber durch zwingend notwendige Restaurierungsarbeiten bedingt sein. Im Grunde genommen, basiert ein Großteil der Behauptungen Bauvals und Gilberts auf den Theorien von Schoch.

Nachberechnungen haben jedoch ergeben, dass die Schächte der großen Pyramide zwar die erwähnten Sterne „anpeilen", dies aber nie zur gleichen Zeit geschieht. Dennoch ist es sehr unwahrscheinlich, dass die Ausrichtung rein zufällig erfolgte, da für eine solche Ausrichtung eine enorme Genauigkeit bei der Planung und während der Bauarbeiten notwendig war und das Ganze einem 6er im Lotto gleichen würde, falls dieses Resultat unbeabsichtigt gewesen sein soll.

1999 stellte der südafrikanische Astronom Anthony Patrick Fairall fest, dass der Neigungswinkel der Pyramiden zum Erdäquator nicht mit dem des Oriongürtels zum angeblichen Zeitpunkt des Bauvorhabens (10.500 v. Chr.) übereinstimmte (vgl. Fairall 1998).

Jedoch fügte Fairall an, dass diese Übereinstimmung gegen 12.000 v. Chr. gegeben gewesen sei, woraufhin Bauval seine Theorie um 1.500 Jahre zurück datierte. Leider widerlegte er damit einen großen Teil seiner eigenen These. Denn gegen 12.000 v. Chr. befand sich die Erde im Zeitalter der Jungfrau und genau dieses Sternzeichen wäre zur damaligen Zeit jede Nacht vor dem Sphinx aufgegangen und nicht die Konstellation „Löwe". Obwohl die These von Bauval einige interessante Elemente beinhaltet, über die man noch durchaus diskutieren sollte, ist der Kern seiner Aussage klar widerlegt.

Des Öfteren wurden bereits Anomalien im Erdreich angesprochen, die nun eingehend behandelt werden.

Untergrund des Sphinx und des Gizeh-Plateaus

Der Untergrund auf dem die Pyramiden und der Sphinx stehen, erweist sich in manchen Fällen als viel interessanter wie die Bauwerke selbst. Das ganze Plateau ist durchzogen von unglaublich tiefen Schächten und Stollen. Es ist bekannt, dass die alten Ägypter ihre Gräber gerne im Untergrund anlegten und darüber eine so genannte „Mastaba" errichteten. Solche einfachen Grabanlagen findet man überall auf dem Gizeh-Plateau verteilt. In ihrer Mitte liegt meist ein zentraler Schacht, der tief in das Erdinnere führt und am unteren Ende in einen Gang zur eigentlichen Grabkammer mündet (vgl. Fritz 2004).

Doch in Gizeh gibt es auch andere Schächte. Man erkennt sie erst, wenn man direkt vor ihnen steht und kann oft nicht einmal ihren Boden sehen. Das gesamte Areal ist durchlöchert und durchbohrt, und man kann sich beim besten Willen nicht vorstellen, dass alle Schächte, Gänge und unterirdischen Zugänge bis heute vollständig erkundet wurden, da der Großteil randvoll mit Sand, Geröll und Schutt verschüttet und damit unpassierbar ist. Einige wenige werden durch moderne Metallgitter versperrt. Doch ob das aus Sicherheitsgründen geschieht, erscheint fraglich, denn oft findet sich nur einige Meter weiter entfernt ein mindestens ebenso tiefer Schacht ohne Vergitterung. Ohnehin gestehen Ägyptologen selbst ein, dass gerade einmal 30 Prozent der Bauwerke auf dem Plateau bekannt sind und die restlichen 70 Prozent noch auf ihre Entdeckung warten. Mittlerweile herrscht zum Thema „Untergrund" ein wirres Durcheinander an Behauptungen, allen voran bei der Paläo-SETI. Als gesichert kann gelten, dass zahlreiche Untersuchungen eindeutige Anomalien im Untergrund festgestellt haben, die nur unzureichend erforscht wurden, da es den Ägyptologen zufolge, dort nichts Interessantes mehr zu forschen gibt und die Gelder an anderen Stellen dringender benötigt würden. Eine einleuchtende Begründung. Doch hat das Plateau wirklich schon seine letzten Geheimnisse preisgegeben? Manche Angaben der Ägyptologen dazu sind äußerst widersprüchlich.

Allein auf der bekannten Internetseite www.Youtube.de findet man zahlreiche Interviews des derzeitigen ägyptischen Altertumsverwalters Zahi Hawass, in denen er sich ständig widerspricht. Mal ist die Rede von einer Schatzkammer hinter der Gantenbrink-Tür, mal von einem unterirdischen Tunnelsystem auf dem Gizeh-Plateau und mal dementiert er das Ganze. Interessant ist, dass er erst angefangen hat, diese Aussagen zu widerrufen, nachdem er zum Direktor der Altertumsverwaltung gewählt wurde.

Abbildung 83: Solche Schächte durchziehen das gesamte Plateau. Foto: Zarei

Die Spekulationen über eine unterirdisches Tunnelsystems nahmen mit dem britischem Diplomaten Henry Salt ihren Anfang, der in seinen Memoiren berichtet, wie er im Jahr 1817, zusammen mit dem damaligen Ausgräber Giovanni Caviglia, mehrere hundert Meter lange Tunnel abgelaufen ist, in denen sich eine große Zahl weiterer Abzweigungen und Kammern fanden. Es folgten zahlreiche Forscher, die das Vorhandensein des Gangsystems bestätigten und versuchten, es zu dokumentieren. Über mehrere Ebenen verteilt, durchzieht ein komplexes System den Untergrund, das bis heute teilweise sehr mangelhaft erforscht wurde und zu dem es wenig Fachliteratur gibt. In den meisten Fällen handelt es sich wie bereits erwähnt, um einfache Mastabagräber, doch es gibt auch unerklärliche Ausnahmen. Das wohl berühmteste Beispiel ist das „Osiris-Grab", das seit fast 80 Jahren bekannt ist, aber erst vor kurzem neu entdeckt und zugänglich gemacht wurde, nachdem Hawass fälschlicherweise behauptete, der eigentliche Entdecker zu sein. Das größte Problem bei der Freilegung der Anlage war der Grundwasserspiegel des Nil, der alle Hohlräume überflutet hatte und ein schnelles Vorankommen unmöglich machte (vgl. Hawass 1999).

Der Schacht des „Osiris"

Der Schacht, in dem sich das angebliche Grab des Osiris befindet, gliedert sich in drei Ebenen.

Während die erste Ebene eher uninteressant erscheint, da sie nur aus einem nichtssagendem Raum besteht, an deren Ende ein weiterer Schacht in die Tiefe führt, wirkt die zweite Ebene hingegen wesentlich aufregender. Die zweite Ebene ist fast doppelt so groß und verfügt über sieben kleinere Nischen – jeweils drei in der Ost- und Westwand und eine etwas größere in der Nordwand. In den Nischen liegen zwei Sarkophage, von denen einer aus dunklem Granit besteht. Seltsam ist, dass dieser in der Wand eine Art Halterung für den Deckel besitzt und den Anschein erweckt, als ob er nie geschlossen werden sollte. Auf der Ostseite kann man einen Tunnel erkennen der Richtung Sphinx verläuft aber durch den zweiten Sarkophag blockiert wird. Damit kann man den Tunnel nicht betreten. Leider sind selbst auf der Homepage von Zahi Hawass keine Angaben zu diesem Tunnel veröffentlicht worden. Meine Bemühungen in der Zukunft werden sich auch auf diesen Tunnel konzentrieren, um etwas mehr Licht in die Angelegenheit bringen zu können.

Denn der Tunnel könnte tatsächlich unter die Sphinx führen, wo wie bereits erwähnt zahlreiche Anomalien im Untergrund festgestellt worden sind. Laut Ägyptologie handelt es sich hierbei um natürliche Hohlräume, die das Gizeh-Plateau durchziehen. Doch wenn es tatsächlich nur gewöhnliche und natürliche Hohlräume sind, hätte ihnen die stetigen Belastung durch die direkt darüber liegenden Sphinx über all die Jahrtausende hinweg sicherlich stark zugesetzt und einen Einsturz provozieren müssen. Von den unzähligen kleineren Erdbeben, die die Erde hätten erschüttern müssen, mal ganz abgesehen.

In der untersten, dritten Ebene des „Osiris-Schachts", 30 Meter unter der Erdoberfläche, findet sich eine kleine quadratische Insel, deren Mitte ausgehöhlt ist und teilweise von einem Granit-Sarkophag ausgefüllt wird.

Auch an dieser Stelle findet man einen kleinen Tunnel an der Wand. Stolz schreibt Hawass auf seiner Website, wie er den Tunnel durch einen kleinen Jungen erforschen ließ, der nach wenigen Metern nicht mehr weiter kam, da sich die Öffnung immer mehr verjüngte. Er kündigt neue

Forschungen an, die mit einem eigens konstruierten Roboter durchgeführt werden sollen. Wenn jedoch bereits der kleine Junge nicht mehr weitergekommen ist, hätten wohl auch keine Bauarbeiter ihrer Tätigkeit nachgehen können und es bleibt die Frage, weshalb Hawass einen Roboter in den Felsuntergrund schicken möchte. Es kann aber sein, dass auf der gegenüberliegenden Seite eine weitere Kammer vorhanden ist, die über einen separaten Zugang verfügt und der Tunnel als Verbindung angelegt werden sollte, aber aus unerklärlichen Gründen nicht fertig gestellt wurde. Erich von Däniken, der Ende 2009 im besagten Tunnel war, berichtete mir etwas völlig Anderes. Seinen Angaben zufolge verläuft der Tunnel knapp 10 Meter in die Wand, um dann senkrecht im Erdboden zu verschwinden. Da der Tunnel aber fast vollständig mit Nilgrundwasser gefüllt war, konnte er keine weiteren Rückschlüsse ziehen. Die Glaubwürdigkeit der Quelle steht außer Frage und man darf gespannt sein, auf welche neuen Geheimnisse wir dort unten noch stoßen werden. Auf der Homepage einer der Mitreisenden sind sogar aktuelle Fotos zu finden, die diese Behauptungen einwandfrei belegen (vgl. Spörri 2009).

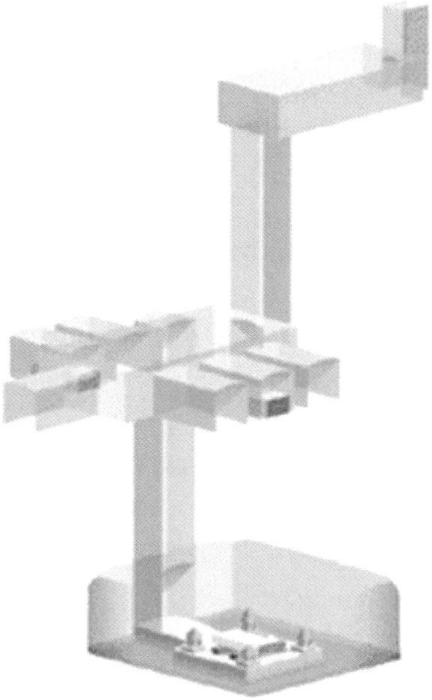

Abbildung 84: Der Osiris-Schacht auf dem Gizeh-Plateau. Nach Herodot ist Pharao Cheops in einer solchen unterirdischen Anlage beigesetzt worden. Zeichnung: Archaeological Institute of America

Schon Herodot berichtete von dieser Anlage und bezeichnete sie als eigentliches Grab von Pharao Cheops. Wieso der Herrscher angeblich dennoch eine Pyramide errichte ließ, kann uns Herodot jedoch nicht sagen. Allein deshalb staunten die Archäologen nicht schlecht, als sie die von den antiken Historiker beschriebene Grabanlage fanden, die auch beim englischen Astronomen und Esoteriker Charles Piazzi Smyth Erwähnung fand und dort ebenfalls als Grab von König Cheops bezeichnet wurde (vgl. Smyth 1864). Denn bis dahin vermutete man hinter Herodots Aussagen nichts weiter als ein Hirngespinst.

Da man aber felsenfest davon ausgeht, dass die Pyramide die letzte Ruhestätte des Pharaos war, darf dieser natürlich laut ägyptologischer Sichtweise kein Grab außerhalb des Bauwerks besitzen, da dies bedeuten würde, dass die Pyramide eben doch keine Grabfunktion innehatte. Also stellte Hawass die Theorie auf, dass es sich hier um ein Scheingrab des ägyptischen Gottes Osiris handelt.

Wer aber ist Osiris, und welche Rolle spielt er für die alten Ägypter? Über die Epochen hinweg nahm die Bedeutung des Gottes Osiris immer mehr zu, und schließlich wurde er zu einem der wichtigsten Götter überhaupt. Er war der Gott des Nordens, des Jenseits, der Wiedergeburt und der Toten (vgl. Kess 1941). Wieso Hawass ausgerechnet diesem Gott allerdings plötzlich ein Grab zuschreiben möchte, bleibt sein Geheimnis. Angeblich befand sich an der Unterseite des Sarkophag-Deckels eine Inschrift, die Osiris Namen trug und diese Theorie bestätigen soll. Da der Deckel während den Grabungsarbeiten etwas ungünstig verschoben wurde und man den besagten Teil der Unterseite nicht mehr erblicken kann und zudem keine Bilder von der Inschrift existieren, bleibt der vermeintliche Fund unbestätigt. Aber Moment! Der Name Osiris ist an fast jedem Grab zu finden, da dieser immerhin der Herr des Jenseits und der Toten ist. Demzufolge könnte man problemlos jedes Grab als Scheingrab bezeichnen und in jeder gefunden Mumie, den Gott persönlich erkennen, nur weil sich irgendwo sein Name finden lässt. Die Argumentation von Zahi Hawass ist somit unhaltbar.

Neue Bohrungen

In seinem Buch, „Gizeh Vermächtnis“ geht der Autor Rico Paganini sogar soweit zu behaupten, dass er die unterirdischen Anlagen unter dem Sphinx persönlich betreten habe und auf die sagenumwogende „Halle der Aufzeichnungen“ gestoßen sei, die angeblich die gesamte Geschichte der Menschheit und unvorstellbares Wissen beherbergen soll (vgl. Paganini 2008). So interessant seine These auch zu sein scheint, bleibt der Autor dennoch Beweise schuldig. Er hätte eines der sonderbaren Artefakte mitnehmen können, die er so farbig beschreibt oder zumindest gute Fotos der riesigen Halle liefern können, die sich weit unterhalb des Löwenkörpers befinden soll.

Mitte 2009 wurden unter der Leitung von Zahi Hawass und Mark Lehner vier Bohrungen neben dem Sphinx vorgenommen. Eine Bohrung verlief schräg unter den beiden Pfoten, wo sie nach 4,8 Metern Tiefe auf Wasser stieß (vgl. Hawass 2009b). Die ägyptische Altertumsverwaltung hatte das Vorgehen angeordnet, da man befürchtete, dass der steigende Grundwasserspiegel das Monument beschädigen könnte. Angeblich bohrte man ganze 10 Meter unter die Erdoberfläche und ist dabei auf nichts Weiteres gestoßen als auf Naturfels und Wasser. Das knapp vierminütige Video auf Zahi Hawass Homepage gibt nur wenig Aufschluss über die genauen Ergebnisse der Arbeiten. Man sieht einige Bohrkerne, die zusammengelegt maximal fünf Meter lang sind und kann den kleinen, handlichen Motor sehen, der angeblich 10 Meter tief gebohrt haben soll. Liest man sich die verschiedenen Artikel auf seiner Internetseite durch, wird man den Eindruck nicht los, dass Hawass die ganze Aktion nur startete, um das Vorhandensein der geheimen Kammern zu widerlegen. In einigen Artikeln ist am Ende immer wieder das Selbe zu lesen:

„Abschließend möchte ich jeden gerne wissen lassen, dass die Kameras, die in die Bohrlöcher am Boden der Sphinx hinunter gelassen wurden, keinerlei Hinweise bezüglich versteckter Tunnel oder geheimen Kammern erbracht haben. Es gibt keinen Grund zur Annahme, dass solche Strukturen tatsächlich existieren und ich hoffe, dass dies dazu beitragen wird, dass alle Spekulationen über vergessene Kulturen und Außerirdische in Gizeh beiseitgelegt werden“ (Hawass 2008).

Eindeutige Worte könnte man meinen, doch in einem anderen Video zu diesem Thema, beendet er seine Ausführungen mit den Worten:

„Jetzt könnten die Leute denken, dass mit diesem Projekt, alle Geheimnisse der Sphinx gelöst wurden, aber ich glaube, dass dieses Monument für alle Ewigkeiten seine Wunder für sich behalten wird" (Hawass 2009).

Es ist bekannt, dass Hawass gerne etwas übertreibt und mit solchen Äußerungen nur das Interesse der Touristen für sein Land aufrechterhalten möchte. Eines verwundert mich dennoch, denn am hinteren Leib des Sphinx existiert ein kleines Loch im Mauerwerk, das einen kleinen Tunnel freigibt. Dieser Korridor verläuft mindestens 5 Meter senkrecht unter dem Körper des Sphinx. Während meines letzten Besuchs im Oktober 2009 konnte ich dort nicht die geringsten Anzeichen von Wasser oder Feuchtigkeit entdecken. Selbst einige Forscherkollegen, die noch vor den Bohrungen dort unten waren und die ich eigens hierzu befragt habe, dementierten das Vorhandensein von Wasser in diesem Schacht. Aber wie kann das sein? In nur 4 Metern Tiefe ist das Team von Hawass und Lehner doch bereits auf fließendes Wasser gestoßen und schon nach 3 Metern wurde das Gestein sichtbar feucht. Aber warum ist dann am Ende der Statue keine Feuchtigkeit zu finden? Eine genaue Antwort dazu kann auch ich nicht liefern. Es ist zwar vorstellbar, dass der Grundwasserspiegel nicht überall gleich hoch ist, da auf dem Plateau unterschiedlich dichte Gesteinsschichten aufeinander liegen. Doch in mehrere Metern Tiefe befinden wir uns eindeutig in der ersten Schicht, die aus ein und derselben Gesteinsart besteht. Dies kann also nicht die Erklärung für die fehlende Feuchtigkeit sein.

Meiner Meinung nach ist die Untersuchung von Hawass bei weitem nicht ausreichend, um die Existenz von Kammern zu widerlegen. Denn: Wie sahen die Kernbohrungen genau aus? Ist man wirklich auf keine Hohlräume gestoßen? Immerhin gab es sieben weitere Bohrungen, die nicht erwähnt werden und über die man auch auf der Homepage nichts erfährt. Das Gelände, auf dem der Sphinx steht, ist knapp 90 Meter lang und 50 Meter breit. Die Bohrungen hatten einen Durchmesser von ca. 5 cm und waren um 45 Grad geneigt, da man unter den Körper bohren wollte. Die Wahrscheinlichkeit hier zufällig auf einen Raum zu treffen ist sehr gering. Zudem wurde die besagte Anomalie, nach der man gesucht hat, unterhalb der rechten Pfote geortet und nicht unter der linken! Selbst wenn sie tatsächlich 10 Meter gebohrt hätten, was ich bezweifle, hätten sie meinen Zeichnungen und Berechnungen zufolge, den besagten Raum nicht erreicht. Doch das soll kein Beweis für eine geheime Kammer sein, denn es kann sich immer noch um eine natürliche Anomalie handeln. Man hätte die Bohrungen von beiden Seiten aus vornehmen und mindestens eine Strecke von 15 Metern zurücklegen müssen. Parallel dazu hätten senkrecht in den Boden gebohrte Testlöcher das Ergebnis abgerundet und die Spekulationen ein für allemal beendet. Die gewonnenen Daten jedenfalls langen für eine solche Widerlegung bei Weitem nicht aus!

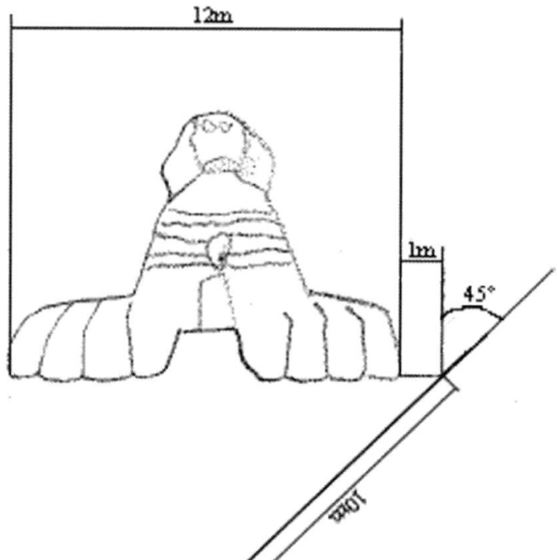

Abbildung. 85: Die maßstabsgetreue Zeichnung verdeutlicht, dass die Bohrung nicht bis unter die rechte Pranke gelangen konnte. Zeichnung: Zarei

Andrew Reisner und ein seltsamer Bericht

Auch der amerikanische Ägyptologe George Andrew Reisner machte auf sich aufmerksam, als er von 1905 bis 1907 Ausgrabungen auf dem Gizeh Plateau durchführte. Im Auftrag der Universität Harvard legte er diverse Gräber frei und beteiligte sich an der Erforschung des Sphinx. Er war außerdem der Erste, der die Vermutung äußerte, dass Chefren den Sphinx erbaut haben könnte, da dieser seiner Meinung nach unverkennbar über den Taltempel des Pharaos wache.

Ein im Jahr 1913 veröffentlichter Zeitungsartikel erregte großes Aufsehen, da er geradezu Unglaubliches über Reisner und dessen Arbeiten an dem Sphinx zu berichten hatte:

„[...] Höhlen und Bauwerke, die darauf schließen lassen, dass ihr rätselhafter Riesenleib zu einer goldprangenden Stadt gehörte. Zahlreiche Tunnel führen in die Höhlen des Inneren, in die man bisher noch nicht eindringen konnte ... Vorläufig hat sich Reisner mit seinen Ausgrabungen auf den Raum im Kopfe der Sphinx beschränkt. [...]

Im Kopf des Monuments befinde sich ein Saal von 60 Fuß Länge und 14 Fuß Breite. Der Raum steht durch Gänge im Zusammenhang mit dem Sonnentempel, der zwischen den Klauen der Sphinx sich erhebt. Henkelkreuze, die ein Symbol der Sonne darstellen, wurden zu Hunderten gefunden. [...] Im Innern der Sphinx befinden sich auch kleine Pyramiden, die zeigen, dass man diese Form bereits lange vorher kannte, ehe die großen Pyramiden errichtet wurden. Professor Reisner hofft, bei seinen weiteren Forschungen unter den im Inneren der Sphinx befindlichen Reliquien viele Geheimnisse der ägyptischen Priester zu entdecken und der Welt nach Jahrtausenden eine neue Frühepoche ägyptischer Kultur zu erschließen" (vgl. Geise 2008).

Die Äußerungen sind schon alleine deswegen sehr interessant, weil damals noch niemand auch nur ein Sterbenswörtchen über Geheimgänge oder Tunnel unter dem Sphinx verloren hatte. Reisner gilt als ein absolut seriöser Wissenschaftler, dessen Kompetenzen außer Frage stehen.

Können die Angaben im Buch aber überhaupt stimmen? Oder hat man hier wissentlich eine Lüge in die Welt gesetzt? Der Kopf wäre auf jeden Fall viel zu klein für die angegebenen Maße des Raums. Mit 18,3 Metern Länge und 4,3 Meter Breite hätte die Kammer nur im eigentlichen Körper genügend Platz. Hat sich Reisner vertan? Es ist sehr unwahrscheinlich, dass ein solch erfahrener Wissenschaftler wie Reisner nicht bemerkt hätte, dass seine Maßangaben mehr als doppelt so groß waren wie der Kopf selbst. Oder wurde Reisner später einfach nur falsch zitiert? Trotz intensiver Suche konnte ich keine Quellen finden, die den Artikel stützen oder gar bestätigen könnten. Dennoch bleiben Zweifel, ob nicht doch etwas an Reisners These wahr sein könnte, da der Zeitungsbericht einen Raum unter den Pranken der Statue beschreibt, der genau jene Anomalie sein könnte, von der wir weiter oben bereits gelesen haben.

Neben dem kleinen Tunnel am Hinterleib des Sphinx existiert ein weiterer Eingang an der Nordflanke des Monumentalbauwerks, zwischen den Hinter- und Vorderpfoten. Doch dieser Eingang unterscheidet sich in einem Punkt von seinem Gegenstück. Der Eingang an der Nordflanke wurde in jüngster Zeit zugemauert. Einzig und allein die unterschiedlichen Gesteinsarten lassen heute an dieser Stelle einen weiteren Tunnel vermuten. Verschlossen wurde dieser erst im Laufe der letzten Restaurierungsarbeiten vor knapp zehn Jahren. Ist das vielleicht der Eingang, den auch Reisner benutzte? Gelangt man vielleicht von hier aus in das Innere des Sphinx und von dort aus in die unterirdischen Kammern?

Weniger bekannt ist, dass sich auch auf dem Rücken des Sphinx eine Öffnung befindet. Ein kleines Loch, das angeblich nur knapp acht Meter ins das Innere des Körpers führt und blind endet. Leider findet man in der Fachliteratur über diesen Tunnel so gut wie keine Informationen, was den Anschein verstärkt, dass ihn die meisten Forscher nicht einmal kennen. Ich werde in naher Zukunft alles daran setzen, diesen Tunnel betreten zu können und mich persönlich von seinem Verlauf überzeugen zu dürfen.

Die Geschichte des Sphinx ist noch lange nicht erzählt, und ich bin mir sehr sicher, dass er noch Überraschungen bereithält. Leider berichteten mir bereits mehrere Ägyptologen der ägyptischen Altertumsverwaltung, die jedoch keine hohen Posten innehatten, dass nicht alle Informationen nach außen dringen und wir wohl so schnell keine neuen Fakten von der Ägyptologie geliefert bekommen. Dies bestätigte 2008 der damalige tätige Direktor der Altertumsverwaltung aus Sakkara meinem Kollegen Michael

Fritzel, unter vorgehaltener Hand.[44] Ich könnte hier noch viele Beispiele dafür anführen, wie Ägyptologen Informationen zurückhalten oder vertuschen. Anhand zweier relativ aktueller und brisanter Beispiele möchte ich diese Vertuschungstaktik beschreiben: Im Tal der Könige wurde bereits 1999 ein neues Königsgrab gefunden, das jedoch aus Sicherheitsgründen damals nicht geöffnet wurde. 2005 schmückten sich plötzlich völlig unerwartet andere Wissenschaftler mit diesem Fund und wurden sogar von der ägyptischen Altertumsverwaltung unterstützt.[45] Spätestens nach den Recherchen von G.F.L. Stanglmeier und Andre Liebe sollte der Tatbestand weitgehend aufgedeckt sein. Die Autoren haben belegt, dass die eigentliche Entdeckungsgeschichte des Grabes völlig anders verlief als von der Altertumsverwaltung veröffentlicht (vgl. Stanglmeier 2007).

Der andere Fall ist brandaktuell. So aktuell, dass er hierzulande noch nicht bekannt ist[46]. Es geht um ein gelbes Häuschen, das direkt hinter der Gizeh-Mauer etwas nördlich des Sphinx steht. Genau dort fanden illegale Grabungen statt, die einen etwa fünfzehn Meter tiefen Schacht freigelegt hatten, der zu einer prächtigen Grabanlage führte, die übersät war mit den Insignien der Pharaonin Hatschepsut. Die Grabräuber nahmen mit ihrem Handy ein Video der Räumlichkeiten auf und ahnten noch nichts Schlimmes. Einige Tage später, als sich mehrere Grabräuber im Grab befanden, stürzte der Schacht samt der provisorischen Holzkonstruktion ein und begrub die Räuber bei lebendigem Leib. Der Vorfall wurde erst etwa eine Woche später bekannt, als die Männer nicht mehr zu Hause auf-

---

[44] Bei einer Führung durch das Serapheum in Sakkara geriet mein Forscher Kollege Michael Fritzel in eine heftige Diskussion mit dem anwesenden Direktor, da dieser behauptete, dass in den gigantischen Sarkophagen Stiermumien gefunden wurden. Erst nach anhaltenden Wortgefechten lenkte er ein und gab zu, dass man zerhackte Knochenreste, eingelegt in Bitumen, vorfand. Das Material aus neu geöffneten Sarkophagen lagere ihm zufolge in einem Labor. Diese Informationen gab er nur unter vorgehaltener Hand und mit viel Zurückhaltung weiter.

[45] Die Rede ist von KV 63. KV ist ein in der Fachwelt benutztes Akronym und steht für „Kings`Valley". Die Nummern werden für jedes neu gefunden Grab fortlaufend vergeben. Neue Radarmessungen lassen auf zwei weitere Grabanlagen schließen – KV64 und KV 65.

[46] Das Ereignis fand Ende 2009 statt.

tauchten und war Gegenstand ägyptischer Schlagzeilen. Meinen mittlerweile sehr guten Kontakten ist es zu verdanken, dass ich eine Kopie des besagten Videos sehen konnte und die Existenz der Anlage, beziehungsweise die Echtheit der Behauptungen, durchaus bestätigen kann. Auf dem Video sind unglaublich gut erhaltene Wandmalereien zu sehen und wunderschöne Grabbeigaben. Besonders hervorzuheben ist jedoch ein Granitsarkophag in Menschenform und verschiedene mannshohe Statuen.[47] Liegen dort wohlmöglich die sterblichen Überreste der Pharaonin Hatschepsut? Die Insignien weisen zumindest darauf hin.

Für die Ägyptologen entsteht daraus möglicherweise jedoch ein großes Problem, denn bisher ging man davon aus, die Mumie der Pharaonin bereits gefunden zu haben. So hatte der ägyptische Kultusminister Farouk Hosny erst im Juni 2007 die aktuellen Untersuchungen zur Mumie präsentiert und deren Identität bestätigt (vgl. Saller 2007; Tagesschau 2007).

Abschluss

Andere Autoren – eine kritische Auseinandersetzung

1. Die Verfechter der „Pyramidengeheimnisse“

Im Folgenden soll noch einmal kurz auf die Autoren verschiedener populärwissenschaftlicher Strömungen eingegangen werden, die es oftmals an Seriosität fehlen lassen. Gemeint sind Autoren der Atlantis- und leider auch Paläo-SETI-Szene. Fast könnte man meinen, dass sie sich an jeden Strohhalm klammern, wenn es darum geht, möglichst etwas Mysteriöses oder Unerklärliches in die Pyramidenforschung einzubringen. Leider ignorieren sie dabei methodisch Fakten, die ihrer These zuwiderlaufen. Beispielsweise wird in fast jeder dieser Veröffentlichung, das Thema „Hieroglyphen in den Entlastungskammern“ neu aufgegriffen und diskutiert. Aber kein Autor dieser Szene erwähnt auch nur mit einem Wort die Zeichnungen und Glyphen, die außerhalb des Bauwerks gefunden wurden. Entweder sind ihre Recherchen sehr mangelhaft, oder ihnen sind die nötigen Quellen nicht bekannt, wobei ich letzteres eher ausschließe. Ebenso fehlt vielen Autoren eine gewisse Sensibilität für Themenkombinationen. Wie kann das von Erdmann und Helsing postulierte Wasserpumpwerk funktionieren, wenn die dafür dringend notwendigen Entlastungskammern verschlossen waren? Die Autoren dementieren diese Tatsache? Wie erklären sie dann die dortigen Zeichnungen, von denen einige in den letzten Jahrzehnten, allein durch die Frischluftzufuhr, stark verblasst sind. Wasser an diesem Ort hätte wohl keine einzige Zeichnung bis die Zeiten bis heute überstehen lassen. Damit ist mit wenigen Zeilen ihre gesamte Theorie widerlegt, die einen großen Teil ihres Buchs ausmacht.

Oftmals werden Fakten auch einfach „hergezaubert“. Um dies exemplarisch aufzuzeigen, soll im Folgen auf das Buch, „Verbotene Ägyptologie von Erdogan Ercivan eingegangen werden. So schreibt dieser beispielsweise von „geheimen Grabungen“ im Gebiet namens Gisr el-Mudir in Sakkara (vgl. Ercivan 2002: 92). Er zeigt in seinem Buch zwei Luftbilder der Gegend, die das bestätigen sollen. Sie zeigen das Gebiet wie es vor den Grabungen ausgesehen haben soll und danach. Das Bild, das nach den Grabungen entstanden sein soll, zeigt eine Pyramide samt Tempelkomplex. Es wird der Eindruck erweckt, dass die Bauten noch vor kurzer Zeit verborgen lagen. Das Problem liegt allerdings darin, dass Ercivan offensichtlich bewusst ein falsches Bild verwendet hat, um seine These zu stützen. Denn: Es steht definitiv keine Pyramide in diesem Gebiet. Derzeit finden lediglich Ausgrabungen an einigen kleineren Gräbern statt, die sich in dem Areal befinden. Nichts Ungewöhnliches für Sakkara! Jeder kann sich mit „Google Earth" ein eigenes Bild darüber machen.

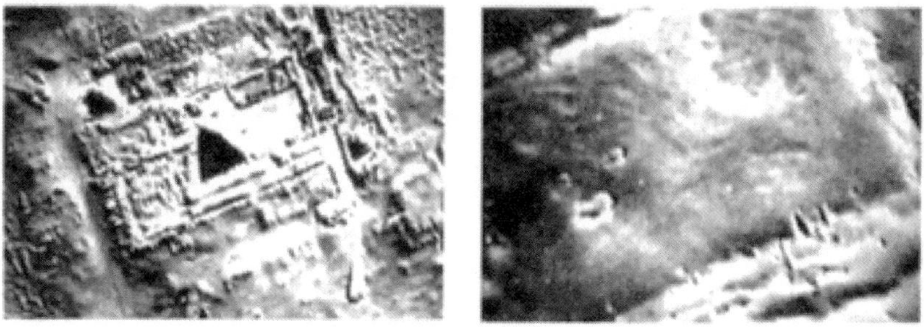

Abbildung 86: Ercivans Behauptungen über geheime Grabungen in Gisr el-Mudir sind unhaltbar. Fotos: Ercivan, angeblich aufgenommen im ägyptischem Museum

Geradezu lächerlich ist Ercivans Übersetzung des Begriffs „Gisr el-Mudir", den er mit „die große Festungsmauer" angibt. Dabei bedeutet der Name nichts weiter als „Residenz des Direktors", da die ersten Ausgrabungen in diesem Gebiet in den Jahren 1947 bis 1948 vom „Supreme Council of Antiquities" Abdel Salam Hussein persönlich durchgeführt wurden (vgl. Raffaele 2002). Das 326 Seiten starke Buch Ercivans strotz zwar nur so vor Fakten und Zitaten, doch Nachforschungen zu diesen „Fakten" waren verheerend. Sein Literaturverzeichnis ist zwar alphabetisch geordnet, aber es lässt sich nicht herauszufinden, welches Werk welchem Kapitel oder Zitat zuzuordnen ist. Leider legen nur sehr wenige Autoren der Szene Wert auf ein gut recherchiertes Literaturverzeichnis, das im Grunde sofort aufzeigt, ob ein Forscher seriös gearbeitet hat oder nicht. Ich kann nur jedem Ägyptenfan ans Herz legen, jedes ägyptologisches Sachbuch sofort zur Seite zu legen, wenn dieses über keine ausreichenden Quellenangaben verfügt. Als absolut fragwürdig und zusammenhanglos stellt sich auch der Bildteil von Ercivans Buch heraus. Kein einziges Foto könnte auch nur eine seiner Aussagen stärken oder stützen. Mal ist er zu sehen, wie er einen Preis entgegen nimmt, mal wie er vor einem Museum steht. Zudem werden Bilder von den verschiedenen „Eingängen" der Chefren Pyramide gezeigt, ohne näher darauf einzugehen. Da zwei davon mit Metallgittern verschlossen sind, liegt der Verdacht nahe, dass hier Effekthascherei betrieben wird, um einen Hauch von Mysteriösität zu schaffen, der an dieser Stelle jedoch vollkommen fehl am Platz ist. Denn an den Öffnungen gibt es nichts Mysteriöses, auch wenn die Chefren-Pyramide selbst noch sicherlich das ein oder andere Geheimnis birgt.

Ercivan ist leider kein Einzelfall. Es muss ein neuer Wind in der Paläo-SETI-Szene wehen! Es kann nicht sein, dass über Jahre hinweg Argumentationen Einzug in Bücher finden, die bereits seit langem eindeutig widerlegt sind. Genauso muss man aufhören, Kritik und Gegenargumente von Fachgelehrten zu ignorieren und vielmehr damit beginnen, Theoriemodelle zu finden, die alle Fakten widerspruchsfrei mit berücksichtigen. Auch wenn sicherlich die ein oder andere lieb gewonnene These der Paläo-SETI zukünftig ad acta gelegt werden muss sobald man sich objektiver und ausführlicher mit den Themen beschäftigt, so bleibt am Ende doch ein kleiner Kern von Argumentation zurück, der diesen Forschungszweig wieder zu einer angesehenen und fundierten Position verhelfen wird.

2. Die Kritiker und Leugner der „Pyramidenmysterien"

Es ist Kritikern zu verdanken, dass viele falsche Theorien, die von Verfechtern der Nibiru- Atlantis- oder Paläo-SETI Szene aufgestellt wurden, widerlegt werden konnten und man sich der eigentlichen Wahrheit ein weiteres Stückchen nähern konnte. Doch oft bemächtigen sich diese Kritiker selbst einer Methodik, die sie bei anderen Autoren stets anprangerten. Das Nichtbeachten beziehungsweise Herunterspielen von erwiesenen Fakten gehört dazu. Einer dieser Autoren ist Michael Haase. Eben dieser Haase, der als erster die Theorien von Zecharia Sitchin widerlegte und aufzeigte, dass es sich bei den gefundenen Hieroglyphen in den Entlastungskammern um keine Fälschungen handeln kann.

Wie bereits erwähnt entdeckten die beiden Franzosen Dormion und Goidin mithilfe gravimetrischer Messungen neben dem Gang zur Königinnenkammer einige Anomalien. Drei Probebohrungen bestätigten die Messdaten, als beachtliche Hohlräume zum Vorschein kamen, die wie wir ja bereits wissen, mit Sand gefüllt waren. Nur ein Jahr später bestätigte wiederum ein unabhängiges japanisches Team die Messdaten und ging so weit zu behaupten, noch weitere Hohlräume unter dem Gang entdeckt zu haben. Ließen sich diese Hohlräume einwandfrei nachweisen, käme dies einer Katastrophe für die Ägyptologie, insbesondere der Pyramidenforschung gleich. Aber was schreibe ich? Sie wurden bereits einwandfrei nachgewiesen! Die Probebohrungen sind heute für jedermann sichtbar! Auch wenn man als Tourist keinen Zugang mehr zur Königinnenkammer hat, reicht ein kurzer Blick durch das Gitter aus, um sich von den etwa 15 Zentimeter abstehenden, verschlossenen Metallröhren zu überzeugen. Eine dieser Bohrungen ist auf Abbildung 26 zu sehen. Aber was schreibt nun Haase zu diesen Funden? Er degradiert sie einfach zu nur 25 Zentimeter großen, mit Sand gefüllten Fugen, „die vermutlich als >strukturberuhigende Zonen< installiert wurden" (Haase 1998: 134). Warum Haase hier nur 25 cm angibt und keine weiteren Anomalien nennt, bleibt unklar. Erschreckend ist auch, dass Haase mit keinem Wort auf den Quarzsand eingeht, der anscheinend in der Lage ist Töne zu erzeugen. Tatsachen zu verfälschen, um eigene Theorien durchzusetzen, war stets ein Argument, gegen das Michael Haase erfolgreich kämpfte. Umso erstaunlicher, dass er es offensichtlich nicht schafft, seinen eigenen Prinzipien treu zu bleiben. Die andere mögliche Erklärung für seine Argumentation wäre, dass seine Recherchen einfach mangelhaft waren, was ich jedoch ausschließe. Haase ist auch davon überzeugt, den Beweis erbracht zu haben, dass der Großteil der verwendeten Steine zum Bau des Kernmauerwerks aus den umliegenden Steinbrüchen des Gizeh-Plateaus stammt. Doch spätestens nach dem Bericht von Dieter Vogel sollte klar sein, dass die Gesteinsarten auf dem Plateau völlig ungeeignet für den Bau einer Pyramide sind und die nötigen Baumaterialien aus diversen Steinbrüchen, die im ganzen Land verteilt waren, herangeschafft werden mussten (vgl. Vogel 1997). Warum hat Haase nicht den Rat eines Geologen eingeholt? Der selbst ernannte „Pyramidenexperte" wird plötzlich zum selbsternannten Geologen und zieht völlig falsche Schlüsse. Genauso werden aus Archäologen plötzlich Bauexperten, Linguisten oder Steinbruchspezialisten!

Ein weiterer solcher Zeitgenosse ist Frank Dörnenburg. Im Internet hat sich bereits eine wahre Sekte um diesen Mann gebildet, der es seltsamerweise schafft, in allen deutschsprachigen Foren herumzugeistern, um dem Laien seine abgekupferten Theorien als belegte Tatsache zu verkaufen. Seine Homepage, auf die er ständig verweist, erweist sich als ein Sammelwerk bereits bestehender Erklärungen für einst ungeklärte ägyptologische Befunde, die der selbsternannte Paläo-SETI-Kritiker komplett eigenständig ausgearbeitet haben will. Im Jahr 2008 veröffentlichte er schließlich sein erstes Buch, in dem er die Fakten seiner Homepage erneut aufarbeitet und diese mit neuen Bildern belegt (vgl. Dörnenburg 2008). Doch spätestens nach der kritischen Rezession des Juristen Dr. Klaus Richter sollte klar sein, dass Herr Dörnenburg lediglich die Ausarbeitungen namhafter Sachbuchautoren, wie den oben genannte Michael Haase benutzte, um sich einen Namen in der Szene zu machen (vgl. Richter 2009).

Richter beschreibt beispielsweise, wie Dörnenburg im Jahr 1995 mit sich noch uneins im Hinblick auf die Hieroglyphen in den Entlastungskammern war und eingestand, dass Sitchin doch recht haben könnte. Dies änderte sich schlagartig als Michael Haase die Spekulationen widerlegte und Dörnenburg forthin dessen Beweisaufführungen übernahm. Genauso verhält es sich mit anderen Thesen, die Dörnenburg zwar wiedergibt, dabei aber die eigentlichen Urheber unerwähnt lässt.

So befürwortet er das vom Ehepaar Klemm entwickelte „Integral-Rampenmodell“ und ignoriert alle Kritiken daran. Mit keinem Wort erwähnt er ein von Michael Hasse mit dem Ehepaar geführtes Interview, dass in der Fachzeitschrift „Sokar“ erschien und die Schwächen des Integral-Rampenmodells verdeutlichte (vgl. Klemm 2002:34 ff.). Zudem gibt Dörnenburg an, als erster Berechnungen zum Zeitplanes aufgestellt zu haben, was nicht stimmt. Die mehrfach zitierte Dissertation von Frank Müller-Römer beinhaltet bereits ausführliche Berechnungen, die seltsamerweise stark von denen Dörnenburgs abweichen. In diversen Internetforen behauptet dieser auch, dass die Gizeh-Mauer erbaut wurde, um die ansässigen Menschen zu schützen, nachdem diese sich über die Touristenmassen beschwert hatten. Doch auch hier liegt Dörnenburg falsch. Die Menschen leben dort teilweise in ihrem eigenen Müll. Das Areal direkt an der Mauer ist am schlimmsten betroffen. Stellenweise muss man hunderte Meter über Müll laufen um vorwärts zu kommen, während direkt nebenan bereits die Wohnhäuser der Familien stehen. Die Regierung kümmert sich garantiert nicht um diese Menschen und investiert auch sicherlich nicht Millionen Euro in den Bau einer Mauer, nur weil sich diese „belästigt" fühlen. Eine aberwitzige Argumentation von Dörnenburg. Die Mauer wurde höchst wahrscheinlich nur deswegen errichtet, um die Touristenfluten besser kontrollieren zu können und von jedem Besucher die unverschämt hohen Eintrittsgelder zu verlangen.

Dörnenburg bezeichnet die Cheops-Pyramide zudem als primitives Bauwerk und behauptet, dass die Steine sehr grob „zusammengekloppt" wurden und die entstandenen Zwischenräume einfach mit Sand und Lehm aufgefüllt wurden. Die Fassadenmauer betreffend hat er an diesem Punkt zwar Recht, aber damit ist bewiesen, dass er nichts über die eigentliche Struktur der Pyramide weiß. Er kennt die verschiedenen Bauschritte nicht und hat sich nicht die Mühe gemacht, die entsprechende Fachliteratur zu lesen und zu verinnerlichen – auch wenn er das stets behauptet[48]. Die Steine des Kernmauerwerks sind garantiert nicht einfach nur grob zugehauen und aufeinander gestapelt. Wie bereits beschriebenen, folgt das Kernmauerwerk einem genauen Bauplan, obwohl es sich weit im Inneren des Bauwerks befindet. Offenbar kennt Dörnenburg nicht die genauen Forschungsergebnisse von Rudolph Gantenbrink, der die Steinsetzungsstruktur der Schächte untersucht hat und eine sehr komplexe Bauweise erkannte, der eine unglaublich gute Planung und großes Wissen im Bereich der Statik zugrunde liegen muss. Dörnenburg weist die Leser stets auf die größeren Lücken in der Außenfassade der Pyramide hin und beschreibt den dort sichtbaren Sand in den Fugen. Es fällt schwer seine Gedanken nachzuvollziehen. Die Außenwände der Pyramide sind durch Erosion, Steinraub und Sprengungen früherer Forscher stark beschädigt worden. Neben metergroßen Lücken sind auch zentimeterbreite Hohlräume zu erkennen, die mit Wüstensand gefüllt sind. Dörnenburg erkennt nicht, dass die Wände seit Jahrtausenden dem harten Wüstenwind ausgesetzt sind, der jede auch noch so kleine Lücke mit feinem Sand füllt. Mit solchen Argumenten ist es ihm nicht möglich, seine Aussagen zu bestätigen. Noch weniger nachzuvollziehen ist es, wenn er auf die Mykerinos-Pyramide verweist und seien Theorie stärken möchte, obwohl

[48] Die Tatsache, dass er sich auf das widerlegte Integral-Rampenmodell bezieht, bestätigt diese Annahme.

am Bauwerk die genaue Strukturierung und präzise Bauweise des Kernmauerwerks noch sehr deutlich erkennbar ist.

Seine Theorie über die „Granitpolierung“ der verbauten Innenverkleidungen lassen sich mit einem einzigen Blick auf die Mykerinos-Pyramide widerlegen. Dörnenburg behauptet nämlich, dass zwei Granitblöcke aufeinander gelegt und zwischen die Platten Sand gegeben wurde und diese dann so lange hin und her geschoben wurden, bis die Flächen absolut eben waren. Glücklicherweise existieren noch zahlreiche Granit-Verkleidungssteine der Mykerinos-Pyramide, die nur teilweise geglättet wurden und eine völlig andere Bearbeitungstechnik aufzeigen. Wie nun genau gearbeitet wurde, kann ich nicht sagen, aber die archäologischen Funde widersprechen ganz klar seinen Schlussfolgerungen.

Schlussbemerkung

Ich habe versucht aufzuzeigen, welche Ungereimtheiten in der Ägyptologie noch herrschen und war stets bemüht, mein größter Kritiker zu sein. Ich bin mir darüber im Klaren, dass die vorliegenden Ausführungen notwendigerweise unvollständig sind, da die Forschung ständig neue Erkenntnisse liefert. In einer möglichen Neuauflage werde ich den aktuellen Forschungsstand selbstverständlich berücksichtigen.

In den letzten Jahren wurde mir während meiner Recherchen immer klarer, dass wir heute unter keinen Umständen eine genaue Archäologie im Allgemeinen betreiben können! Wie denn auch? Keiner von uns hat vor Jahrtausenden gelebt, und kann all das, was wir heute behaupten, 1:1 bestätigen. Wir sind nicht imstande durch Funde, Gräber oder Tempel eine gesamte Zivilisation zu rekonstruieren. Wissenschaften basieren auf Entwicklungsprozessen und gelegentlich radikalem Umdenken, das durch neue Erkenntnisse provoziert wird. Doch in der Archäologie ist der Erfolg eines Forschers nicht vom Wahrheitsgehalt seiner Behauptungen abhängig, sondern davon, ob es gelingt, die neue Theorie in das vorherrschende Weltbild einzupassen. Vermeintlich skurrile Thesen, die wohlmöglich näher an der Wahrheit liegen als die Lehrmeinung, haben da keinen Platz. So kommt es beispielsweise, dass in der Archäologie etwa 80% der gefunden Objekte oder Gebäude Opfergaben bzw. -stätten und

Tempeln zugeschrieben werden, da man einfach keine bessere Erklärung findet. Leider führt genau diese Vorgehensweise dazu, dass solche Objekte keinen weiteren Nachforschungen unterzogen werden, da sie bereits einer Funktion zugeschrieben wurden.

Ein Beispiel: Im Jahr 1906 stieß der französische Ägyptologe Georges Benedite auf vier blaue Fayence-Gefäße, die laut Inschrift Pharao Ramses II zuzuordnen wären. Nachdem er sie öffnete und untersuchte, kam er zu dem Schluss, dass es sich bei dem Inhalt, um das Herz von Ramses II. handeln müsse. Er „kombinierte" die vier Kanopen mit der ägyptischen Religion und erfand einen religiösen Brauch, der eine Einbalsamierung der Organe des Pharaos in den Gefäßen vorsah. Die Theorie wurde prompt akzeptiert und hielt Einzug in alle gängigen Lehrbücher. Umso erstaunter waren spätere Forscher, als man das Herz des Pharaos durch radiologische Untersuchungen, in seinem Brustkorb vorfand. Die Ergebnisse des Wissenschaftlers Jacques Connan von der Universität im elsässischen Straßburg zeigten, dass die Gefäße lediglich Überreste von Koniferen wie Zeder, Pinie oder Wacholder beherbergten (vgl. Stanglmeier 2007: 141f.). Wo waren die Ägyptologen fast ein Jahrhundert lang? Weshalb überprüfte keiner die Behauptungen?

Oder nehmen wir den Pyramidenkern. Wir wissen bis heute nicht, wie groß der Naturfelskern der Pyramide eigentlich ist. Doch müsste man sich nicht bemühen, gerade das herauszufinden? Ein großer Pyramidenkern aus Naturfels würde nämlich automatisch die Anzahl der verbauten Steinquader senken. Das würden viele Ägyptologen begrüßen, denn sie stehen vor einem unlösbaren Problem. Laut ihren Datierungen herrschte Pharao Cheops, der angenommene Erbauer der großen Pyramide, nur 23 Jahre. Die Realisierung seines Bauvorhabens in solch einem kurzen Zeitraum wäre sehr schwierig. Genau deswegen machten Lehner und Hawass im Jahr 2001 auf sich aufmerksam, als sie behaupteten, anhand neuer Deutungen des Turiner Papyrus zum Schluss gekommen zu sein, dass Pharao Cheops 32 anstatt bisher angenommene 23 Jahre geherrscht haben soll (vgl. Kahler 2001). Selbstverständlich steht nichts dergleichen im Papyrus. Dort sind nämlich klipp und klar 23 Jahre verzeichnet. Aber wenn man die Deutungen der Hieroglyphen umdreht, kann man natürlich völlig neue Werte herauslesen. Doch selbst mit den angenommenen neuen Regierungsjahren des Pharaos müssten die alten Ägypter 26 Quader in der Stunde fertig an dessen Bestimmungsort integriert haben. Das würde bedeuten, dass spätestens alle zweieinhalb Minuten ein Block seinen Endpunkt erreicht haben musste. Selbst heute wäre das reine Utopie[49]!

Es gibt unzählige Theorien, wie die Blöcke bewegt wurden und in der Pyramide Platz fanden. Aber lassen sich diese Behauptungen auch überprüfen? Beispielsweise durch praktische Tests? Es gab dazu zwei Versuche, die ich bereits kurz aufgegriffen habe. Die Feldversuche der Japaner von der Waseda-Universität aus Tokio im Jahr 1978 scheiterten kläglich, nachdem sie vergeblich versuchten, einen gerade einmal einen Tonnen schweren Stein über den Wüstensand zu ziehen. Nicht anders erging es dem „NOVA-Experiment" von Mark Lehner. Das Ergebnis war eine sechs Meter hohe Pyramide, deren unteren Steinlagen mit einem Frontlader positioniert wurden. Für das Bearbeiten der Blöcke in den Steinbrüchen, benutzte die 44köpfige Crew, nachdem sie einige Methoden getestet hatte, modernste Stahlwerkzeuge – entgegen der angenommen Bautechniken. Natürlich konnte sich die so erschaffene Pyramide Lehners nicht mit der Genauigkeit und Präzision der Ausrichtung der Cheops-Pyramide messen und kann wegen der verwendeten Arbeitsweisen keinesfalls als Vergleich dienen. Es handelte sich vielmehr um eine Kapitulationsaufforderung der Ägyptologen, angesichts der Erbauung der Cheops-Pyramide.

Ich hoffe, dass das vorliegende Buch aufzeigen konnte, dass noch viele Fragen auf dem Gizeh-Plateau unbeantwortet geblieben sind und genügend Herausforderungen für kommende Forschergenerationen zur Verfügung stehen. Gleichzeitig war es mir wichtig, viele aktuell diskutierte Theorien zum Bau der großen Cheops-Pyramide den archäologisch belegten Fakten gegenüberzustellen und die Theorien empirisch zu widerlegen. Denn obwohl wir dieses Bauwerk seit Jahrhunderten studieren, bleibt seine Errichtung immer noch im Dunkeln der Vergangenheit verborgen. Nicht zu vergessen die grobe Beschädigung der Pyramide durch einen kleinen Kreis von Ägyptologen deren Taten, meiner Meinung nach strafrechtlich geahndet werden müssten.

Allgemein ging es darum, die widersprüchlichen Thesen und Problemkreise der Ägyptologie aufzuzeigen und nicht die durch Erklärungsnot entstandenen offenen Fragen durch Präsens Außerirdischer oder Atlanter zu lösen. Wie wir jedoch gesehen haben, scheinen zahlreiche logis-

---

[49] Wie üblich werden zehn Arbeitsstunden pro Tag angesetzt.

tische als auch produktive Leistungen der alten Ägypter geradezu übermenschlich gewesen zu sein, weswegen ich für Theorien, die extraplanetarischen Hilfeleistungen in Form von außerirdischer Technologie vorsehen, grundsätzlich offen bin.

Folgende Punkte können festgehalten werden:

1. Eine mental begabte Frau namens Lucyna Lobos behauptet, mit dem sumerischen Gott Enki in Verbindung zu stehen und arbeitet mit der Universität Kairo zusammen.

2. Es gibt eine geheime Ägyptologie! Anders ist der im Verborgenen angelegte Tunnel in der Davison-Kammer der Cheops-Pyramide nicht zu erklären.

3. Einige Glyphen in den Entlastungskammern laufen definitiv über Fugen und wurden erst nach dem Bau aufgemalt. Somit könnten manche der Zeichen gefälscht sein.

4. Zahlreiche Anomalien und Messungen in der Cheops Pyramide weisen einwandfrei auf unbekannte Räume hin. Zudem könnten sich hinter jedem Quadratzentimeter der Räume der Pyramide neue Schächte befinden, die derzeit noch verborgen sind.

5. Die meisten Ergebnisse der „Schachtforschungen" werden nicht veröffentlich, obwohl man anhand des Holzstabes im Nordschacht der Königinnenkammer das Bauwerk ein für alle Mal mit der C-14-Methode datieren könnte.

6. Innerhalb der Pyramide wurde reiner Quarzsand gefunden, der in vielen Teilen der Erde auch Musiksand genannt wird.

7. Es gibt keine vollständige Theorie zum Pyramidenbau, und der Großteil der entwickelten Thesen, ist mit wenigen Sätzen widerlegt.

8. Die Problematik der Steinbearbeitung und des Materialtransports sind nach wie vor nicht gelöst.

9. Es gibt immer noch zahlreiche unerforschte Schächte und Tunnel unter dem Gizeh Plateau. Zwei davon befinden sich im Osiris Schacht, von denen einer öffentlich mit falschen Angaben belegt und der Andere einfach nicht erwähnt wird.

10. Die Ungereimtheiten rund um den Sphinx sind noch nicht alle zufriedenstellend gelöst.
11. In der Ägyptologie werden Veröffentlichungen manipuliert, um eigene Interessen durchzusetzen (siehe KV 63).

Zukünftige Projekte und Anstrengungen meinerseits werden sich darauf konzentrieren, den bestätigten Anomalien in der Cheops Pyramide nachzugehen und mehr Licht hinter den geheimen Tunneln im Osiris-Schacht zu bringen.

Literaturverzeichnis

AIGNER, Thomas

1982 Zur Geologie und Geoarchäologie des Pyramidenplateaus von Giza, Ägypten. In: Natur und Museum 112 (12). Frankfurt a. M.

ARNOLD, Dieter

2000 Lexikon der ägyptischen Baukunst. Mannheim: Patmos

1991 Building in Egypt. Pharaonic Stone Masonry. New York: Oxford University Press

1981 Überlegungen zum Problem des Pyramidenbaues. MDAIK 37.

BARNES, Michael

1994 Die Mini Pyramide von Gizeh. [Zweiteilige Fernsehdokumentation über Mark Lehners Bauversuche (90 min.)] NDR, gesendet 1995 auch im BR

BAUMGARTL, Karlheinz

1995 EFODON-SYNESIS (Nr. 9/1995)

BAUVAL, Gilbert/GRAHAM, Adrian

1994 The Orion Mystery. New York: Arrow

BECK, Ludwig

1993 Die Geschichte des Eisens. Vaduz

BEINLICH, Horst

1991 Bemerkungen zum Schabaka-Stein. In: Göttinger Miszellen 122. Göttingen

BERTINETTI, Marcello,

2003 Ägypten von oben. München: GEO Verlag

1913 Das Grabdenkmal des Königs S'a3hu-Rec. Band II: Die Wandbilder. Unter Mitwirkung von Ernst Assmann, Alfred Bollacher, Oskar Heinroth, Max Hilzheimer und Kurt Sethe. Ausgrabungen der Deutschen Orient-Gesellschaft in Abusir 1902-1908, VII. Wissenschaftliche Veröffentlichung der Deutschen Orient-Gesellschaft; Bd. 26. Leipzig

BOYLAN, Patrick
1922 Thoth, the Hermes of Egypt. Forgotten Books

BÖHLING, Alexander
1993 Von Ägypten nach Israel. Zur hermeneutischen Methode heiliger Schriften. In: Festschrift für Luise Abramowski. Berlin: de Gruyter S.1

BUDGE, Ernest Alfred Wallis
1922[3] The Rosetta Stone. London: Harrison and Sons

CROON, L.
1925 Lastentransport beim Bau der Pyramiden. Dissertation. Hannover: Buchdruckerei des Stephanstifts

DAY, John Vincent
1877 The prehistoric use of steel and iron. Nabu Press

DÖRNENBURG, Frank
2008 Pyramidengeheimnisse? Enträtselte Mysterien. Haar: Patrick Brose

DREYER, Günter
1998 Umm el-Qaab I, Das prädynastische Königsgrab U-j und seine frühen Schriftzeugnisse. Mainz: Zabern EDGAR, John/EDGAR, Morton
1923 The Great Pyramid. Passages and Chambers. Glasgow: Bone & Hulley

EDWARDS, Iorwerth Eiddon Stephen
1987 The Pyramids of Egypt. Harmondsworth

EGGERS, Stefan (Hrsg.)
1998 Über die Determinanten des Pyramidenbaus bzw. Wie haben die Alten Ägypter die Pyramiden erbaut? (http://www.uni-muenster.de/IAEK/org/WMA/graefe/pyr/index.html) Abrufdatum: 05.01.2010

ERMAN, Adolf/GRAPOW, Hermann
1951 Wörterbuch der aegyptischen Sprache. Bd. 3. Berlin: Akademie-Verlag

ERCIVAN, Erdogan

2004 Verbotene Pyramiden-Untersuchungen. (http://www.et-m.de/verbotenepyramide.html) Abrufdatum: 15.08.2009

2002[5] Verbotene Ägyptologie. Rottenburg: Kopp

1997 Das Sternentor der Pyramiden: Geheime Wege in den Kosmos. München: Herbig

FAIRALL, Anthony Patrick Fairall

1998 The Astronomy of the Great Pyramid. Planetarium presentation. South African Museum. Cape Town.

FEIX, Josef

2004 Historien. Zweites Buch. Neuauflage. Düsseldorf: Artemis und Winkler

FRITZ, Ulrike

2004 Typologie der Mastabagräber des Alten Reiches. Strukturelle Analyse eines altägyptischen Grabtyps. Achet – Schriften zur Ägyptologie. Berlin

GAHLIN, Lucia

2001[2] Ägypten. Götter, Mythen, Religionen. Fränkisch-Crumbach: Edition Xxl

GANTENBRINK, Rudolf

1999a The Findings. (http://cheops.org/startpage/thefindings/thefindingsn3.htm#measures) Abrufdatum: 13.12.2009

1999b The second 1992 Campaign. (http://cheops.org/startpage/theupuautstory/thesecond1992campaign/second92.htm) Abrufdatum: 13.12.2009

1999c The lower northern shaft. (http://cheops.org/startpage/thefindings/thelowernorthshaf t/lowernorth.htm) Abrufdatum: 13.12.2009

GARDINER, Alan H.

1987 The Royal Canon of Turin. Warminster: Griffith Inst.

1957 Egyptian Grammar. Being an introduction to the study of hieroglyphs. London: Oxford University Press

GAURI, K: Lal/BANDYOPADHYAY, Jayanta K.
1999 Carbonate Stone: Chemical Behavior, Durability, and Conservation. Weinheim: Wiley VCH

GEISE, Gernot L.
2008 Sphinx – der Alte mit dem Wasserschaden. SYNESIS-Magazin Nr. 3/2008 S. 40

GILLES, Dormion
2004 La chambre de Chéops. Paris: Fayard

GRINSELL, Leslie
1947 Egyptian Pyramids. Gloucester: John Bellows Limited

GOYON, Georges:
1987 Die Cheopspyramide. Geheimnisse und Geschichte. Herrsching: Manfred Pawlak Verlag
1944 Les inscriptions et graffiti des voyageurs sur la grande pyramide. Le Caire

GRAEFE, Erich
2003 Das Pyramidenkapitel in Al-Makrizi`s „Hitat". Norderstedt: Books on Demand.

GRITCH, Joachim
2009a (http://www.projekt-cheops.eu/html/aktueller_stand.html) Abrufdatum 14.12.2009
2009b (http://alpenparlament.tv/playlist/116-2012-planet-x-und-die-bedeutung-der-cheops-pyramide) Vortrag in Alpenparlament.tv Abrufdatum: 03.12.2009

HAASE, Michael
2003[3] Das Vermächtnis des Cheops. Die Geschichte der Großen Pyramide. München: Herbig
1998 Das Rätsel des Cheops. Die letzten Geheimnisse der Pyramide von Giza. München: Herbig
1996a Das Chufu Syndrom. Die große Pyramide von Giza in den Grenzwissenschaften.
In: G.R.A.L. (3/1996), S. 150-164

1996b Das Geheimnis der Isis-Stele. Die Bewertung der „Inventory Stela" aus archäologischer Sicht. In: G.R.A.L. (4/1996) S. 238-246

HANNING, Rainer
1997[2] Großes Handwörterbuch Ägyptisch-Deutsch. Mainz: Zabern

HANCOCK, Graham
1996 The Massage of the Sphinx. New York: Crown Pub

HAWASS, Zahi
2009b Drilling Under the Sphinx: A Heritage Key Video About Keeping Your Paws Dry. (http://heritage-key.com/blogs/keith-payne/drilling-under-sphinx-heritage-key-video-about-keeping-your-paws-dry) Abrufdatum 18.12.2009
2009a Drilling under the Sphinx. (http://www.youtube.com/watch?v=3qGzfZHWbZE&feature=player_embedded#) Abrufdatum: 19.12.200
2009c The Djedi Team Robot. (http://www.drhawass.com/blog/djedi-team-robot) Abrufdatum: 10.02.2011
2008 Keeping the Great Sphinx's Paws Dry. (http://drhawass.com/blog/keeping-great-sphinx%E2%80%99s-paws-dry) Abrufdatum: 1.12.2009
1999 The Mysterious Osiris Shaft of Giza. (http://www.drhawass.com/blog/mysterious-osiris-shaft-giza) Abrufdatum: 14.12.2009
1997 The Discovery of the Harbors of Khufu and Khafreat Giza. In Ètudes sur l`Ancien Empire et la `necropole de Saqqàra dèdièes à Jean Philippe Laurer. Orientalia Monspeliensia IX. Montpellier

HAWASS, Zahi/LEHNER, Mark
1994 The Sphinx: Who built it and Why? Archaeology. 10/11

HOAGLAND, Richard C.
1997 The Enterprise Mission (http://www.enterprisemission.com/pyramid.html) Abrufdatum: 18.02.2010

HÖLSCHER, Uvo:
1912 Das Grabdenkmal des Königs Chefren. Wissenschaftliche Veröffentlichungen der Ernst-von-Sieglin-Expedition 1. Leipzig

HOUDIN, Jean-Pierre
2007 Cheops – Die Geheimnisse um den Bauprozess der Großen Pyramide. Mainz: Zabern

JEBENS, Holger
2007 Kago und Castom. Stuttgart: Kohlhammer

JLLIG, Heribert/LÖHNER, Franz
1993 Der Bau der Cheops-Pyramide. Nach der Rampenzeit. Gräfelfing: Mantis

JORDAN, Paul
1998 Riddles oft the Sphinx. New York: NYU Press

JUNKER, Hermann
1951 Gisa, Band X. Wien und Leipzig: Rohrer

KAHLER, Birgit
2001 Pharao Cheops herrschte länger als bisher gedacht. Bild der Wissenschaft. (http://www.wissenschaft.de/wissenschaft/news/154825.html) Abrufdatum 03.01.2010

KARST, Josef
1911 Eusebius-Werke. Bd. 5. Die Chronik. In: Däniken 2008b. S. 10

KÈRISEL, Jean
1991 La pyramide à travers les àges. Paris: Art et religions

KESS, Hermann
1941 Der Götterglaube im Alten Ägypten. Leipzig: J.C. Hinrichs Verlag

KLEMM, Dieter/KLEMM, Rosemarie

1998 Die Integralrampe als Konstruktionselement großer Pyramiden. Stationen – Beiträge zur Kulturgeschichte Ägyptens. Mainz: Zabern

2002 Vom Steinbruch zur Pyramidenspitze. Sokar 5 (2/2002)

KLUG, Andrea

2002 Königliche Stelen in der Zeit von Ahmose bis Amenophis III. Turnhout: Brepols

KNAPP, Wolfram

1998 Pyramide. Das Geheimnis der Baumeister. Bild der Wissenschaft (6/1998)

KRACHT, Christian/NIERMANN, Ingo

2006a Der Geist von Amerika. Fleisch als Metapher und die Wiederkehr des John Frum: Die Entstehung der Cargo-Religion auf Tanna Island, Vanuatu. In: New Wave. Köln: Kiepenheuer & Witsch

2006b Der Geist von Amerika. Der Cargo-Kult und die Rückkehr des John Frum in Tanna, Vanuatu. In: New Wave. Köln: Kiepenheuer & Witsch

LABOW, Dagmar

2005 Flavius Josephus „Contra Apionem". Buch 1: Einleitung, Text, textkritischer Apparat, Übersetzung und Kommentar. Stuttgart: Kohlhammer

LANDMANN, Erhard

1993 Weltbilderschütterung. Hofheim: Wolke Verlag

LAPORTE, Joseph

2007 Mon voyage en Égypte et en Syrie: carnets d'un jeune soldat de Bonaparte. Paris: Presses Universitaires de France

LAUER, Jean-Philippe

1989 Le Problème de la Contruction de la Grande Pyramide. Revue d'Egyptologie vol.40, S.91-111

1980 Das Geheimnis der Pyramiden. Rastatt: Verlag Arthur Moewig

LECA, Ange-Pierre
1982 Die Mumien. Düsseldorf: Econ

LEHNER, Mark
2000b (http://www.pbs.org/wgbh/nova/lostempires/obelisk/cutting05.html) Abrufdatum: 18.09.2009
2000a (http://www.pbs.org/wgbh/nova/lostempires/obelisk/cutting04.html) Abrufdatum: 12.12.2009
1997 Das erste Weltwunder. Die Geheimnisse der ägyptischen Pyramiden. Düsseldorf: Econ
1992 Reconstructing the Sphinx. Cambridge Archaeological Journal, vol 2. Cambridge University Press
1985 The Development of the Giza Necropolis: The Khufu Project. In SDAIK 19.

LINDSTORM, Lamont:
1990 Big Men as Ancestors. Inspiration and Copyrights on Tanna (Vanuatu). In: Ethnology. Band 29 S. 313-326

LORENZ, Rainer
1999b Die Große Pyramide des Königs Cheops. (http://www.benben.de/Zeit_Index.html) Abrufdatum: 08.10.2009
1999a Die Sphinx von Giza. (http://www.benben.de/Alt_Index.html) Abrufdatum: 08.10.2009

LÖHNER, Franz
2006b Kritische Fragen zu Franz Löhners Methoden. (http://www.cheops-pyramide.ch/gegenargument/kritische-fragen.html) Abrufdatum: 13.09.2009
2006a Steine für die Cheops Pyramide. Quellen, Punkt 6. (http://www.cheops-pyramide.ch/pyramidensteine/steinbearbeitung.html) Abrufdatum: 18.09.2009

MARAGIOGLIO, Vito/RINALDI, Celeste A.
1963 L`Architettura delle Piramidi Menefite. Band IV. Turin

MORGAN, Jaques de
1926 La prèhistoire orientale. Tome II. L`Egypte et L`Afrique du nord. Paris

MÖLLER, Georg
1909 Hieratische Paläographie. Die ägyptische Buchschrift in ihrer Entwicklung von der fünften Dynastie bis zur römischen Kaiserzeit. 4 Bände. Leipzig: Hinrichs

MÜLLER-RÖMER, Frank
2008 Die Technik des Pyramidenbaus im Alten Ägypten. München: Herbert Utz Verlag
2007 Pyramidenbau mit Rampen und Seilwinden. Ein Beitrag zur Bautechnik im Alten Reich. Dissertation. München

Mysteria 3000
2007 Jean-Pierre Houdin: Neue Theorie über den Bau der Cheops-Pyramide. (http://www.mysteria3000.de/wp/jean-pierre-houdin-neue-theorie-uber-den-bau-der-cheops-pyramide/) Abrufdatum: 05.03.2010

NERET, Gilles
2007 Napoleons Ägypten. Köln: Taschen Verlag/Neuauflage

PAGANINI, Rico
2008 Giza Vermächtnis: Expeditionen in die geheimen Bereiche von Pyramiden und Sphinx – Ein Schlüssel zu unserer Herkunft und ein Schlüssel zu unserer Zukunft. Marktoberdorf: Argo

PAPENDICK, Ralf
2008 Bauprojekt Pyramide. In: Däniken, 2008a. S. 75-85

PERRING, John Shae
1839 The Pyramids of Gizeh. London: James Fraser

PETRIE, William Matthew Flinders
1890 Kahun, Gurob, and Hawara. London
1883 The Pyramids and Temples of Gizeh. London. Neuauflage: 1990.

PLINIUS
1881 Die Naturgeschichte des Cajus Plinius Secundus. Leipzig. In: von Däniken 1991. S. 166.

RADT, Stefan
2004 Strabons Geographica: Buch IX - XIII: Text und Übersetzung: Bd. 3: Göttingen: Vandenhoeck & Ruprecht

RAFFAELE, Francesco
2002 SAQQARA. Early Dynastic monuments (Dynasties 1-3). (http://xoomer.virgilio.it/francescoraf/hesyra/Saqqara.htm) Abrufdatum: 02.01.2010

REISNER, George Andrew
1931 Mycerinus: the Temples of the Third Pyramid at Giza Cambridge: Harvard University Press
1913 Die neuesten Forschungen in der Sphinx. In: Welt und Wissen. Berlin: Peter J. Oestergaard

RICHTER, Klaus
2009 Rezension zu "Pyramidengeheimnisse - Enträtselte Mysterien" von F. Dörnenburg. (http://www.klaus-richter.eu/privat/sceptical/rezensionen/fd-pyramiden.html) Abrufdatum: 03.01.2010

ROSSI, Francesco/PLEYTE, Willem
1876 Papyrus de Turin. Bd.1, Texte. Leiden

SALLER, Walter
2007 Hatschepsut: Die Frau, die Pharao war. GEO Magazin 02/07

SCHÄFER Heinrich
1902 Ein Bruchstück altägyptischer Annalen. Berlin: APAW

SCHLÖGL, Hermann A.
2008 Das alte Ägypten. München: C.H. Beck

SCHOCH, Robert M.
1995 The great Sphinx controversy. Fortean Times. No. 79. London

SCHÜTZEICHEL, Rudolf
2006[6] Althochdeutsches Wörterbuch. Tübingen: Max Niemeyer

SITCHIN, Zecharia
2008 Stufen zum Kosmos. Rottenburg: Kopp/Neuauflage

SMYTH, Charles, Piazzi
1864 Our Inheritance in the Great Pyramid. London: A. Strahan

SPIEGEL Online
2002 Cheops-Pyramide (http://www.spiegel.de/wissenschaft/natur/0,1518,214437,00.html) Abrufdatum: 23.09.2008

SPÖRRI, Gregor

2009 Ägypten: Teil 2 (http://www.z-productions.ch/aegypten-Teil-2.htm) Abrufdatum: 2.05.2010

STADELMANN, Rainer
1997[3] Die ägyptischen Pyramiden. Vom Ziegelbau zum Weltwunder. Mainz: Zabern
1994 Die sogenannten Luftkanäle der Cheopspyramide. Modellkorridore für den Aufstieg des Königs zum Himmel. In: MDAIK (50/1994) S. 285-294
1990 Die großen Pyramiden von Giza. Graz: Akademische Druck- und Verlagsanstalt

STANGLMEIER, G.F.L./ LIEBE, Andre
2007 Der Kopf des Osiris. Rottenburg: Kopp

STEARN, Jess
1999 Der schlafende Prophet – Prophezeiungen in Trance (1911-1998). München: Ariston Verlag

STOCKS, Denys A.
1999 Stone sarcophagus manufacture in ancient Egypt. In: Antiquity 73.
1986 Sticks and Stones of Egyptian Technology. Popular Archaeology (April/1986)

TAGESSCHAU
2007 Die Zahnlücke brachte es an den Tag. Tagesschau. (http://www.tagesschau.de/ausland/meldung18288.html) Abrufdatum: 28.12.2009

THOMSEN, Christian Jürgensen
1837 Leitfaden zur nordischen Altertumskunde. Kopenhagen

UNBEKANNT
2009 War der Sphinx einst gar keine Sphinx? Sagenhafte Zeiten. 1/2009
2005 Other past Articles on the Shaft exploration. The Pyramid of Gizeh Research Association. (http://www.gizapyramid.com/Shaft%20Exploration%202005.htm) Abrufdatum: 18.12.2009

UNGER, Georg F.
1876 Chronologie des Manetho. Berlin: Weidmannsche Buchhandlung

VALENTINE, Charles A.
1955 Cargo beliefs and cargo cults among the West Nakanai of New Britain: A report to the Department of Territories (15 January 1955). Unveröffentliches Manuskript

VAN HELSING, Jan/ERDMANN, Stefan
2008 Die Jahrtausend Lüge. Fichtenau: Ama Deus

VERNER, Miroslav
1999 Die Pyramiden. Reinbek: Rowohlt Verlag

VOGL, Dieter
1997 Das Baumaterial der Cheops-Pyramide. In: SYNESIS Nr. 23/1997 (http://www.efodon.de/html/archiv/pyramiden/vogl/baumaterial.htm) Abrufdatum: 01.02.2010

VON BECKERATH, Jürgen:
1999 Handbuch der ägyptischen Königsnamen. Münchner Ägyptologische Studien. Bd. 49. Mainz: Philipp von Zabern

1997 Chronologie des pharaonischen Ägypten. Die Zeitbestimmung der ägyptischen Geschichte von der Vorzeit bis 332 v. Chr. Münchner Ägyptologische Studien, Bd. 46. Mainz: Philipp von Zabern

VON DÄNIKEN, Erich
2009 Götterdämmerung. Die Rückkehr der Außerirdischen. Rottenburg: Kopp
2008b Mischwesen?- Nichts Neues unter der Sonne! In Sagenhafte Zeiten Nr. 4/2008.
2008a Brisante Archäologie. Geschichte ohne Dogma. Rottenburg: Kopp
1992 Der Götterschock. München: Bertelsmann. 1989
1991 In den Augen der Sphinx. München: Bertelsmann.

VON RETYI, Andreas
2008[4] Geheimakte Gizeh-Plateau. Rottenburg: Kopp
2007[7] Die Stargate Verschwörung. Rottenburg: Kopp

VYCICHL, Werner
1936 Pi-Solsel, ein Dorf mit koptischer Überlieferung. In: Mitteilungen des Deutschen Archäologischen Instituts, Abteilung Kairo 6. S. 169-175

VYSE, Richard William Howard
1840 Operations Carried on at the Pyramides of Gizeh in 1837. London

WADDEL, William Gillian
2004 Manetho. Cambridge: Harvard University Press

WAHRMUND, Adolf
1866 Diodor von Sizilien: Geschichts-Bibliothek. Stuttgart. In: Däniken 1989 S. 165.

WALDHAUSER, Hermann
1976 Regenzauber der Pharaonen. Die Pyramiden als Instrumente der Wetterbeeinflussung. Behamberg: Junior- Druck

WEST, John Anthony
1993 Serpent in the Sky. Wheaton: Quest Books.

WILKINSON, Toby A. H.
2000 Royal annals of ancient Egypt: the Palermo stone and its associated fragments. London: Kegan Paul

WOICIKIEWICZ, Andrzej
2006 Die Erweckung des Pharao. Der Schlüssel für das goldene Zeitalter. Tübingen: Vitages

YOSHIMURA, Sakuji
1987 Non-Destructive Pyramide Investigation by Electromagnetic Wave Method. Tokio: Waseda-Universität

Bildnachweis

Abb. 5: Joachim Gritsch. http://www.projekt-cheops.eu/html/goldene_maske.html

Abb.:7 Chronologie des pharaonischen Ägypten. Die Zeitbestimmung der ägyptischen Geschichte von der Vorzeit bis 332 v. Chr. Münchner Ägyptologische Studien, Bd. 46 S. 215 . Mainz: Philipp von Zabern

Abb. 11: E. Meyer. Ägyptische Chronologie. Berlin: Verlag der Königlichen Akademie d. Wiss. T.1 1904

Abb. 12: Richard Lepsius. Über die zwölfte Aegyptische Königsdynastie. In APAW 1852

Abb. 16: Gemälde von Richard C. Woodville. 1798-1799. Standort: Musée des Beaux-Arts Valenciennes. Frankreich

Abb. 18: The rosetta Stone. British Museum. 1927. London:Harrison and Sons, Ltd.

Abb. 28: Andreas von Retyi. Ägypten – Geheimakte Gizeh-Plateau – 4. (http://www.avonretyi.com/aegypten-sphinx.html) Abrufdatum: 02.02.2010

Abb. 31: Rudolf Gantenbrink. The Upuaut Story. (http://cheops.org/startpage/theupuautstory/story.htm) 1999

Abb. 32: Rudolf Gantenbrink. The lower southern shaft. (http://cheops.org/startpage/thefindings/thelowersouthshaft/lowersouth.htm) 1999

Abb. 33: Rudolf Gantenbrik.)The second 1992 campaign. (http://cheops.org/startpage/theupuautstory/thesecond1992campaign/second92.htm) 1999

Abb. 34: Rudolf Gantenbrink. The findings. (http://cheops.org/startpage/thefindings/thefindingsn3.htm#General) 1999

Abb. 35: Rudolf Gantenbrink. The findings. (http://cheops.org/startpage/thefindings/thefindingsn3.htm#General) 1999

Abb. 36: Rudolf Gantenbrink. The findings. (http://cheops.org/startpage/thefindings/thefindingsn3.htm#General) 1999

Abb. 37: Rudolf Gantenbrink. The findings. (http://cheops.org/startpage/thefindings/thelowernorthshaft/lowernorth.htm) 1999

Abb. 38: Rudolf Gantenbrink. The findings. (http://cheops.org/startpage/thefindings/thelowernorthshaft/lowernorth.htm) 1999

Abb. 39: Das Rätsel des Cheops. 1998

Abb. 47 Maragioglio & Rinaldi; L'Architettura della Piramide Menefite, Rapallo 1965, Vol. IV, Tavola 3 fig. 1

Abb. 51: Michael Fritzel. 2009. Spezielle Anfertigung für den Autor

Abb. 53: Michael Fritzel. 2009. Spezielle Anfertigung für den Autor

Abb. 57: Herbert Pitlik. Baustelle Cheops Pyramide (Auszug Rampen und Materialtransporte); In Göttinger Miszelle (129) 83

Abb. 58: Mohr, H. T., The Mastaba of Hetep-her-Akhti, Brill, Leiden, 1943 S. 39 F. 3

Abb. 59: **Newberry, Percy E. und Fraser, G. Willoughby**. El Bersheh Part I (Archaeological Survey of Egypt, Egyptian Exploration Fund)

Abb. 60: Dieter Arnold. Building in Egypt. Pharaonic Stone Masonry. New York: Oxford University Press. 1991. S. 58

Abb. 61: Karlheinz Baumgartl. EFODON-SYNESIS (Nr. 9/1995)

Abb. 63: Frank Müller-RömerPyramidenbau mit Rampen und Seilwinden. Ein Beitrag zur Bautechnik im Alten Reich. Dissertation. München 2007. S. 109

Abb. 64: Dieter Arnold. Überlegungen zum Problem des Pyramidenbaues. MDAIK 37 1981. S. 22

Abb. 65: Rainer Stadelmann. Die großen Pyramiden von Giza. Graz: Akademische Druck- und Verlagsanstalt 1990. S. 268

Abb. 66 *Jean*-Philippe *Lauer*. Le Problème de la Contruction de la Grande Pyramide. RdE 40 1989. S.106 Pl.2

Abb. 67: Georges Goyon. Die Cheopspyramide. Geheimnisse und Geschichte. Herrsching 1987. S. 133 Abb. 74

Abb. 68: Dieter und Rosemarie Klemm. Die Integralrampe als Konstruktionselement großer Pyramiden. Stationen – Beiträge zur Kulturgeschichte Ägyptens. Mainz: Zabern 1998. Abb. 2

Abb. 69: Jean-Pierre Houdin. Cheops – Die Geheimnisse um den Bauprozess der Großen Pyramide. Mainz: Zabern 2007. S. 51

Abb. 70: Frank Müller-Römer. Pyramidenbau mit Rampen und Seilwinden. Ein Beitrag zur Bautechnik im Alten Reich. Dissertation. München 2007 S. 188

Abb. 71: Frank Müller-Römer. Pyramidenbau mit Rampen und Seilwinden. Ein Beitrag zur Bautechnik im Alten Reich. Dissertation. München 2007 S. 189

Abb. 74: Yoshimura, S. Non-Destructive Pyramide Investigation by Electromagnetic Wave Method. Tokio: Waseda-Universität. 1968

Abb. 77: John Antonie West-. Serpent in the Sky. Wheaton: Quest Books S.230. 1993

Abb. 80: Zahi Hawass und Mark Lehner. The Sphinx: Who built it and Why? Archaeology. 10/11 S. 35. 1994

Abb. 82: Bauval, Gilbert, Graham, Adrian The Orion Mystery. New York. 1994

Abb. 82: Matthias Schulz. Der Spiegel. 44/2000

Abb. 84: Archaeological Institute of America. Tales from the Crypt. 2000. (http://www.archaeology.org/0009/abstracts/crypt.html) Abrufdatum: 03.02.2010

Abb. 86: Erdogan Ercivan. Verbotene Ägyptologie. Rottenburg: Kopp 2002[5] S.92 Aufgenommen im ägyptischem Museum Kairo.

Literatur zu den Rätseln der Geschichte dieser Welt und weiteren faszinierenden Themen finden Sie im Verlagsprogramm des Ancient Mail Verlags:

Tagungsband zum One-Day-Meeting der Forschungsgesellschaft für Archäologie, Astronautik und SETI in Siegen 2008

ISBN 978-3-935910-61-3, 152 Seiten Din A5, Paperback, 52 s/w-Abbildungen
€ 11,50

Mit den Vorträgen aller Referenten des Meetings:

Peter Fiebag: Erinnerungen an die Zukunft / Johannes Horn: Cart-Ruts von Malta - ein Rätsel wird entziffert / Bruno Göbel: Geheimnisvolle Steine in Peru / Reinhard Habeck: Däniken zum Schmunzeln: Ein humorvoller Rückblick auf 40 Jahre EadZ / Ronald Rattmann: Neues zu Machu Picchu / Angelika Jubelt: Tunguska - 100 Jahre Rätselraten / Martin Heinrich: Jakobs Himmelsleiter war ein Weltraumschiff / Gisela Ermel: Vom Werjaguar zum Regengott / Dieter Bremer: Das Buch Daniel unter Paläo-SETI-Gesichtspunkten / Peter Kaschel: Mysterium 'König Artus und der Heilige Gral' / Ulrich Dopatka: Terra Dioscovery /Tatjana Ingold: 40 Jahre Erinnerungen an die Zukunft - 40 Jahre Mediengeschichte / Andreas von Rétyi: Rätsel um Sirius C

Tagungsband zum One-Day-Meeting der Forschungsgesellschaft für Archäologie, Astronautik und SETI in Magdeburg 2009

ISBN 978-3-935910-70-5, 162 Seiten Din A5, Paperback, 23 s/w-Abbildungen
€ 11,50

Mit den Vorträgen aller Referenten des Meetings:

Peter Fiebag: Der kreative Urknall des Menschen / Hans-Peter Jaun: Schriftgeschichte - darf es etwas mehr sein? / Daniela Machnitzke: Theogamie - Paarungen mit Aliens (Reinhard Habeck: Bilder, die es nicht geben dürfte / Carl Niemann: Realkulte oder Cargokulte im alten Ägypten / Walter Jörg Langbein: 2012 - Die Botschaft der Mayas - Unsere Zukunft liegt im All! / Dr. Algund Eenboom: Altes Testament: Reloaded / Jörg Dendl: Uhr Baian Kara Ula - Spekulationen und Tatsachen / Hartwig Hausdorf: Neues aus Puma Punkui und von der Osterinsel Erdogan Ercivan: Verwirrte Archäologie / Gottfried Bonn: Der Mythos der Unsterblichen / Johannes von Buttlar: Raumzeit. Provokation der Schöpfung

Tagungsband zum One-Day-Meeting der Forschungsgesellschaft für Archäologie, Astronautik und SETI in Interlaken 2010

ISBN 978-3-935910-79-8, 149 Seiten Din A5, Paperback, 23 s/w-Abbildungen
€ 11,50

Mit den Vorträgen aller Referenten des Meetings:

Peter Fiebag: Bausteine der Geschichte / Armin Schrick: Die Suche nach dem Gral - falsche Fährten und neue Forschungsansätze / G. F. L. Stanglmeier: S.E.T.I. und Sethos / Lars Fischinger: Aktuelles zum Aluminium-Objekt von Aiud Alireza Zarei: Trichplax adhaerens - nicht von dieser Welt? / Bruno Göbel: Auf der Spur der Sarkophage / Armin Risi: Die verheimlichte Monolith-Krypta von Sakkara Ronald Rattmann: Paläo-S.E.T.I. in der phantastischen Literatur - Eine Zeitreise Wolfgang Siebenhaar: Die Inka vor den Inka / Ulrich Dopatka: Qualität statt Quantität / Luc Bürgin: Erinnerungen an Atlantis: Das geheime Wissen der tibetischen Mönche / Jürgen Mai: Das Beste aus "Mr. Däniken, wie haben Sie das vollbracht?"

Franz Bätz

Das Eisen der Götter

Rätselhafte Eisensäulen in Indien

ISBN 978-3-935910-76-7, Din A5, Paperback,
102 Seiten, 21 s/w-Fotos, **€ 9,80**

Indien ist das Land der großen Rätsel der Menschheitsgeschichte. Eines dieser Rätsel ist die eiserne Säule von Delhi, die seit gut 1.500 Jahren trotz des feuchtheißen Klimas während der alljährlichen Monsunzeit kaum Rost angesetzt hat. Diese Säule steht nicht alleine, mindestens drei weitere solcher eisernen Säulen für die Ewigkeit hat Franz Bätz, Jahrgang 1958, auf dem indischen Subkontinent ausfindig gemacht.

Gar nicht eisern, sondern locker und spannungs-geladen schreibt er hier über ein Phänomen, das in der Metallurgie bis heute ohne Vergleich ist.

Thomas Ritter

Die Palmblattbibliotheken und ihre Prophezeiungen zur Zukunft Europas

Überarbeitete und ergänzte Neuauflage

ISBN 978-3-935910-74-3, Din A5, Pb., 273 Seiten, 12 Farb-Abb., **€ 19,50**

Indien ist für viele Menschen unserer westlichen Kultur immer noch ein fernes, märchenhaftes Reich voller Geheimnisse, Mythen und Legenden. Kein anderes Land auf dieser Welt wird mit einem solch uralten, hochstehenden spirituellen Wissen in Zusammenhang gebracht, wie eben Indien. Tatsächlich existiert dieses Wissen, der Veda, bis in unsere Tage. Das vedische Wissen umfasst zahlreiche Aspekte, zu denen auch Jothir Veda, die Kunst der Zukunftsdeutung, gehört. Anders als in Europa werden die Vorhersagen des Jothir Veda als exakte Wissenschaft begriffen. So verwundert es nicht, dass sich in Indien der Überlieferung zufolge 12 so genannte Palmblattbibliotheken befinden. Dort sollen die Schicksale von mehreren Millionen Menschen auf den getrockneten und entsprechend präparierten Blättern der Stechpalme in den alten Hochsprachen Sanskrit oder Alt-Tamil niedergeschrieben sein. Ein Blatt für jedes Leben. Ist dies Realität oder nur ein weiteres Märchen aus dem Morgenland? Der Autor wollte es genau wissen. Seit 1993 bereist er Indien. Thomas Ritter suchte und fand die sagenumwobenen Palmblattbibliotheken. Als erstem Europäer gelang es ihn, sein persönliches Palmblatt ausgehändigt zu bekommen, um es in der Heimat einer philologischen Untersuchung sowie einer Altersbestimmung mittels der C-14-Methode zu unterziehen. Die Ergebnisse dieser Untersuchungen sind wahrhaft sensationell und geeignet, gängige Weltbilder gründlich zu erschüttern. Doch die Weisen und Seher des alten Indien haben nicht nur die Schicksale einzelner Menschen aufgezeichnet. Sie hinterließen gleichzeitig atemberaubende Aufzeichnungen über die Geschichte der Menschheit, beschreiben die Probleme der Gegenwart und die zukünftige Entwicklung auf diesem Planeten.

Axel Ertelt

Das Mittelalter war ganz anders

ISBN 978-3-935910-73-6, Din A5, Paperback, 263 Seiten, 23 s/w-Abb., **€ 19,50**

Der Dominikanermönch Albertus Magnus war eine der größten Gestalten im deutschen Mittelalter. Sein Wirken beschränkte sich nicht nur auf das religiöse Geschehen. So beschäftigte er sich auch mit naturkundlichen und technischen Dingen, in denen er seiner Zeit weit voraus war. Zudem werden ihm die Baupläne des Kölner Doms zugeschrieben, jenes Bauwerkes, das die Gebeine der Heiligen Drei Könige beherbergt. Doch wer waren diese Heiligen Drei Könige wirklich? Es können nicht die sein, die sie nach Aussagen der Kirche sein sollen!

Das Buch spannt einen weiten Bogen von der Gründung des Dominikanerordens bis zu Albertus Magnus und seinen Schülern. Der Menschheitstraum der Erschaffung des künstlichen Menschen wird durch die Frage nach der Existenz des Golems genauso beleuchtet wie anhand der Entwicklung des Lebens in der Retorte bis hin zu den Möglichkeiten der heutigen Gentechnologie. Weitere Kapitel beschäftigen sich mit der unglaublichen Technik des Mittelalters, die nicht nur in Vergessenheit geriet, sondern heute auch von der Wissenschaft strikt bestritten wird. All das, was wir heute kennen, bis hin zu Elektrizität, Robotern und Mehrstufenraketen, hat es auch früher schon gegeben.

Woher kam das Wissen? Brachten es uns Besucher aus dem All? Abgerundet wird das Buch mit dem abschließenden Kapitel über die UFO-Sichtungen im Mittelalter.

Hans-Werner Sachmann

Archaische Dokumente

Fragen der Menschheit – Erneut gestellt!

ISBN 978-3-935910-72-9, Din A5, Paperback, 109 Seiten, 16 s/w-Abb., **€ 9,80**

In welcher geographischen Gegend könnte der versunkene Kontinent Atlantis gelegen haben?

Wie viel an derartigen Spekulationen ist in den vergangenen Jahrzehnten zusammen gekommen, und auf welche Bereiche konzentrieren sich derartige Forschungen mittlerweile in den entsprechenden Fachkreisen? Was sagen die ältesten Überlieferungen aus China, Indien und faszinierende Funde aus Ägypten über die „Götterastronauten" und ihre Attribute?

Zu welchen Erkenntnissen könnten technologische Neuerungen führen, wenn man die Fantastik nicht von vorne herein ausklammern würde, sondern ohne Einschränkungen wissenschaftlich zuließe?

Hans-Werner Sachmann, geboren 1951, der zu den Experten der deutschen Paläo-SETI-Szene gehört, ruft in diesem Buch alte Fragestellungen der Prä-Astronautik in Erinnerung, die sich auch um mythologische Gestalten wie die altgriechische Göttin Aphrodite und den judäischen König Salomo ranken, und stellt zwei neue Abhandlungen vor, die vielleicht zur Auflösung obiger Menschheitsrätsel beitragen könnten. Von Sachmann sind außerdem im Ancient-Mail-Verlag erschienen: „Die Suche geht weiter" (2001) und „Operation Sigiburg" (2002).

Roland Roth (Hrsg.)

Terra Enigma

Mysteriöse Spuren und Grenzfälle der Geschichte

ISBN 978-3-935910-68-2, 243 Seiten,
63 s/w-Abbildungen, Din A5, Pb, **€ 18,90**

Finden wir bald die geheimnisvolle Weiße Stadt? - Zeigen merkwürdige Ikonografien aus Mittelamerika raumfahrttechnische Details? - Was verbirgt sich wirklich hinter der Giza-Mauer? – Existiert das wahre Sakrileg in Deutschland? - Gab es die ägyptischen Schädeldeformationen auch bei den wilden Hunnen? - Stand Moses bei seinen Erscheinungen unter Drogeneinfluss? - War Jesus ein Zeitreisender? - Welche Geheimnisse ranken sich um die Madonna von Syrakus? - Was verbirgt das rätselhafte Schweißtuch von Oviedo? - Gibt es auch böse Außerirdische? - Kommt 2012 nun der Weltuntergang oder nicht? - Verkünden alte Schriften unsere Zukunft im All? – Hat der Mond noch Geheimnisse? - Was verbindet Edgar Cayce mit der globalen Erwärmung? ... Diese und viele weitere spannende Themen erwarten Sie in >>TERRA ENIGMA – Mysteriöse Spuren und Geheimnisse der Geschichte<<.

Die fachkundigen Autoren Walter-Jörg Langbein, Lars A. Fischinger, Gisela Ermel, Thomas Ritter, Alexander Knörr und Roland M. Horn haben sich unter der Projektleitung von Herausgeber Roland Roth auf die Spurensuche nach den wahren Rätseln dieser Welt aufgemacht und erstaunliche Fakten zutage gefördert die belegen, dass unsere Welt noch voller phantastischer Rätsel ist!

Tauchen Sie ein in die realen Geheimnisse der Geschichte! Lesen Sie seriöse Recherchen und Fakten zu den letzten Rätseln der Menschheit!

Willi Grömling

Tibets altes Geheimnis – Gesar – Ein Sohn des Himmels

ISBN 3-935910-23-1, 334 Seiten, Hardcover, **€ 28,90**

Gesar ist der Held des gleichnamigen tibetischen Nationalepos. Es wird berichtet, dass sein Vater, der oberste Himmelsgott, ihn auf die Erde sandte, um nach dem Rechten zu sehen. Bereits bei der Geburt des späteren tibetanischen Nationalhelden hätten sich, so heißt es in den Legenden, seltsame Ereignisse abgespielt. Neben vielen anderen mysteriösen Begebenheiten, die sich „auf dem Dach der Welt" abgespielt haben sollen, erfährt der Leser in diesem Buch auch etwas über Gesars Waffen sowie seine übernatürlichen Kräfte, die viel Aufmerksamkeit erregt haben sollen. In diesem Werk wird zum ersten Mal der Versuch unternommen, den Stoff populärwissenschaftlich im Sinn der Paläo-SETI-Hypothese zu untersuchen und nachzuforschen, ob die erstaunlich realistischen Erzählungen nicht wörtlicher genommen werden könnten.

Wer also eine ganze Menge über Tibet, Gesar und die Entmythologisierung der detailreichen Berichte über den Sohn der Götter erfahren möchte, sollte sich unbedingt mit diesem Buch auseinandersetzen.

Unsere Geschichte ist voller Rätsel –
Wir wollen helfen, sie zu lösen !

Bücher und Informationen zu den Themenkreisen Archäologische Rätsel dieser Welt, Paläo-SETI, Grenzwissenschaften, Sagen und Mythen.

Fordern Sie einfach *kostenlose* weitere Informationen an – per Postkarte, Fax, Telefon oder eMail beim

Ancient Mail Verlag • Werner Betz
Europaring 57, D-64521 Groß-Gerau
Tel. 0 61 52 / 5 43 75, Fax 0 61 52 / 94 91 82
eMail: wernerbetz@t-online.de
www.ancientmail.de